〔漢〕司馬遷 撰
〔宋〕裴駰 集解
〔唐〕司馬貞 索隱
〔唐〕張守節 正義

點校本
二十四史
修訂本

史記

第四冊
卷二三至卷三〇

中華書局

2013 年 9 月第 1 版　2024 年 6 月第 11 次印刷
ISBN 978-7-101-09501-2

史記卷二十三

禮書第一

索隱書者，五經六籍總名也。此之八書，記國家大體。班氏謂之志，志，記也。正義天地位，日月明，四時序，陰陽和，風雨節，羣品滋茂，萬物宰制，君臣朝廷尊卑貴賤有序，咸謂之禮。五經六籍，咸謂之書。故曲禮云「道德仁義非禮不成，教訓正俗非禮不備，分爭辯訟非禮不決」云云。

太史公曰：洋洋【一】美德乎！宰制萬物，役使羣衆，豈人力也哉？【二】余至大行禮官，【三】觀三代損益，乃知緣人情而制禮，依人性而作儀，其所由來尚矣。

【一】索隱音羊。洋洋，美盛貌。鄒誕生音翔〔一〕。

【二】正義言天地宰制萬物，役使羣品，順四時而動，咸有成功，豈藉人力營爲哉，是美善盛大衆多之德也。故孔子曰「四時行焉，百物生焉」。

【三】索隱大行，秦官，主禮儀。漢景帝改曰大鴻臚。鴻臚，掌九賓之儀也。

人道經緯萬端，規矩無所不貫，誘進以仁義，束縛以刑罰，故德厚者位尊，祿重者寵榮，所以總一海内而整齊萬民也。人體安駕乘，【一】爲之金輿錯衡以繁其飾；【二】目好五色，爲之黼黻文章以表其能；耳樂鐘磬，爲之調諧八音以蕩其心；口甘五味，爲之庶羞酸鹹以致其美；【三】情好珍善，爲之琢磨圭璧以通其意。故大路越席，【四】皮弁布裳，【五】朱弦洞越，【六】大羹玄酒，【七】所以防其淫侈，救其彫敝。【八】是以君臣朝廷尊卑貴賤之序，下及黎庶車輿衣服宫室飲食嫁娶喪祭之分，事有宜適，物有節文。仲尼曰：「禘自既灌而往者，吾不欲觀之矣。」【九】

【一】正義時證反。

【二】集解周禮王之五路有金路。鄭玄曰：「以金飾諸末。」索隱錯鏤衡扼爲文飾也。詩曰「約軝錯衡」，毛傳云「錯衡，文衡也」。正義爲，于僞反。錯作「鏓」，七公反。

【三】集解周禮曰：「羞用百有二十品。」鄭玄曰：「羞出于牲及禽獸，以備其滋味，謂之庶羞。」鄭衆曰：「羞者，進也。」

【四】集解服虔曰：「大路，祀天車也。越席，結括草以爲席也。」王肅曰：「不緣也。」正義按：括草，蒲草。越，户括反。

【五】集解周禮曰：「王視朝則皮弁之服。」鄭玄曰：「皮弁之服，十五升白布衣，積素爲裳也。」正義以鹿子皮爲弁也。按：襞積素布而爲裳也。

【六】集解鄭玄曰：「朱弦，練朱絲弦也。越，瑟底孔。」

【七】集解鄭玄曰：「大羹，肉湆不調以鹽菜也。」「玄酒，水也。」

【八】索隱彫謂彫飾也。言彫飾是奢侈之弊也。

【九】集解孔安國曰：「禘祫之禮，爲序昭穆也，故毀廟之主及羣廟之主皆合食于太祖。灌者，酌鬱鬯，灌于太祖，以降神也。既灌之後，列尊卑，序昭穆。而魯逆祀，躋僖公，亂昭穆，故不欲觀之。」

周衰，禮廢樂壞，大小相踰，管仲之家，兼備三歸。【一】循法守正者見侮於世，奢溢僭差者謂之顯榮。自子夏，門人之高弟也，【二】猶云「出見紛華盛麗而説，入聞夫子之道而樂，二者心戰，未能自決」，而況中庸以下，漸漬於失教，被服於成俗乎？孔子曰「必也正名」，於衛所居不合。【三】仲尼没後，受業之徒沈湮而不舉，或適齊、楚，或入河、海，【四】豈不痛哉！

【一】集解包氏曰：「三歸，娶三姓女也。婦人謂嫁曰歸。」

【二】索隱言子夏是孔子門人之中高弟者，謂才優而品第高也，故論語四科有「文學子游、子夏」是。

【三】集解論語曰：「子路曰：『衛君待子而爲政，子將奚先？』子曰：『必也正名乎！』」馬融曰：「正百事之名。」

【四】正義論語云：「大師摯適齊，亞飯干適楚，鼓方叔入于河，少師陽、擊磬襄入于海。」魯哀公時，禮壞樂崩，人皆去也。

至秦有天下，悉內六國禮儀，采擇其善，雖不合聖制，其尊君抑臣，朝廷濟濟，依古以來。【一】至于高祖，光有四海，叔孫通頗有所增益減損，大抵皆襲秦故。【二】自天子稱號【三】下至佐僚及宮室官名，少所變改。孝文即位，有司議欲定儀禮，孝文好道家之學，以爲繁禮飾貌，無益於治，躬化謂何耳，【四】故罷去之。孝景時，御史大夫鼂錯明於世務刑名，數干諫孝景曰：「諸侯藩輔，臣子一例，古今之制也。今大國專治異政，不稟京師，恐不可傳後。」孝景用其計，而六國畔逆，【五】以錯首名，天子誅錯以解難。【六】事在袁盎語中。是後官者養交安祿而已，莫敢復議。

【一】正義秦采擇六國禮儀，尊君抑臣，朝廷濟濟，依古以來典法行之。

【二】集解應劭曰：「抵，至也。」瓚曰：「抵，歸也。」索隱按：大抵猶大略也。臣瓚以抵訓爲歸，則是大略、大歸，其義通也。

【三】正義稱，尺證反。

【四】正義孝文本紀云上身衣弋綈，所幸慎夫人令衣不曳地，幃帳不得文繡，治霸陵皆以瓦器。是躬化節儉，謂何嫌耳，不須繁禮飾貌也。

【五】正義吳、楚、趙、菑川、濟南、膠西爲六國也。齊孝王狐疑城守，三國兵圍齊，齊使路中大夫告天子，故不言七國也。

【六】正義上紀買反，下乃憚反。

今上即位，招致儒術之士，令共定儀，十餘年不就。或言古者太平，萬民和喜，瑞應辨至，【一】乃采風俗，定制作。上聞之，制詔御史曰：「蓋受命而王，各有所由興，殊路而同歸，謂因民而作，追俗爲制也。議者咸稱太古，百姓何望？漢亦一家之事，典法不傳，謂子孫何？化隆者閎博，治淺者褊狹，可不勉與！」乃以太初之元改正朔，【二】易服色，封太山，定宗廟百官之儀，以爲典常，垂之於後云。

【一】正義辨音遍。

【二】集解應劭曰：「初用夏正，以正月爲歲首，改年爲太初。」

禮由人起。人生有欲，欲而不得則不能無忿，忿而無度量則爭，【一】爭則亂。先王惡其亂，故制禮義以養人之欲〔一〕，給人之求，使欲不窮於物，物不屈於欲，〔二〕二者相待而長，是禮之所起也。故禮者養也。稻粱五味，所以養口也；椒蘭芬茝，〔三〕所以養鼻也；鐘鼓管弦，所以養耳也；刻鏤文章，所以養目也；疏房牀第几席，所以養體也：〔四〕故禮者養也。

〔一〕正義 音評。

〔二〕正義 屈，羣物反。

〔三〕索隱 音止，又昌改反。

〔四〕集解 服虔曰：「簀謂之第。」索隱 疏謂窻也。正義 疏謂窻也。第，側里反。

君子既得其養，又好其辨也。所謂辨者，貴賤有等，長少有差，貧富輕重皆有稱也。故天子大路越席，所以養體也；〔一〕側載臭茝〔三〕，所以養鼻也；〔二〕前有錯衡，所以養目也；〔三〕和鸞之聲，〔四〕步中武象，驟中韶濩，所以養耳也；〔五〕龍旂九斿，所以養信也；〔六〕寢兕〔七〕持虎，〔八〕鮫韅〔九〕彌龍，〔一〇〕所以養威也。故大路之馬，必信至教順，然後乘之，所以養安也。孰知夫出死要節之所以養生也〔四〕，〔一一〕孰知夫輕費用之所以養財也，〔一二〕孰知夫恭敬辭讓之所以養安也，〔一三〕孰知夫禮義文理之所以養情也。〔一四〕

〔一〕正義 謂蒲草爲席，既絜且柔，絜可以祀神，柔可以養體也。

〔二〕索隱 劉氏云：「側，特也。臭，香也。茝，香草也。言天子行，特得以香草自隨也，其餘則否。」

臭爲香者，山海經云「臭如蘪蕪」，易曰「其臭如蘭」，是臭爲草之香也。今以側爲邊側，載者置也，言天子之側常置芳香於左右。

【三】集解 詩云：「約軝錯衡。」毛傳云：「錯衡，文衡也。」

【四】集解 鄭玄曰：「和、鸞，皆鈴也，所以爲車行節也。」韓詩内傳曰鸞在衡，和在軾前，升車則馬動，馬動則鸞鳴，鸞鳴則和應。」服虔曰：「鸞在鑣，和在衡。」續漢書輿服志曰「鸞雀立衡」也。正義 皇侃云：「鸞，以金爲鸞，懸鈴其中，於衡上，以爲遲疾之節，所以正威儀行舒疾也。」

【五】集解 鄭玄曰：「武，武王樂也。象，武舞也。韶，舜樂也。濩，湯樂也。」 正義 步猶緩。緩車則和鸞之音中於武象，驟車中於韶濩也。

【六】集解 周禮曰：「交龍爲旂。」 正義 斿音旒。

【七】索隱 按：以兕牛皮爲席。 正義 兕音似。爾雅云兕似牛。

【八】索隱 持虎者，以猛獸皮文飾倚較及伏軾，故云持虎。劉氏云「畫之於旂竿及楯仗等」，以今所見爲説也。

【九】集解 徐廣曰：「鮫魚皮可以飾服器，音交。韅者，當馬腋之革，音呼見反。」 索隱 以鮫魚皮飾韅。韅，馬腹帶也。

【一〇】集解 徐廣曰：「乘輿車金薄璆龍爲輿倚較，文虎伏軾，龍首銜軛。」 索隱 彌亦音弭，謂金飾衡枙爲龍。此皆王者服御，崇飾所以示威武，故云「所以養威」也。此文皆出大戴禮，蓋是荀卿所說。劉氏云：「薄猶飾也。璆然，龍貌。璆音虬。」

【一】索隱言人誰知夫志士推誠守死，要立名節，仍是養生安身之本，故下云「人苟生之爲見，若者必死」，是解上意，言人苟以貪生之爲見，不能見危致命，若者必死。若猶如也，言執心爲見，如此者必刑戮及身，故云「必死」。下文皆放此也。正義夫音扶。要音腰。孰知猶審知也。出死猶處死也。審知志士推誠處死，要立名節，若曹沫、茅焦，所以養生命也。

【二】正義費音芳味反。輕猶薄。言審知尠薄費用，則能畜聚，所以養財貨也。

【三】正義言審知恭敬辭讓，所以養體安身。

【四】正義言審知禮義文章道理，所以養其情性。此四科，是儒者有禮義，故兩得之也。

人苟生之爲見，若者必死；【一】苟利之爲見，若者必害；【二】怠惰之爲安，若者必危；【三】情勝之爲安，若者必滅。【四】故聖人一之於禮義，則兩得之矣；一之於情性，則兩失之矣。故儒者將使人兩得之者也，墨者將使人兩失之者也：【五】是儒墨之分。【六】

【一】正義苟，且；若，如此也。言平凡好生之人，且見操節之士，以禮義處死，養得其生有效，如此者必死也。

【二】正義言平凡好利之人，且見利義之士，以輕省費用，養得其財有效，如此者必害身也。

【三】正義惰，徒卧反。言平凡怠惰之人，且見有禮之士，以恭敬禮讓，養得安樂有效，如此者必危亡也。

【四】索隱覆解上「禮義文理之所以養情也」。正義勝音叔證反。言平凡好勝之人，且見利義之士，禮義文理，養得其情性有效，如此者必滅亡也。此四科，是墨者無禮義，故兩失之也。

【五】索隱墨者不尚禮義而任儉嗇，無仁恩，故使人兩失之。易曰「悅以使人，人忘其死」是也。

【六】正義分，扶問反。分猶等也。若儒等者是治辨之極，彊固之本，威行之道，功名之總，則天下歸之矣。

治辨之極也，彊固之本也，【一】威行之道也，【二】功名之總也。【三】王公由之，【四】所以一天下，臣諸侯也；弗由之，所以捐社稷也〔五〕。故堅革利兵不足以爲勝，【五】高城深池不足以爲固，嚴令繁刑不足以爲威。由其道則行，不由其道則廢。楚人鮫革犀兕所以爲甲，堅如金石；宛之鉅鐵【六】施〔六〕，鑽如蠭蠆，【七】輕利剽遬，【八】卒如熛風。【九】然而兵殆於垂涉〔七〕，唐眛死焉；【一〇】莊蹻起，楚分而爲四【一一】參〔八〕。是豈無堅革利兵哉？【一二】其所以統之者非其道故也。汝潁以爲險，【一三】江漢以爲池，【一四】阻之以鄧林，【一五】緣之以方城。【一六】然而秦師至，鄢、郢舉，若振槁。【一七】是豈無固塞險阻哉？其所以統之者非其道故也。紂剖比干，囚箕子，爲炮格，刑殺無辜，時臣下懍然，莫必其命。【一八】然而周師至，而令不行乎下，不能用其民。是豈令不嚴，刑不陵哉？其所以統之者非其道故也。

【一】索隱自此已下，皆是儒分之功也。正義固，堅固也。言國以禮義，四方欽仰，無有攻伐，故爲彊而且堅固之本也。

【二】正義以禮義導天下，天下伏而歸之，故爲威行之道也。

【三】正義以禮義率天下，天下咸遵之，故爲功名之總。總，合也，聚也。

【四】正義言由禮義也。

【五】索隱覆上「功名之總也」。

【六】集解徐廣曰：「大剛曰鉅。」正義宛城，今鄧州南陽縣城是也。音於元反。鉅，剛鐵也。

【七】索隱鑽謂矛刃及矢鏃也。

【八】正義上匹妙反，下音速。剽遬，疾也。

【九】正義卒，村忽反。熛，必遥反。熛風，疾也。

【一〇】集解許慎曰：「垂涉，地名也。」

【一一】索隱蹻音其略反，楚將之名。言其起兵亂後楚遂分爲四。按漢志，滇王，莊蹻之後也。正義以「起」字爲絶句。或曰楚莊王苗裔也。按：括地志云「師州、黎州在京西南五千六百七十里。戰國楚威王時，莊蹻王滇，則爲滇國之地」。楚昭王徙都鄀，莊蹻王滇〔九〕，楚襄王徙都陳，楚考烈王徙都壽春，咸被秦逼，乃四分也。然昭王雖在莊蹻之前，故荀卿兼言之也。

【一二】索隱參者，驗也。言驗是，楚豈無利兵哉。正義參，七含反。言蹻、楚國豈無堅甲利兵哉，爲其不由禮義，故衆分也。

【一三】正義括地志云：「汝水源出汝州魯山縣西伏牛山，亦名猛山。汝水至豫州郾城縣名濆水。爾雅云『河有濉，汝有濆』，亦汝之別名。潁水源出洛州嵩高縣東南三十五里陽乾山〔一〇〕，俗名潁山。地理志高陵山，汝水出〔一一〕，東南至新蔡縣入淮；陽乾山，潁水出，東至下蔡入淮也。」

【一四】正義江即岷江，從蜀入，楚在荆州南。漢江從漢中東南入江。四水爲楚之險固也。

【一五】集解山海經曰：「夸父與日逐走，日入〔一二〕，渴，欲得飲，飲於渭、河〔一三〕；不足，北飲大澤；未至，道渴而死。弃其杖，化爲鄧林。」駰謂鄧林後遂爲林名。索隱按：裴氏引山海經，以爲夸父弃杖爲鄧林，其言北飲大澤，蓋非在中國也。劉氏以爲今襄州南鳳林山是古鄧祁侯之國，在楚之北境，故云阻以鄧林也。

【一六】正義括地志云：「方城，房州竹山縣東南四十一里。其山頂上平，四面險峻，山南有城，長十餘里，名爲方城，即此山也。」

【一七】索隱振，動也，擊也。槁，乾葉也。正義鄢音鄾。括地志云：「故城在襄州安養縣北三里，古鄾子之國，鄧之南鄙也。又率道縣南九里有故鄾城，漢惠帝改曰宜城也。郢城，荆州江陵縣東北六里，即吴公子光伐楚，楚平王恐，城郢者也。又楚武王始都郢，紀南故城是也〔一四〕，在江陵北十五里也。」

【一八】索隱言無人必保其性命。

古者之兵，戈矛弓矢而已，然而敵國不待試而詘。〔一〕城郭不集，溝池不掘，〔二〕固塞不樹，機變不張，然而國晏然不畏外而固者，無他故焉，明道而均分之，〔三〕時使而誠愛之，則下應之如景響。有不由命者，然後俟之以刑，則民知辠矣。〔四〕故刑一人而天下服。辠人不尤其上，知辠之在己也。是故刑罰省而威行如流，無他故焉，由其道故也。故由其道則行，不由其道則廢。古者帝堯之治天下也，蓋殺一人刑二人而天下治。傳曰「威厲而不試，刑措而不用」。

〔一〕集解徐廣曰：「試，一作『誡』也。」正義詘，丘勿反。試，用也。

〔二〕正義求勿反，又求厥反。

〔三〕正義分，扶問反。言明儒墨之分，使禮義均等，則下應之如影響耳。

〔四〕正義事君以禮義，民有不由禮義者，然後待之以刑，則民知罪伏刑矣。

天地者，生之本也；先祖者，類之本也；〔一〕君師者，治之本也。無天地惡生？〔二〕無先祖惡出？無君師惡治？三者偏亡，〔三〕則無安人。故禮，上事天，下事地，尊先祖而隆君師，是禮之三本也。

〔一〕正義類，種類也。

【二】正義 惡音烏。

【三】索隱 鄒音遍。　正義 偏，疋然反。

故王者天太祖，【一】諸侯不敢懷，【二】大夫士有常宗，【三】所以辨貴賤。貴賤治，得之本也。郊疇乎天子，【四】社至乎諸侯，【五】函【六】及士大夫，所以辨尊者事尊，卑者事卑，宜鉅者鉅，宜小者小。故有天下者事七世，有一國者事五世，有五乘之地者事三世，【七】有三乘之地者事二世，【八】有特牲而食者不得立宗廟，〔一五〕【九】所以辨積厚者流澤廣，積薄者流澤狹也。

【一】集解 毛詩敘曰：「文武之功起於后稷，故推以配天焉。」

【二】索隱 懷，思也。言諸侯不敢思以太祖配天而食也。又一解，王之子孫爲諸侯，不思祀其父祖，故禮云「諸侯不敢祖天子」，蓋與此同意。

【三】集解 禮記曰：「別子爲祖，繼別爲宗。百世不遷者，謂別子之後也。」

【四】索隱 疇，類也。天子類得郊天，餘並不合祭，今大戴禮作「郊止乎天子」是也。止或作「時」〔一六〕，因誤耳。

【五】索隱 言天子已下至諸侯得立社。

【六】集解 音含。　索隱 啗音含。含謂包容。諸侯已下至士大夫得祭社，故禮云「大夫成羣立社，曰置社」，亦曰里社也。鄒誕生音啗徒濫反，意義亦通，但不見古文，各以意爲音耳。今按：大戴禮作「導及士大夫」，導亦通也。今此爲「啗」者，當以導與蹈同，後「足」字失「止」，唯有「口」存，故使解者穿鑿也。

【七】集解鄭玄曰：「古者方十里，其中六十四井，出兵車一乘，此兵法之賦。」

【八】集解穀梁傳曰：「天子至于士皆有廟，天子七，諸侯五，大夫三，士二。始封之者必爲其太祖。」

【九】集解禮記曰：「庶人祭於寢。」

大饗上玄尊，俎上腥魚〔七〕，【一】先大羹，貴食飲之本也。大饗上玄尊而用薄酒，食先黍稷而飯稻粱，祭嚌先大羹【二】而飽庶羞，貴本而親用也。貴本之謂文，親用之謂理，兩者合而成文，以歸太一，是謂大隆。【三】故尊之上玄尊也，【四】俎之上腥魚也，豆之先大羹，一也。【五】利爵弗啐也，【六】成事俎弗嘗也，【七】三侑之弗食也〔八〕，【八】大昏之未廢齊也，【九】大廟之未內尸也，始絕之未小斂，一也。【一〇】大路之素幬也，【一一】郊之麻絻，【一二】喪服之先散麻，一也。【一三】三年哭之不反也，【一四】清廟之歌【一五】一倡而三歎，【一六】縣一鐘尚拊膈，【一七】朱弦而通越，一也。【一八】

【一】集解鄭玄曰：「大饗，祫祭先王，以腥魚爲俎實，不臑孰之也。」

【二】集解鄭玄曰：「嚌，至齒。」

【三】索隱貴本親用，兩者合而成文，以歸太一。太一者，天地之本也。得禮之文理，是合於太一也。隆者，盛也，高也。得禮文理，歸于太一，是禮之盛者也。

【四】正義皇侃云：「玄酒，水也。上古未有酒，而始之祭但酌水用之，至晚世雖有酒，存古禮，尚用水代酒也。」

【五】索隱尊之上玄尊，俎之上生魚，豆之先大羹，三者如一，皆是本，故云一也。

【六】集解鄭玄曰：「啐，入口也。」索隱按：儀禮祭畢獻，祝西面告成，是爲利爵。祭初未行無算爵，故不啐入口也。

【七】索隱成事，卒哭之祭，故記曰「卒哭曰成事」。既是卒哭之祭，始從吉祭，故受胙爵而不嘗俎也。

【八】索隱禮，祭必立侑以勸尸食，至三飯而後止。每飯有侑一人，故有三侑。既是勸尸，故不相食也。

【九】索隱廢齊，謂昏禮父親醮子而迎之前，故曲禮云「齋戒以告鬼神」，是昏禮有齊也。

【一〇】索隱此五者皆禮之初始，質而未備，亦是貴本之義，故云一也。

【一一】集解禮記曰：「乘素車，貴其質也。」鄭玄曰：「素車，殷輅也。」索隱幬音稠。謂車蓋以素帷，亦質也〔一九〕。

【一二】集解周禮曰：「王祀昊天上帝，服大裘而冕。」論語曰：「麻冕，禮也。」孔安國曰：「冕，緇布冠。古者績麻三十升布以爲之。」正義絻音免。亦作「冕」。

【一三】集解儀禮士喪禮曰：「始死，主人散帶，垂之三尺。」禮記曰：「大功已上散帶也。」索隱大路已下，三事相似如一，故云一也。散麻取其質無文飾，亦貴本也。

【一四】集解禮記曰：「斬衰之哭，若往而不反。」

【一五】集解鄭玄曰：「清廟謂作樂歌清廟。」

【一六】集解鄭玄曰：「倡，發歌句者。三歎，三人從歎。」

【一七】集解徐廣曰：「一作『搏膈』。」索隱縣一鍾尚拊隔。縣音懸。拊音撫。膈音格。膈，懸鐘格也〔二〇〕。不擊其鐘而拊其格，不取其聲，亦質也〔二一〕。鄒氏隔音膊，蓋依大戴禮也。而鄭禮注云搏拊，柷敔也。

【一八】索隱大瑟而練朱其弦，又通其下孔，使聲濁且遲，上質而貴本，不取其聲。又自「三年」已下四事〔二二〕，皆不取其聲也。

凡禮始乎脫，〔一〕成乎文，〔二〕終乎稅。〔三〕故至備，情文俱盡；〔四〕其次，情文代勝；〔五〕其下，復情以歸太一。〔六〕天地以合，日月以明，四時以序，星辰以行，江河以流，萬物以昌，好惡以節，喜怒以當。以爲下則順，以爲上則明。〔七〕

【一】索隱 脱猶疏略也。始，初也。言禮之初尚疏略也。

【二】索隱 言禮成就有文飾。

【三】集解 徐廣曰：「一作『悦』。」 索隱 音悦。言禮終卒和悦人情也。大戴禮作「終於隆」，隆謂盛也。

【四】集解 徐廣曰：「古『情』字或假借作『請』，諸子中多有此比。」 正義 言情文俱盡，乃是禮之至備也〔一三〕。

【五】索隱 音昇，又尸證反。或文勝情，或情勝文，是情文更代相勝也。大戴禮作「迭興」也。

【六】索隱 言其次情文俱失，歸心渾沌天地之初，復禮之本，是歸太一也。

【七】正義 自「天地」以下八事，大禮之備，情文俱盡，故用爲下則順，用爲上則明也。

太史公曰：至矣哉！【一】立隆以爲極，而天下莫之能益損也。本末相順，【二】終始相應，【三】至文有以辨，【四】至察有以說。【五】天下從之者治，不從者亂；從之者安，不從者危。小人不能則也。【六】

【一】索隱 已下亦是太史公取荀卿禮論之意，極言禮之損益，以結禮書之論也。

【二】索隱 謂禮之盛，文理合以歸太一，至禮之殺，復情以歸太一。隆殺皆歸太一者，是本末相順也。

【三】索隱禮始於脱略，終於稅，稅亦殺也，殺與脱略，是終始相應也〔二四〕。正義應，乙陵反，當也。

【四】索隱言禮之至文，能辨尊卑貴賤，故云有以辨也。

【五】索隱言禮之至察，有以明隆殺損益，委曲情文，足以悦人心，故云有以説也。

【六】正義小人猶庶人也。則，法也。言天下士以上至于帝王，能從禮者則治安，不能從禮者則危亂，庶人據於事，不能法禮也。

禮之貌誠【一】深矣，堅白同異之察，入焉而弱。【二】其貌誠大矣，擅作典制褊陋之説，入焉而望。【三】其貌誠高矣，暴慢恣睢，【四】輕俗以爲高之屬，入焉而隊。【五】故繩誠陳，【六】則不可欺以曲直；衡誠縣，【七】則不可欺以輕重；規矩誠錯，【八】則不可欺以方員；君子審禮，則不可欺以詐僞。【九】故繩者，直之至也；衡者，平之至也；規矩者，方員之至也；禮者，人道之極也。然而不法禮者不足禮，謂之無方之民；【一〇】法禮足禮，謂之有方之士。禮之中，能思索，【一一】謂之能慮；能慮勿易〔二五〕，【一二】謂之能固。能慮能固，加好之焉，聖矣。【一三】天者，高之極也；地者，下之極也；日月者，明之極也；無窮者，廣大之極也；聖人者，道之極也。【一四】

【一】索隱有本作「懇誠」者，非也。

【二】［正義］言禮之貌信深厚矣，雖有鄒子堅白同異之辯明察，入於禮義之中，自然懦弱敗壞之禮也〔二六〕。

【三】［索隱］言擅作典制及褊陋之説。入焉，謂入禮則自嗛望知其失〔二七〕。［正義］言禮之貌信廣大矣，雖有擅作典制褊陋之説，文辭入於禮義之中，自然成淫俗褊陋之言。

【四】［索隱］恣睢猶毀呰也。

【五】［索隱］言呰毀禮者自取隊滅也。［正義］言禮之貌信尊高矣，雖有暴慢恣睢輕俗以爲高之屬，入於禮義之中，自然成墜落暴慢輕俗之人。

【六】［集解］鄭玄曰：「誠猶審也。陳，設也，謂彈畫也。」

【七】［集解］鄭玄曰：「衡，稱也。縣謂錘也。」［正義］縣音玄。

【八】［索隱］錯，置也。規，車也〔二八〕。矩，曲尺也。［正義］錯，七故反。

【九】［正義］詐僞謂堅白同異，擅作典制，暴戾恣睢自高也。故陳繩，曲直定；懸衡，輕重分；錯規矩，方員□〔二九〕；審禮，詐僞自消滅矣。

【一〇】［集解］鄭玄曰：「方猶道也。」

【一一】［索隱］索，求也。

【一二】［正義］易謂輕易也。

【一三】［正義］好，火到反。言人以得禮之中，又能思審索求其禮，謂之能思慮；又不輕易其禮，謂之能堅固。能慮，能固其禮，更加好之，乃聖人矣。

【一四】正義 道謂禮義也。言人有禮義，則爲聖人，比於天地日月，廣大之極也。

以財物爲用，以貴賤爲文，以多少爲異，以隆殺爲要。【一】文貌繁，情欲省，禮之隆也；文貌省，情欲繁，禮之殺也；文貌情欲相爲内外表裏，並行而雜，禮之中流也。【二】君子上致其隆，下盡其殺，而中處其中。【三】步驟馳騁廣騖不外，【四】是以，君子之性守宫庭也〔三〇〕。【五】人域是域〔三一〕，士君子也。【六】外是，民也。【七】於是中焉，房皇周浹，曲得其次序〔三二〕，聖人也。【八】故厚者，禮之積也；大者，禮之廣也；高者，禮之隆也；明者，禮之盡也。【九】【一〇】

【一】索隱 隆猶厚也。殺猶薄也。

【二】正義 言文飾情用，表裏外内，合於儒墨，是得禮情之中，而流行不息也。

【三】正義 中謂情文也。

【四】正義 騖音務。言君子之人，上存文飾，下務減省，而合情文，處得其中，縱有戰陣殺戮邪惡，則不棄於禮義矣。三皇步，五帝驟，三王馳，五伯騖也。

【五】索隱 言君子之性守正不慢，遠行如常守宫庭也。正義 宫庭，聽朝處。喻君子心内常守禮義，若宫庭焉。

【六】索隱 域，居也。言君子之行，非人居亦弗居也。正義 處平凡人域之中，能知禮義之域限，即爲士及君子也。

【七】索隱外謂人域之外，非人所居之地。以喻禮義之外，别爲它行，即是小人，故云外是人也。

【八】索隱房音旁。旁皇猶徘徊也。周浹猶周帀。言徘徊周浹，委曲得禮之序，動不失中，則是聖人之行也。

【九】索隱言君子聖人有厚大之德，則爲禮之所積益弘廣也，故曰「甘受和，白受采，忠信之人可以學禮，苟無忠信，則禮不虚道」。然此文皆荀卿禮論也。

【一〇】正義言君子内守其禮，德厚大積廣，至於高尊明禮，則是禮之終竟也。此書是褚先生取荀卿禮論兼爲之。

【索隱述贊】禮因人心，非從天下。合誠飾貌，救弊興雅。以制黎甿，以事宗社。情文可重，豐殺難假。仲尼坐樹，孫通蕝野。聖人作教，罔不由者。

校勘記

〔一〕鄒誕生音翔　「翔」下耿本、黄本、彭本、柯本、凌本、殿本有「非也」二字。

〔二〕故制禮義以養人之欲　「以」下殿本有「分之」二字。張元濟百衲本校勘記：「（劉本）有『分之』二字。」按：「制禮義以分之」一語，荀子屢見。

〔三〕側載臭茝　「臭」，疑爲「臭」或「皋」之誤。王念孫雜志史記第二：「引之曰：『臭』當爲『臭』，字之誤也。説文：『臭，古文以爲澤字。』澤謂澤蘭也。荀子作『睪茝』，睪即澤之借字。」王叔岷斠證：「謝墉荀子輯校本引盧文弨説，則以臭爲皋之誤。睪即皋字，『皋茝』猶『澤茝』，楚辭招魂：『皋蘭被徑兮斯路漸。』王注：『皋，澤也。』以字形言之，則臭爲臭之誤，王説較近。」

〔四〕孰知夫出死要節之所以養生也　「出」上原有「士」字。王念孫雜志史記第二：「『士』即『出』字之譌。隸書『出』字或省作『士』。此作『士出死要節』者，一本作『士』，一本作『出』，而後人誤合之耳。荀子無『士』字，是其明證矣。」今據删。

〔五〕所以捐社稷也　「捐」，荀子議兵作「隕」。

〔六〕宛之鉅鐵施　「鐵施」，荀子議兵作「鐵釶」。楊倞注：「釶與鍦同，矛也。」按：商君書弱民：「宛鉅鐵釶，利若蜂蠆。」

〔七〕然而兵殆於垂涉　「垂涉」，荀子議兵、淮南子兵略訓皆作「垂沙」。王念孫雜志荀子第五以爲「垂沙」是。注文同。

〔八〕楚分而爲四參　「四參」，荀子議兵作「三四」。

〔九〕莊蹻王滇　張文虎札記卷三：「警云四字複文，疑誤衍。」按：張校誤。「戰國楚威王時，莊蹻王滇」云云，乃引括地志文；「楚昭王徙都鄀」以下，爲張守節按語，釋正文「莊蹻起，楚分而爲四」，若不列莊蹻，則與「楚分而爲四」不合。

〔一〇〕潁水源出洛州嵩高縣東南三十五里陽乾山　「洛州」，原作「洛水」，據本書卷四二鄭世家「潁谷之考叔」正義引括地志改。

〔一一〕高陵山汝水出　「水」字原無。漢書卷二八上地理志上汝南郡：「定陵。高陵山，汝水出。」今據補。

〔一二〕日入　殿本作「入日」，與今本山海經海外北經合。

〔一三〕飲於渭河　「渭河」，疑當作「河渭」。按：殿本作「河渭」，與今本山海經海外北經合。

〔一四〕紀南故城是也　「紀南」，原作「絶南」，據本書卷四〇楚世家「始都郢」正義引括地志改。

〔一五〕有特牲而食者不得立宗廟　「有特牲」，大戴禮記禮三本作「待年」，荀子禮論作「持手」，疑此有衍誤。

〔一六〕止或作時　「時」，原作「疇」，據會注本改。按：張文虎札記卷三：「『疇』當作『時』，止與時音近，疇則因時而誤也。說文：『時，天地五帝所基止祭地也。』是時亦有止義。」

〔一七〕俎上腥魚　「上」字疑衍。按：荀子禮論：「大饗，尚玄尊，俎生魚。」禮記樂記：「大饗之禮，尚玄酒而俎腥魚。」本書卷二四樂書亦無「上」字。

〔一八〕三侑之弗食也　「也」下疑脱「一也」二字。按：荀子禮論、大戴禮記禮三本皆有「一也」二字。

〔一九〕亦質也　「亦」，荀子禮論「大路之素未集也」楊倞注引索隱作「示」，疑是。

〔二〇〕縣音懸拊音撫膈音格膈懸鐘格也　原作「隔懸鍾格拊音撫隔」，據耿本、黄本、彭本、柯本、凌本、殿本補改。

〔二一〕亦質也　「亦」，荀子禮論「縣一鐘尚拊之膈」楊倞注引司馬貞説作「示」，疑是。

〔二二〕又自三年已下四事　「又」，原作「文」，據耿本、黃本、彭本、柯本、凌本改。

〔二三〕乃是禮之至備也　「乃」，原作「言」。張文虎札記卷三：「『乃』誤『言』。」按：荀子禮論：「故至備，情文俱盡。」楊倞注：「情文俱盡，乃爲禮之至備。」今據改。

〔二四〕是終始相應也　「終始」，原作「始終」，據索隱本改。按：作「終始」，與正文合。荀子禮論楊倞注引司馬貞説亦作「終始」。

〔二五〕能慮勿易　「慮」字疑衍。按：荀子禮論：「禮之中焉能思索，謂之能慮；禮之中焉能勿易，謂之能固。能慮、能固，加好者焉，斯聖人矣。」李人鑒太史公書校讀記：「傳抄者因上言『能慮』，誤于『能勿易』之『能』字後增一『慮』字。」

〔二六〕自然懦弱敗壞之禮也　殿本「自然」下有「成」字，「禮」作「體」，近是。

〔二七〕言擅作典制及褊陋之説入焉謂入禮則自嗛望知其失　耿本、黃本、彭本、柯本、凌本、殿本無「及」、「入焉謂」四字。「失」，殿本作「小矣」，耿本、黃本、彭本、柯本、凌本作「小大」。疑金陵本文有衍誤。

〔二八〕規車也　「車」，索隱本作「員」。

〔二九〕錯規矩方員□　四庫全書考證：「『方員』下闕一字。」按：各本俱無可考，今作空格。

〔三〇〕步驟馳騁廣鶩不外是以君子之性守宮庭也　王念孫雜志史記第二：「『廣鶩』，當爲『厲鶩』，字之誤也。隸書『厲』字形與『廣』相近，因譌爲『廣』。『厲』字本作『𩣡』。廣雅曰：『𩣡、驟、馳、鶩、騁，奔也。』說文：『𩣡，次弟馳也。』『步驟』、『馳騁』、『厲鶩』皆兩字平列，若作『廣鶩』，則非其指矣。『性守』當爲『壥宇』，亦字之誤也。隸書『壥』字或作『堹』，形與『性』相近，『守』『宇』形亦相近，故『壥宇』譌爲『性守』。『君子』上當有『是』字，今本脱去，則與上文義不相屬。荀子禮論篇曰：『步驟馳騁厲鶩不外是矣，是君子之壇宇宫廷也。』足證今本之誤。」

〔三一〕人域是域　王叔岷斠證：「下域字蓋涉上域字而衍，『域是』與下『外是』對言。」按：上「域」字荀子禮論作「有」。域，居也。有，義同「域」。

〔三二〕曲得其次序　「曲」下原有「直」字。王念孫雜志史記第二：「引之曰：『直』字後人所加。索隱曰『委曲得禮之序』，則『曲』下本無『直』字明矣。荀子正作『曲得其次序』。」今據删。

史記卷二十四

樂書第二

【正義】天有日月星辰，地有山陵河海，歲有萬物成熟，國有聖賢宮觀周域官僚，人有言語衣服體貌端修，咸謂之樂。樂書者，猶樂記也，鄭玄云：「以其記樂之義也。此於別録屬樂記，蓋十一篇合爲一篇。十一篇者，有樂本，有樂論，有樂施，有樂言，有樂禮，有樂情，有樂化，有樂象，有賓牟賈，有師乙，有魏文侯。今雖合之，亦略有分焉。」劉向校書，得樂書二十三篇〔一〕，著於別録。今樂記惟有十一篇，其名猶存也〔二〕。

太史公曰：余每讀虞書，至於君臣相敕，維是幾安，而股肱不良，萬事墮壞，未嘗不流涕也。成王作頌，推己懲艾，〔一〕悲彼家難，〔二〕可不謂戰戰恐懼，善守善終哉？〔三〕君子不爲約則修德，〔四〕滿則弃禮。佚能思初，安能惟始，沐浴膏澤而歌詠勤苦，非大德誰能如斯！傳曰「治定功成，禮樂乃興」。海內人道益深，其德益至，所樂者益異。滿而不損則溢，盈而不持則傾。凡作樂者，所以節樂。【五】君子以謙退爲禮，以損減爲樂，樂其如此也。以爲州異國殊，情習不同，故博采風俗，協比聲律，【六】以補短移化，助流政教。天子躬於明堂臨觀，而萬民咸蕩滌邪穢，斟酌飽滿，以飾厥性。故云雅頌之音理而民正，嘄噭【七】之聲興而士奮，鄭衛之曲動而心淫。及其調和諧合，鳥獸盡感，而況懷五常，含好惡，自然之勢也？

【一】正義音刈。

【二】正義乃憚反。家難，謂文王囚羑里，武王伐紂。

【三】正義言成王作頌，悲文王戰戰恐懼，推己戒勵爲治，是善守善終也。

【四】正義爲，于僞反。

【五】正義音洛。言不樂至荒淫也。

【六】正義比音鼻。

【七】索隱上姑堯反，又音叫。下音擊。

治道虧缺而鄭音興起，封君世辟，【一】名顯鄰州，爭以相高。自仲尼不能與齊優遂容於魯，【二】雖退正樂以誘世，作五章以刺時，【三】猶莫之化。陵遲以至六國，流沔沈佚，遂往不返，卒於喪身滅宗，并國於秦。

【一】索隱辟亦君也。正義辟，并亦反。

【二】索隱齊人歸女樂而孔子行，言不能遂容於魯而去也。或作「逐客」，誤耳。

【三】索隱按：系家、家語云〔三〕孔子嗤季桓子作歌引詩曰「彼婦人之口，可以出走。彼婦人之謁，可以死敗。優哉游哉，聊以卒歲」。是五章之刺也。

秦二世尤以爲娱。丞相李斯進諫曰：「放弃詩書，極意聲色，祖伊所以懼也；【一】輕積細過，恣心長夜，紂所以亡也。」趙高曰：「五帝、三王樂各殊名，示不相襲。上自朝廷，下至人民，得以接歡喜，合殷勤，非此和説不通，解澤不流，【二】亦各一世之化，度時之樂，何必華山之騄耳而後行遠乎？」二世然之。

【一】正義祖伊諫殷紂，紂不聽。孔安國云：「祖己後，賢臣也。」

【二】正義説音悦。解音蟹。言非此樂和適，亦悦樂之不通，散恩澤之事不流，各一世之化也〔四〕。諫二世，故名之也。

高祖過沛詩三侯之章，【一】令小兒歌之。高祖崩，令沛得以四時歌儛宗廟。孝惠、孝文、孝景無所增更，於樂府習常肄舊而已。【二】

【一】索隱按：過沛詩即大風歌也。其辭曰「大風起兮雲飛揚，威加海内兮歸故鄉，安得猛士兮守四方」是也。侯，語辭也。詩曰「侯其禕而」者是也。兮亦語辭也。沛詩有三「兮」，故云三侯也。

【二】正義 肄音異。

至今上即位，作十九章，【一】令侍中李延年次序其聲，拜爲協律都尉。通一經之士不能獨知其辭，皆集會五經家，相與共講習讀之，乃能通知其意，多爾雅之文。

【一】索隱 按：禮樂志安世房中樂有十九章。

漢家常以正月上辛祠太一甘泉，以昏時夜祠，到明而終。常有流星經於祠壇上。使僮男僮女七十人俱歌。春歌青陽，夏歌朱明，【一】秋歌西暤，【二】冬歌玄冥。【三】世多有，故不論。【四】

【一】集解 瓚曰：「爾雅云：『春曰青陽，夏曰朱明。』」

【二】集解 韋昭曰：「西方少暤也。」

【三】正義 禮記月令云玄冥，水官也。

【四】索隱 言四時歌多有其詞，故此不論載。今見漢書禮樂志。

又嘗得神馬渥洼水中，【一】復次以爲太一之歌。歌曲曰：「太一貢兮天馬下，【二】霑赤汗兮沫流赭。【三】騁容與兮跇萬里，【四】今安匹兮龍爲友。」後伐大宛得千里馬，馬名蒲梢，【五】次作以爲歌。歌詩曰：「天馬來兮從西極，經萬里兮歸有德。承靈威兮降外國，涉流沙兮四夷服。」中尉汲黯進曰：「凡王者作樂，上以承祖宗，下以化兆民。今陛下得馬，詩以爲歌，協於宗廟，先帝百姓豈能知其音邪？」上默然不説。丞相公孫弘曰：「黯誹謗聖制，當族。」

【一】集解李斐曰：「南陽新野有暴利長，當武帝時遭刑，屯田燉煌界。人數於此水旁見羣野馬〔五〕，中有奇異者，與凡馬異，來飲此水旁。利長先爲土人持勒靽於水旁，後馬玩習，久之，代土人持勒靽，收得其馬，獻之。欲神異此馬，云從水中出。」蘇林曰：「洼音『窒曲』之『窒』也。」索隱洼音一佳反，烏花反。蘇林音「窒曲」之「窒」，窒即窊也。

【二】索隱按：禮樂志「貢」作「況」，況與貢意亦通。正義太一，北極大星也。

【三】集解應劭曰：「大宛馬汗血霑濡也，流沫如赭。」

【四】集解孟康曰：「跇音逝。」如淳曰：「跇謂超踰也。」索隱亦「逝」〔六〕。鄒誕生云跇，一作「世」，亦音跇。跇，超也。

【五】集解應劭曰：「大宛舊有天馬種，蹋石汗血，汗從前肩髆出，如血，號一日千里。」索隱梢音史交反。又本作「騷」，亦同音。

凡音之起，由人心生也。【一】人心之動，物使之然也。【二】感於物而動，故形於聲；【三】聲相應，故生變；【四】變成方，謂之音；【五】比音而樂之，及干戚羽旄，謂之樂也。【六】樂者，音之所由生也，【七】其本在人心感於物也。【八】是故其哀心感者，其聲噍以殺；【九】其樂心感者，其聲嘽以緩；【一〇】其喜心感者，其聲發以散；【一一】其怒心感者，其聲麤以厲；【一二】其敬心感者，其聲直以廉；【一三】其愛心感者，其聲和以柔。【一四】六者非性也，【一五】感於物而後動，【一六】是故先王慎所以感之。【一七】故禮以導其志，樂以和其聲，政以壹其行，【一八】刑以防其姦。禮樂刑政，其極一也，【一九】所以同民心而出治道也。【二〇】

【一】正義皇侃云：「此章有三品，故名爲樂本，備言音聲所起，故名樂本。夫樂之起，其事有二：一是人心感樂，樂聲從心而生；一是樂感人心，心隨樂聲而變也。」

【二】正義物者，外境也。外有善惡來觸於心，則應觸而動，故云物使之然也。

【三】集解鄭玄曰：「宮商角徵羽雜比曰音，單出曰聲，形猶見也。」王肅曰：「物，事也。謂哀樂喜怒和敬之事感人而動，見於聲。」

【四】集解鄭玄曰：「樂之器，彈其宮則衆宮應，然而不足樂，是以變之使雜也。」正義崔靈恩云：「緣五聲各自相應，不足爲樂，故變使雜，令聲音諧和也。」

【五】集解鄭玄曰：「方猶文章。」正義皇侃云：「單聲不足，故變雜五聲，使交錯成文，乃謂爲音也。」

【六】集解 鄭玄曰：「干，楯也；戚，斧也：武舞所執也。羽，翟羽也；旄，旄牛尾：文舞所執也。」正義 比音鼻，次也。音，五音也。言五音雖雜，猶未足爲樂，復須次比器之音及文、武所執之物，共相諧會，乃是由音得名爲樂。武陰文陽，故所執有輕重異。

【七】正義 合音乃成樂，是樂由音而生，諸樂生起之所由也。

【八】正義 本猶初也。物，外境也。言將欲明樂隨心見〔七〕，故更陳此句也。

【九】集解 鄭玄曰：「噍，踧也。」索隱 焦音如字。鄒誕生作「噍」，音將妙反。正義 殺，所介反。噍，踧急也。若外境痛苦，則其心哀戚，哀戚在心〔八〕，故樂聲踧急而殺也。此下六者，皆人君見前境來感己而制樂音，隨心見之也。

【一〇】集解 鄭玄曰：「嘽，寬綽之貌。」正義 嘽，寬也。若外境可美，則其心歡樂，歡樂在心，故樂聲必隨而寬緩也。

【一一】集解 鄭玄曰：「發，揚也。」正義 若外境會意，其心喜悦，悦喜在心〔九〕，故樂聲發揚也。

【一二】正義 若外境乖失，故己心怒恚，怒在心〔一〇〕，心隨怒而發揚，故無輟硋，則樂聲麤彊而嚴厲也。

【一三】正義 廉隅也。若外境尊高，故己心悚敬，悚敬在内，則樂聲直而有廉角也。

【一四】正義 柔，軟也。若外境憐慕，故己心愛惜，愛惜在内，則樂和柔也。

【一五】正義 性本靜寂，無此六事。六事之生，由應感見而動，故云非性。

【一六】集解 鄭玄曰：「言人聲在所見，非有常。」

【一七】正義 六事隨見而動，非關本性，聖人在上，制正禮以防之〔一一〕，故先王慎所以感之者也。

【一八】正義 胡孟反。

【一九】集解 鄭玄曰：「極，至也。」 正義 四事，防慎所感之由也。用正禮教導其志〔一二〕，用正樂諧和其聲〔一三〕，用法律齊其行，用刑辟防其凶〔一四〕，民不復流僻，徒感防之，使同其一致〔一五〕，不爲非也。極，至也。

【二〇】集解 鄭玄曰：「此其所謂至也。」 正義 上四事功成，民同其心，俱不邪僻，故治道出也。民心所觸，有前六者不同，故聖人用後四者制之。

凡音者，生人心者也。【一】情動於中，故形於聲，【二】聲成文謂之音。【三】是故治世之音安以樂，其正和；【四】亂世之音怨以怒，其正乖；【五】亡國之音哀以思，其民困。【六】聲音之道，與正通矣。【七】宮爲君，【八】商爲臣，【九】角爲民，【一〇】徵爲事，【一一】羽爲物。【一二】五者不亂，則無怗懘之音矣。【一三】宮亂則荒，其君驕；【一四】商亂則搥，其臣壞；【一五】角亂則憂，其民怨；【一六】徵亂則哀，其事勤；【一七】羽亂則危，其財匱。【一八】五者皆亂，迭相陵，謂之慢。【一九】如此則國之滅亡無日矣。【二〇】鄭衞之音，亂世之音也，比於慢矣。【二一】桑閒濮上之音，【二二】亡

國之音也，其政散，其民流，誣上行私而不可止。【三】

【一】正義此樂本章第二段，明樂感人心也。人心即君人心也〔一六〕。樂音善惡由君上心之所好，故云生於人心者也。

【二】正義情，君之情也。中猶心也。心既感物而動，故形見於聲也。

【三】正義謂之音，清濁雖異，各見於外，成於文彩，並謂之音也。

【四】正義樂音洛。言平理之世，其樂音安靜而歡樂也。正政同也。

【五】集解徐廣曰：「一作『煩』。」正義亂世之音，民心怨怒，樂聲亦怨，由其正乖僻故。

【六】正義思音四。亡國，謂將欲滅亡之國，樂音悲哀而愁思。亡國之時，民之心哀思，其樂音亦哀思，由其民困苦故也。

【七】集解鄭玄曰：「言八音和否隨政也。」正義正和則聲音安樂，正乖則聲音怨怒，是聲音之道與正通矣。

【八】集解王肅曰：「居中總四方。」索隱居中總四方，宮弦最大，用八十一絲，聲重而尊，故爲君。正義宮屬土，居中央，總四方，君之象也。

【九】集解王肅曰：「秋義斷。」索隱商是金，金爲決斷，臣事也。弦用七十二絲，次宮，如臣次君也。

【一〇】集解王肅曰：「春物並生，各以區別，民之象也。」索隱弦用六十四絲，聲居宮羽之中，比君爲劣，比物爲優，故云清濁中〔一七〕，人之象也。正義角屬木，以其清濁中，民之象。

【一一】集解王肅曰：「夏物盛，故事多。」索隱徵屬夏，夏時生長，萬物皆成形體，事亦有體，故配事。弦用五十四絲。正義徵屬火，以其徵清，事之象也。

【一二】集解王肅曰：「冬物聚。」索隱羽爲水，最清，物之象。王肅云「冬物聚，故爲物，弦用四十八絲」。

【一三】集解鄭玄曰：「沾懘，獘敗不和之貌也。」索隱苫滯。又本作「沾懘」。正義沾，獘也。懘，敗也。君、臣、民、事、物五者各得其用，不相壞亂，則五音之響無獘敗也。

【一四】集解鄭玄曰：「荒猶散。」正義宮亂，則其聲放散，由其君驕溢故也。

【一五】集解徐廣曰：「搥，今禮作『陂』也。」索隱槌，鄒音都回反〔一八〕。徐廣曰「今禮作『陂』」，音詖也。正義商音亂，其聲欹邪不正，由其臣不理於官，官壞故也〔一九〕。

【一六】正義角音亂，其聲憂愁，由政虐民怨故也。

【一七】正義徵音亂，其聲哀苦，由繇役不休，其民事勤勞也。

【一八】正義羽音亂，其聲傾危，由君賦重，其民貧乏故也〔二〇〕。

【一九】正義迭，互也。陵，越也。五聲並不和，則君臣上下互相陵越，所以謂之爲慢也。

【二〇】集解鄭玄曰：「君、臣、民、事、物也，其道亂，則其音應而亂也。」索隱無日猶言無復一日也。以言君臣陵慢如此，則國之滅亡朝夕可待，無復一日也。

【二一】集解鄭玄曰：「比猶同。」正義鄭音好濫淫志，衛音促速煩志，並是亂世音，雖亂而未滅亡，故比慢也。比，必以反。

【二二】集解鄭玄曰：「濮水之上，地有桑閒，在濮陽南。」正義昔殷紂使師延作長夜靡靡之樂，以致亡國。武王伐紂，此樂師師延將樂器投濮水而死。後晉國樂師師涓夜過此水，聞水中作此樂，因聽而寫之。既得還國，爲晉平公奏之。師曠撫之曰：「此亡國之音也，得此必於桑閒濮上乎？紂之所由亡也。」

【二三】正義若用此濮上之音，其政必離散而民人流徙逃亡，緣臣誣上，各行私情，國即滅亡而不可禁止也。

凡音者，生於人心者也；【一】樂者，通於倫理者也。【二】是故知聲而不知音者，禽獸是也；知音而不知樂者，衆庶是也。唯君子爲能知樂。【三】是故審聲以知音，【四】審音以知樂，【五】審樂以知政，【六】而治道備矣。【七】是故不知聲者不可與言音，不知音者不可與言樂。知樂則幾於禮矣。【八】禮樂皆得，謂之有德。德者，得也。【九】是故樂之隆，非極音也；【一〇】食饗之禮，非極味也。【一一】清廟之瑟，朱弦而疏越，【一二】一倡而三歎，有遺音者矣。【一三】大饗之禮，【一四】尚玄酒【一五】而俎腥魚，【一六】大羹不和，【一七】有遺味者矣。【一八】是故先王之制禮樂也，非以極口腹耳目之欲也，將以教民平好惡而反人道之正也。【一九】

【一】正義 此樂本章第三段也。前第一段明人心感樂，第二段明樂感人心，此段聖人制正樂以應之。此段自有二重：自「凡音」至「反人道」爲一重，卻應第二段樂感人心也；又自「人生而靜〔三〕」至「王道備矣」爲一重，卻應第一段人心感樂也。

【二】集解 鄭玄曰：「倫猶類也。理，分也。」正義 音初生自君心，形而成樂，樂成則能通於百姓，使各盡其類分，故曰通倫理者也。

【三】集解 鄭玄曰：「禽獸知此爲聲耳，不知其宮商之變。八音並作克諧，曰樂。」

【四】正義 聲爲音本，若欲知音，當須審定其聲，然後音可知。

【五】正義 音爲樂本，前審定其音，然後可知樂也。

【六】正義 樂爲政本，前審定其樂，然後政可知也。

【七】正義 前審定其本，後識其末，則爲治之道乃可備也。

【八】集解 鄭玄曰：「幾，近也。」正義 禮謂治國之禮，包萬事。萬事備具，始是禮極。今知樂者但正君、臣、民、事、物五者之情，於禮未極，故云幾於禮也。

【九】集解 鄭玄曰：「聽樂而知政之得失，則能正君、臣、民、事、物之禮。」正義 若聽樂而知禮，則是禮樂皆得；二者備具，則是有德之君也。又言有德之人是能得禮樂之情，故云德者得也。

【一〇】集解 鄭玄曰：「隆猶盛也。極猶窮也。」正義 大樂之盛，本在移風易俗，非窮鐘鼓之音，故云非極音也。故論語「樂云樂云，鐘鼓云乎哉」是也。

【一一】正義食音嗣。食享謂宗廟祭也。大禮之盛，本在安上治民，非崇玉帛至味，故云非極味也。故論語「禮云禮云，玉帛云乎哉」是也。

【一二】集解鄭玄曰：「清廟謂作樂歌清廟。」王肅曰：「於清廟中所鼓之瑟。」

【一三】集解鄭玄曰：「越，瑟底孔，畫疏之，使聲遲。」

【一四】集解鄭玄曰：「遺猶餘也。」王肅曰：「未盡音之極。」正義倡音唱。一唱謂一人始唱歌，三歎謂三人讚歎也。樂歌此先王之道，不極音聲，故但以熟弦廣孔，少唱寡和。此音有德，傳於無窮，是有餘音不已。一云所重在德，本不在音，是有遺餘音，念之不忘也。

【一五】正義大享即食享也。變「食」言「大」，崇其名故也。不尚重味，故食言大也。此言禮盛不在至味之事〔二二〕。

【一六】正義祫祭之禮，則列玄尊在上，五齊在下也。

【一七】正義凡俎有肴生腊，是俎腥魚者〔二三〕，生魚也，俎雖有三牲，而兼載生魚也。

【一八】正義和，胡臥反。大羹，肉汁也。祫祭有肉汁爲羹，無鹽菜之芼和也。

【一九】正義遺亦餘也。此皆質素之食〔二四〕。禮，人主誠設之道不極滋味，故尚明水而腥魚。此禮可重，流芳竹帛，傳之無已，有餘味。一云禮本在德，不在甘味，故用水魚而遺味也。

【二〇】集解鄭玄曰：「教之使知好惡。」正義好，火到反。惡，一故反。平，均也。言先王制禮作樂，本是教訓澆民，平於好惡之理，故去惡歸善，不爲口腹耳目之欲，令反歸人之正道也。

人生而靜，天之性也；【一】感於物而動，性之頌也。【二】物至知知，然後好惡形焉。【三】好惡無節於内，知誘於外，不能反己，天理滅矣。【四】夫物之感人無窮，而人之好惡無節，則是物至而人化物也。【五】人化物也者，滅天理而窮人欲者也。【六】於是有悖逆詐僞之心，有淫佚作亂之事。是故彊者脅弱，衆者暴寡，知者詐愚，勇者苦怯，疾病不養，老幼孤寡不得其所，此大亂之道也。是故先王制禮樂，人爲之節：【七】衰麻哭泣，【八】所以節喪紀也；鐘鼓干戚，所以和安樂也；婚姻冠笄，所以別男女也；【九】射鄉食饗，所以正交接也。【一〇】禮節民心，樂和民聲，政以行之，刑以防之。禮樂刑政四達而不悖，則王道備矣。

【一】正義此第三段第二重也。人初生未有情欲，其情欲至靜稟于自然〔三五〕，是天之性也。

【二】集解徐廣曰：「頌音容。今禮作『欲』。」正義其心雖靜，感於外情，因物而動，是性之貪慾也。

【三】集解王肅曰：「事至，能以智知之，然後情之好惡見。」正義上「知」音智。

【四】集解王肅曰：「内無定節，智爲物所誘於外，情從之動，而失其天性。」正義言好惡不自節量於心，唯知情慾誘之於外，不能反還己躬之善，則天性滅絶矣。

【五】集解鄭玄曰：「隨物變化。」正義夫物不一，故言無窮也。若人心嗜慾無度，隨好惡不能節之，則與之而化，故云人化物。

【六】集解鄭玄曰：「言無所不爲。」正義心隨物化，則滅天性而恣人心之欲也。

【七】集解鄭玄曰：「爲作法度以遏其欲也。」王肅曰：「以人爲之節，言得其中也。」

【八】正義此以下並是陳禮節人之事也。制五服哭泣，所以紀喪事之節，而不使背死忘生也。事死者難，故以哀哭爲前也。

【九】集解鄭玄曰：「男二十而冠，女許嫁而笄。」正義冠音貫。笄音雞。

【一〇】集解鄭玄曰：「射鄉，大射、鄉飲酒。」

樂者爲同，禮者爲異。【一】同則相親，異則相敬。樂勝則流，【二】禮勝則離。【三】合情飾貌者，禮樂之事也。【四】禮義立，則貴賤等矣；【五】樂文同，則上下和矣；【六】好惡著，則賢不肖別矣；【七】刑禁暴，爵舉賢，則政均矣。【八】仁以愛之，義以正之，如此則民治行矣。【九】

【一】集解鄭玄曰：「同謂協好惡也，異謂別貴賤。」正義此第二章名爲樂論。其中有四段，此章論禮樂同異也。夫樂使率土合和，是爲同也；禮使父子殊別，是爲異也。

【二】集解王肅曰：「流遁不能自還。」

【三】集解王肅曰：「離析而不親。」正義勝，式證反。勝猶過也。禮樂雖有同異，而又相須也。

若樂過和同而無禮，則流慢，無復尊卑之敬。若禮過殊隔無樂，則親屬離析，無復骨肉之愛也。

【四】集解鄭玄曰：「欲其並行彬彬然。」　正義樂和內，是合情也；禮檢迹，是飾貌也。

【五】集解鄭玄曰：「等，階級。」

【六】正義文謂聲成文也。若作樂文采諧同，則上下並和，是樂和民聲也。

【七】正義好惡並去聲，又並如字。著，張慮反。若法律分明，善惡章著，則賢愚斯别，政化行矣。

【八】正義王者爲用刑則禁制暴慢〔二六〕，疏爵以舉賞賢良，則政治均平，是刑以防之矣。既是禁暴而又言舉賢者，示刑最爲重，不宜獨行，必須賞罰兼明也。然禮樂之用非政不行，明須四事連行也。

【九】正義言禮樂刑政既均，又須仁以愛民，義以正民，如此則民順理正行矣。

樂由中出，【一】禮自外作。【二】樂由中出，故靜；【三】禮自外作，故文。【四】大樂必易，【五】大禮必簡。【六】樂至則無怨，禮至則不爭。【七】揖讓而治天下者，禮樂之謂也。暴民不作，諸侯賓服，兵革不試，【八】五刑不用，百姓無患，天子不怒，如此則樂達矣。合父子之親，【九】明長幼之序，【一〇】以敬四海之內。【一一】天子如此，則禮行矣。【一二】

【一】集解鄭玄曰：「和在心。」　正義此樂論第二段，謂樂功也。出猶生也。爲人在中，和有未足，故生此樂也。

【二】集解鄭玄曰：「敬在貌。」正義作猶起也。爲人在外，敬有未足，故起此禮也。

【三】正義樂和心，在内〔二七〕，故云靜。

【四】集解鄭玄曰：「文猶動。」正義禮肅人貌，貌在外，故云動。

【五】正義易，以豉反。朱弦疏越是也。

【六】集解鄭玄曰：「易、簡，若於清廟大饗然。」正義玄酒腥魚是也。

【七】集解鄭玄曰：「至猶達也，行也。」正義樂行主和，和達則民無復怨怒也。禮行主謙，謙達則民不爭競也。

【八】集解鄭玄曰：「賓，協也。試，用也。」

【九】正義前云「禮至不爭」，故致天下尊卑之序也。禮使父慈子孝，是合父子之親也，即父事三老也。

【一〇】正義長坐幼立，是明長幼之序，即兄事五更是也。

【一一】正義孝經云：「教以孝，所以敬天下之爲人父；教以弟，所以敬天下之爲人兄；教以臣，所以敬天下之爲君。」即是敬四海之内也。

【一二】正義言天子能躬行禮，則臣下必用禮，如此則禮行矣。「合父子」以下，悉自天子自身行之也。

大樂與天地同和，〔一〕大禮與天地同節。〔二〕和，故百物不失；〔三〕節，故祀天祭地。〔四〕明則有禮樂，〔五〕幽則有鬼神，〔六〕如此則四海之内合敬同愛矣。〔七〕禮者，殊事合敬者也；〔八〕樂者，異文合愛者也。〔九〕禮樂之情同，故明王以相沿也。〔一〇〕故事與時並，〔一一〕名與功偕。〔一二〕故鐘鼓管磬羽籥干戚，樂之器也；〔一三〕詘信俯仰級兆舒疾，〔一四〕樂之文也。〔一五〕簠簋俎豆制度文章，禮之器也；升降上下周旋裼襲，禮之文也。故知禮樂之情者能作，〔一六〕識禮樂之文者能術。〔一七〕作者之謂聖，〔一八〕術者之謂明。〔一九〕明聖者，術作之謂也。

〔一〕正義此樂論第三段，論禮與樂唯聖能識也。言天地以氣氤氲，合生萬物。大樂之理，順陰陽律吕生養萬物，是大樂與天地同和也。

〔二〕集解鄭玄曰：「言順天地之氣與其數也。」正義言天有日月，地有山川，高卑殊形，生用各别。大禮辯尊卑貴賤等差異别，是大禮與天地同節。

〔三〕集解鄭玄曰：「不失其性。」正義樂與天地同和，能生成萬物。

〔四〕集解鄭玄曰：「成物有功報焉。」正義禮與天地同節，有尊卑上下，報生成萬物之功。

〔五〕集解鄭玄曰：「教人者也。」正義明猶外也。言聖王能使樂與天地同和，禮與天地同節，又能顯明其禮樂以教人也。

〔六〕集解鄭玄曰：「助天地成物者也。」易曰『知鬼神之情狀』。然則聖人精氣謂之神，賢智之精氣謂之鬼也。」正義幽，内也。言聖王又能内敬鬼神，助天地生成萬物。

【七】正義言行禮同節，故四海合敬矣。樂同和〔二八〕，故四海同愛矣。

【八】正義尊卑貴賤之别，是殊事也。施之同以莊敬，是合敬也。

【九】正義宫商錯而成文，隨事而制變，是異文；同以勸愛〔二九〕，是合愛也。

【一〇】集解鄭玄曰：「沿猶因述也。殷因於夏，周因於殷。」正義樂情主和，禮情主敬，致化是同。以其致化情同，故明王相因述也。

【一一】集解鄭玄曰：「舉事在其時也。」王肅曰：「有其時，然後得立其事。」正義言聖王所爲之事與所當之時並行也。若堯舜揖讓之事與淳和之時並行，湯武干戈之事與澆薄之時並行。此句明禮也。

【一二】集解鄭玄曰：「爲名在於其功也〔三〇〕。偕猶俱也。」王肅曰：「有功，然後得受其名。」正義名謂樂名也。偕，俱也。功者，揖讓干戈之功也。聖王制樂之名，與所建之功俱作也。若堯、舜樂名咸池、大韶，湯、武樂名大濩、大武也。

【一三】正義此陳樂事也。鐘鼓之屬是樂之器，有形質，故爲事也。

【一四】集解徐廣曰：「級，今禮作『綴』。」駰案：鄭玄曰「兆，其外營域」。索隱徐廣曰：「級，今禮作『綴』。」綴，舞者酇列也。又按：下文「其舞行及遠」、「及短」，禮皆作「綴」，蓋是字之殘缺訛變耳，故此爲「級」而下又爲「及」也。然並依字讀，義亦俱通，恐違古記耳。

【一五】正義文飾之事也。

【一六】正義既能窮本知變〔三二〕，又能著誠去僞，所以能述作，故謂之聖也。

【一七】集解鄭玄曰：「述謂訓其義。」　正義謂上文「屈伸俯仰」、「升降上下」也。

【一八】正義堯、舜、禹、湯之屬是也。

【一九】正義游、夏之屬是也。

樂者，天地之和也；禮者，天地之序也。【一】和，故百物皆化；序，故羣物皆別。【二】樂由天作，禮以地制。【三】過制則亂，過作則暴。【四】明於天地，然後能興禮樂也。【五】論倫無患，樂之情也；【六】欣喜驩愛，樂之官也〔三三〕。【七】中正無邪，禮之質也；【八】莊敬恭順，禮之制也。【九】若夫禮樂之施於金石，越於聲音，用於宗廟社稷，事于山川鬼神，則此所以與民同也。【一〇】

【一】正義此樂論第四段也。謂禮樂之情也。樂法天地之氣，故云天地之和；禮法天地之形，故云天地之序。禮樂從天地而來，王者必明於天地，然後能興起禮樂也。

【二】集解鄭玄曰：「化猶生也。別謂形體異。」

【三】集解鄭玄曰：「言法天地。」　正義天用和氣化物，物從氣化，是由天作也。地有高下區分以生萬物，禮有品節殊文，是由地制也。

【四】集解鄭玄曰：「過猶誤也。暴，失文、武意也。」

【五】正義禮樂既不可誤，故須明天地者乃可制作也。

【六】集解王肅曰：「言能合道論，中倫理而無患也。」正義既云唯聖人識禮樂之情，此以下更説其情狀不同也。倫，類也。賀瑒云：「樂使物得類序而無害，是樂之情也。」

【七】正義官猶事也。賀瑒云：「八音克諧，使物欣喜，此樂之事迹也。」

【八】集解鄭玄曰：「質猶本也。」正義明禮情也。質，本也。禮以内心中正[三三]，無有邪僻，是禮之本。

【九】正義明禮情之事也。謂容貌莊敬，謙恭謹慎，是禮之節制也。

【一〇】集解王肅曰：「自天子至民人，皆貴禮之敬，樂之和，以事鬼神先祖也。」正義言四者施用祭祀，隨世而異，則前王所不專，故又云則此所以與民同，言隨世也。

王者功成作樂，治定制禮。【一】其功大者其樂備，其治辨者其禮具。【二】干戚之舞，非備樂也；【三】亨孰而祀，非達禮也。【四】五帝殊時，不相沿樂；三王異世，不相襲禮。【五】樂極則憂，禮粗則偏矣。【六】及夫敦樂而無憂，【七】禮備而不偏者，其唯大聖乎？天高地下，萬物散殊，而禮制行也；【八】流而不息，合同而化，而樂興也。【九】春作夏長，仁也；秋斂冬藏，義也。仁近於樂，義近於禮。【一〇】樂者敦和，率神而從天；【一一】禮者辨宜，居鬼

而從地。【一二】故聖人作樂以應天，作禮以配地。禮樂明備，天地官矣。【一三】

【一】集解鄭玄曰：「功成治定同時耳，功主于王業，治主于教民。」正義此第三章名樂禮章，言明王爲治，制禮作樂，故名樂禮章。其中有三段：一明禮樂齊，其用必對；二明禮樂法天地之事；三明天地應禮樂也。

【二】集解徐廣曰：「辨，一作『別』。」駰案：鄭玄曰「辨，偏也」。正義辨，皮勉反，又邊練反。夫禮樂必由功治，功治有小大〔三四〕，故禮樂應之而廣狹也。若上世民淳易化，故王者功治廣偏，是以禮樂備也。而殷、周民澆難化，故王者功治褊狹，則禮樂亦不具。

【三】集解鄭玄曰：「樂以文德爲備，若咸池也。」正義證樂不備也。干戚，武舞也〔三五〕。樂以文德爲備，故用朱絲疏越，干戚之舞，故非備樂也。

【四】集解鄭玄曰：「達猶具也。至敬不饗味而貴氣臭。」正義解禮不具也。謂腥俎玄尊，表誠象古而已，不在芬苾孰味。是乃澆世爲之，非達禮也。

【五】集解鄭玄曰：「言其有損益。」正義庾蔚之云：「樂興於五帝，禮成於三王。樂興王者之功，禮隨世之質文。」崔靈恩云：「五帝淳澆不同，故不得相沿爲樂；三王文質之不等，故不得相襲爲禮。」

【六】集解鄭玄曰：「樂，人之所好也，害在淫佚；禮，人之所勤，害在倦略。」

【七】集解鄭玄曰：「敦，厚也。」

【八】集解鄭玄曰：「禮爲異。」正義天高於上，地卑於下，萬物布散殊別於其中，而大聖制禮，別異尊卑，是衆大而行，故云禮制行矣。禮以節制爲義，故云禮制。

【九】集解鄭玄曰：「樂爲同。」正義天地二氣，流行不息，合同氛氳，化生萬物。而大聖作樂，合同人心，是以象天地而起，故云樂興也。

【一〇】集解鄭玄曰：「言樂法陽而生，禮法陰而成。」正義近，其靳反。春夏生長萬物，故爲仁愛。樂主陶和萬性，故仁近於樂也。秋則殺斂，冬則蟄藏，並是義主斷割。禮爲節限，故義近於禮也。

【一一】集解鄭玄曰：「敦和，樂貴同。」正義此釋仁近樂之義。言樂之爲體，敦厚和同，因循聖人之神氣而從順於天。

【一二】集解鄭玄曰：「別宜，禮尚異也。」孫炎曰：「居鬼，品處人鬼之志。」正義此解義近禮之由。居鬼猶循神也。鬼謂先賢也。禮之爲體，尊卑殊別，各有其宜，因居先賢鬼氣而從順於地，分別禮分。

【一三】集解鄭玄曰：「各得其事也。」王肅曰：「各得其位也。」

天尊地卑，君臣定矣。【一】高卑已陳，貴賤位矣。【二】動靜有常，小大殊矣。【三】方以類聚，物以羣分，則性命不同矣。【四】在天成象，在地成形，【五】如此，則禮者天地之別也。【六】地氣上隮，【七】天氣下降，【八】陰陽相摩，【九】天地相蕩，【一〇】鼓之以靁霆，【一一】奮之以風雨，【一二】

動之以四時，【一三】煖之以日月，【一四】而百化興焉〔三六〕，【一五】如此，則樂者天地之和也。【一六】

【一】正義 此樂禮章第二段也，明禮樂法天地事也。言君尊於上，臣卑於下，是象天地定矣。

【二】集解 鄭玄曰：「高卑謂山澤也。位矣，尊卑之位象山澤。」

【三】集解 鄭玄曰：「動靜，陰陽用事也。小大，萬物也。大者常存，小者隨陰陽出入。」

【四】集解 鄭玄曰：「方謂行蟲。物謂殖生者。性之言生也。命，生之長短。」 正義 性，生也。萬物各有嗜好謂之性。命者，長短夭壽也。所祖之物既稟大小之殊，故性命夭壽不同也。

【五】集解 鄭玄曰：「象，光耀。形，體貌。」 正義 言日月星辰之光耀，草木鳥獸之體貌也。

【六】正義 結禮之別也。此天地明聖，制禮殊別〔三七〕，是天地之分別也，亦別辨宜居鬼而從地也〔三八〕。

【七】集解 鄭玄曰：「隮，升也。」

【八】正義 明禮樂法天地氣也。天地二氣之升降合而生物，故樂以氣法地，弦歌聲氣升降相合，以教民也。然氣從下升，在樂象氣〔三九〕，故從地始也。形以上尊，在禮象形，故從天始也〔四〇〕。

【九】正義 二氣切摩而萬物生發，作樂亦令聲氣切摩，使民心生敬也。

【一〇】集解 鄭玄曰：「蕩，動也。」 正義 天地八節蕩動也。天地化物，八節更相感動，作樂亦令八音相感動也。

【一一】正義 萬物雖以氣生，而物未發，故雷霆以鼓動之，如樂用鐘鼓以發節也。大雷曰霆。

【二】集解鄭玄曰：「奮，迅也。」正義萬物皆以風雨奮迅而出，如樂用儛奮迅以象之，使發人情也。

【三】正義萬物生長，隨四時而動，如樂各逐心內所須而奏之。

【四】正義煖音暄遠反。萬物之生，必須日月煖照〔四一〕，如樂有蘊藉，使人宣昭也。蘊藉者，歌不直言而長言嗟歎之屬。

【五】集解鄭玄曰：「百物化生。」

【六】正義結樂之和也。如此則聖人作樂，法天地和同，是樂者天地之和也，亦是敦和率神而從天也。

化不時則不生，【一】男女無別則亂登，【二】此天地之情也。【三】及夫禮樂之極乎天而蟠乎地，【四】行乎陰陽而通乎鬼神，【五】窮高極遠而測深厚，【六】樂著太始【七】而禮居成物。【八】著不息者天也，著不動者地也。【九】一動一靜者，天地之閒也。【一〇】故聖人曰「禮云樂云」。【一一】

【一】正義此樂禮章第三段，明天地應於禮樂也。前聖人既作禮樂，此明天地應樂也。若人主行化失時，天地應以惡氣毀物，故云化不時則不生也。

【二】集解鄭玄曰：「登，成也。樂失則害物，禮失則亂人。」正義此明天地應禮也。登，成也。

若人君行禮，男女無別，則天地應而錯亂成之也。

【三】正義　結隨禮樂得失而應之，是天地之情也。然樂是氣化，故云害物；禮是形教，故言亂人也。

【四】集解　鄭玄曰：「極，至也。蟠猶委也。」　索隱　音盤。鄒誕本作「播」，亦作「蟠」。

【五】正義　言陰陽和，四時順，以應禮樂，禮樂與鬼神並助天地而成化也。

【六】集解　鄭玄曰：「高遠，三辰也。深厚，山川也。言禮樂之道，上至於天，下委於地，則其閒無所不之矣。」

【七】集解　王肅曰：「著，明也。明太始，謂法天也。」　索隱　著，明也。太始，天也。言樂能明太始是法天。

【八】集解　成物謂地也。居亦謂法也。　索隱　言地能成萬物，故成物謂地也。居亦法也，言禮法地也。　正義　著猶處也。天爲萬物之始，故曰太始。天蒼而氣化，樂亦氣化，故云處太始也。成物，地也，體盤薄長成萬物也。在地成形，禮亦形教，故云居成也。地卑，故曰居；天高，故曰著也。

【九】集解　鄭玄曰：「著猶明白也。息謂休止也。」　索隱　著謂明白。著運生不息者〔四二〕，天之功也，故易乾卦云「天行健，君子以自强不息」是〔四三〕。著養萬物不動者，地之德也，故易坤卦云「安貞吉」是也。　正義　此美禮樂配天地也。著亦處也。言樂氣化，處運生不息者，配天也。禮制尊卑定位，成養萬物，處不移動者，配地也。

【一〇】集解鄭玄曰：「閒謂百物也。」正義此美禮樂若分則配天地，若合則與百物齊一也。百物稟天動地靜而生〔四四〕，故呼百物爲天地之閒也。

【一一】集解鄭玄曰：「言禮樂之法天地也。」正義引聖證此章也。言聖人云，明此一章是禮樂法天地也，故言聖人曰「禮云樂云」。樂動禮靜，其並用事，如天地閒物有動靜也。

昔者舜作五弦之琴，以歌南風；【一】夔始作樂，以賞諸侯。【二】故天子之爲樂也，以賞諸侯之有德者也。德盛而教尊，五穀時孰，然後賞之以樂。【三】故其治民勞者，其舞行級遠；【四】其治民佚者，其舞行級短。【五】故觀其舞而知其德，【六】聞其謚而知其行。【七】大章，章之也；【八】咸池，備也；【九】韶，繼也；【一〇】夏，大也；【一一】殷周之樂盡也。【一二】

【一】集解鄭玄曰：「南風，長養之風也，言父母之長養己也。其辭未聞也。」王肅曰：「南風，育養民之詩也。其辭曰『南風之薰兮，可以解吾民之慍兮』。」索隱此詩之辭出尸子及家語。正義此第四章名樂施，明禮樂前備後施布天下也。中有三段：一明施樂以賜諸侯也；二明施樂須節，既賜之，所以宜節也；三明禮樂所施，各有本意本德。世本「神農作琴」，今云舜作者，非謂舜始造也，改用五弦琴，特歌南風詩，始自舜也。五弦者，無文武二弦，唯宮商角徵羽之五弦也。南風是孝子之詩也。南風養萬物，而孝子歌之，言得父母生長，如萬物得南風也。

舜有孝行，故以五弦之琴歌南風詩，以教理天下之孝也。

【二】集解鄭玄曰：「夔欲舜與天下之君共此樂。」

【三】正義陳其合賞也。若諸侯孝德明盛，教令尊嚴，年穀豐稔，故天子賞樂也，天下因而法之也。

【四】正義行音胡郎反。級音子衞反。本或作「綴」，音同。此明雖得樂賜，而隨功德優劣爲舞位行列也〔四五〕。綴謂鑽列也。若諸侯治民勞苦，由君德薄，王賞之以樂，則舞人少，不滿，將去鑽疏遠也。

【五】集解王肅曰：「遠以象民行之勞，近以象民行之逸。」正義佚音逸。言若諸侯治民暇逸，由君德盛，王賞舞人多〔四六〕，則滿，將去鑽促近也。庾蔚之云：「此爲虞夏禮也。虞猶淳，故可隨功賜樂；殷周漸澆，易生忿怨，不宜猶有優劣，是以同制。諸侯六佾，故與周禮不同也。」

【六】正義觀其儛位人多少，去綴近遠，即知其君德薄厚也。

【七】集解鄭玄曰：「謚者，行之迹。」正義行音胡孟反。制死謚隨君德，故聞死謚則知生行。此一句比擬其舞也。

【八】集解鄭玄曰：「堯樂名。言堯德章明。」正義既生時舞則知德，死則聞謚驗行，故更引死後聞樂則知行事解之也。大章，堯樂也。章，明也。民樂堯德大明，故名樂曰大章，後人聞大章則知堯生時德大明。上章是堯德之明，下章是後明於堯德。白虎通云「大章，大明天地之道」。

【九】集解鄭玄曰：「黄帝所作樂名，堯增脩而用之。咸，皆也，池之言施也，言德之無不施也。」王肅曰：「包容浸潤行化皆然，故曰備也。」

【一〇】集解鄭玄曰：「舜樂名。言能繼堯之德。」

【一一】集解鄭玄曰：「禹樂名。言禹能大堯舜之德。」

【一二】集解鄭玄曰：「言盡人事也。周禮曰：殷曰大濩，周曰大武。」

天地之道，寒暑不時則疾，【一】風雨不節則饑。【二】教者，民之寒暑也，【三】教不時則傷世；【四】事者，民之風雨也，事不節則無功。【五】然則先王之爲樂也，以法治也，【六】善則行象德矣。【七】夫豢豕爲酒，【八】非以爲禍也，【九】而獄訟益煩，則酒之流生禍也。【一〇】是故先王因爲酒禮，一獻之禮，賓主百拜，【一一】終日飲酒而不得醉焉，此先王之所以備酒禍也。故酒食者，所以合歡也。【一二】

【一】正義此則樂施章第二段，明施樂須節也。既必須節，故引譬例。寒暑，天地之氣也。若寒暑不時，則民多疾疫也。

【二】正義風雨，天事也。風雨有聲形，故爲事也。若飄灑淒厲，不有時節，則穀損民饑也。

【三】集解鄭玄曰：「教謂樂也。」

【四】正義寒暑不時，既爲民疾苦；樂教不時，則傷世俗之化也。

【五】正義風雨不節，則民饑饉；禮事不節，則治無功也。

【六】集解王肅曰：「作樂所以法其治行也。」

【七】集解王肅曰：「君行善，即臣下之行皆象君之德。」正義此廣樂所以須節已。言先王爲樂必以法治，治善則臣下之行皆象君之德也。

【八】集解鄭玄曰：「以穀食犬豕曰豢。爲，作也。」

【九】正義此言禮須節也。豢，養也。言前王豢犬豕及作酒之事，本以爲禮祀神祇，設賓客，和親族，禮賢能，而實非爲民作禍災也。

【一〇】集解鄭玄曰：「小人飲之善酗，以致獄訟。」正義此禮事也。言民得豢酒，無復節限，卒至沈酗鬪爭殺傷，而刑獄益生煩多，則是酒之流害生其禍也。

【一一】集解鄭玄曰：「一獻，士飲酒之禮。百拜，以喻多也。」

【一二】正義此結節功也。既防酒禍，故飲不醉爭，以特合歡適也。

樂者，所以象德也；【一】禮者，所以閉淫也。【二】是故先王有大事，必有禮以哀之；【三】有大福，必有禮以樂之；【四】哀樂之分，皆以禮終。【五】

【一】正義此樂施章第三段，明禮樂之所施各有本意，在於象德也。此言樂意也，言樂之所施於人，本有和愛之德。

【二】正義 此言禮意也。言禮之所施於人，本止邪淫過失也〔四七〕。

【三】集解 鄭玄曰：「大事謂死喪。」正義 民有喪，則先王制衰麻哭泣之禮以節之，使其各遂哀情，是禮以哀之也。

【四】正義 樂音洛。大福，祭祀者慶也。民慶必歌舞，飲食庶羞之禮使不過，而各遂歡樂，是有以樂之也。

【五】正義 分，扶問反。結二事。哀樂雖反，皆用禮節，各終其分，故云皆以禮終。

樂也者，施也；禮也者，報也。【一】樂，樂其所自生；【二】而禮，反其所自始。【三】樂章德，【四】禮報情反始也。【五】所謂大路者，天子之輿也；【六】龍旂九旒，天子之旌也；【七】青黑緣者，天子之葆龜也；【八】從之以牛羊之羣，則所以贈諸侯也。【九】

【一】集解 鄭玄曰：「言樂出而不反，而禮有往來。」正義 施，式豉反。此第六段，樂象法章第五段〔四八〕，不以次第而亂升在此段，明禮樂用別也。庾蔚之云：「樂者，所以宣暢四氣，導達情性，功及物而不知其所報，即是出而不反，所以謂施也。禮者，所以通彼之意，故有往必有來，所以謂報也。」

【二】集解 鄭玄曰：「自，由也。」正義 此廣施也。樂名所起，由民下之心所樂生，非有所報也。

【三】正義此廣報也。反猶報也。禮生無名，但是事耳，隨時得質文之事而報之。

【四】正義聞名知德，若大章是也。

【五】集解孫炎曰：「作樂者緣民所樂於己之德，若舜之民樂其紹堯〔四九〕，周之民樂其伐紂，而作韶、武也。制禮者本己所由得民心，殷尚質，周尚文是也。」正義禮報人情而制，隨質文之始也。

【六】正義此以下廣言禮以報爲體之事。輿，車也。大路，天子之車也。諸侯朝天子，脩其職貢，若有勳勞者，天子賜之大路也。

【七】正義庾蔚之云：「龍旂九旒，上公之旌。」

【八】集解公羊傳曰：「龜青緣。」何休曰：「緣，甲頫也。千歲之龜青頫，明乎吉凶也。」索隱葆與「寶」同，史記多作此字。公羊傳寶龜青緣，何休以緣爲甲頫，千歲之龜青頫，明于吉凶。頫音耳占反。正義緣，以絹反。

【九】集解鄭玄曰：「贈諸侯，謂來朝將去，送之以禮也。」正義合結上諸事，皆是天子送諸侯禮也。言五等諸侯朝畢反去，天子贈之大路龍旂寶龜，又送之以牛羊之羣也。

樂也者，情之不可變者也；【一】禮也者，理之不可易者也。【二】樂統同，【三】禮別異，【四】禮樂之說貫乎人情矣。【五】窮本知變，樂之情也；【六】著誠去僞，禮之經也。【七】禮樂順天地

之誠，【八】達神明之德，【九】降興上下之神，【一〇】而凝是精粗之體，領父子君臣之節。【一一】

【一】正義此第七章，明樂之情，與之符達鬼神，合而不可變也。中有三段，一明禮樂情達鬼神也，二證禮樂達鬼神之事，三明識禮樂之本可尊也。前第六章明象。象必見情，故以樂主情。樂變則情變，故云「情之不可變」也。

【二】集解鄭玄曰：「理猶事也。」正義禮主事。禮，別也，故云事之不可易者也。

【三】正義解情不變也。統，領也。同，和合之情者也。

【四】集解鄭玄曰：「統同，同和合也。辨異，異尊卑之位。」正義解事不可易也。禮別於尊卑之事也。

【五】正義貫猶通也。言人情莫過於同異，而禮樂能統同辨異，故其說理能通人情。

【六】正義庾蔚之云：「樂能通和性分，使各不失其所，是窮自然之本也。使人不失其所守，是知變通之情也。」

【七】正義著，竹慮反。去，丘呂反。著，明也。經，常也。著明誠信，違去詐僞，是禮之常行也。

【八】正義見，胡練反。合明禮樂也。禮出於地，尊卑有序，是見地之情也。樂出於天，遠近和合，是見天之情也。

【九】正義達，通也。禮樂不失，則天降甘露，地出醴泉，是通於神明之德也。

【一〇】集解鄭玄曰：「降，下也。興猶出也。」正義樂六變，天神下；八變，地祇出：是興降上下之神。

【一一】集解鄭玄曰：「凝猶成也。精粗謂萬物大小也。領猶理治也。」

是故大人舉禮樂，則天地將爲昭焉。【一】天地欣合，陰陽相得，【二】煦嫗覆育萬物，【三】然後草木茂，區萌達，【四】羽翮奮，角觡生，【五】蟄蟲昭穌，【六】羽者嫗伏，毛者孕鬻，【七】胎生者不殰，而卵生者不殈，【八】則樂之道歸焉耳。【九】

【一】正義爲，于僞反。昭音照。此樂情章第二段，明禮樂能通達鬼神之事。前既云能通鬼神，此明其事也。大人聖人與天地合德，故舉禮樂爲教，而天地從之大明也。

【二】正義欣，喜也。合猶蒸也。禮樂化行，故天氣下，地氣蒸合，陰陽交會，故相得也。論體謂之天地，論氣謂之陰陽也。

【三】集解鄭玄曰：「氣曰煦，體曰嫗。」

【四】集解鄭玄曰：「屈生曰區。」正義區音勾。草木據其成體之茂，區萌據其新牙，故曰達。達猶出也。曲出曰區，菽豆之屬；直出曰萌，稻稷之屬也。

【五】集解鄭玄曰：「無鰓曰觡。」索隱牛羊有鰓曰角，麋鹿無鰓曰觡。正義觡，加客反。羽翮，鳥也。角觡，獸也。鳥獸得天地覆育煦嫗，故飛者則奮翅翮，走者則生角觡也。

【六】集解鄭玄曰：「昭，曉也。凡蟄蟲以發出爲曉，更息曰蘇。」正義蟄蟲得陰陽煦嫗，故皆出地上，如夜得曉，如死更有氣也。

【七】集解鄭玄曰：「孕，任也。鬻，生也。」正義伏，房富反。羽，鳥也。毛，獸也。二氣既交，萬物生乳，故鳥生卵嫗伏之，獸懷孕而生育之也。

【八】集解鄭玄曰：「內敗曰殰。殈猶裂也。」正義殰音讀。殈音呼覓反。胎生，獸也。卵生，鳥也。懷任在內而死曰殰，卵坼不成子曰殈。今和氣不殰殈也。

【九】集解孫炎曰：「樂和陰陽，故歸此也。」正義庾蔚之云：「一論天地二氣，萬物各得其所，乃歸於樂耳。」

樂者，非謂黃鍾大呂弦歌干揚也，【一】樂之末節也，【二】故童者舞之；【三】布筵席，陳樽俎，列籩豆，以升降爲禮者，【四】禮之末節也，【五】故有司掌之。【六】樂師辯乎聲詩，故北面而弦；【七】宗祝辯乎宗廟之禮，故後尸；【八】商祝辯乎喪禮，【九】故後主人。【一〇】是故德成而上，【一一】藝成而下；【一二】行成而先，【一三】事成而後。【一四】是故先王有上有下，有先有後，然後可以有制於天下也。【一五】

【一】集解鄭玄曰：「揚，鉞也。」索隱鄭玄曰：「干，楯也。揚，鉞也。」則揚與鍚同。皇侃以揚爲舉，恐非也。正義此樂情章第三段，明識禮樂本者爲尊，識末者爲卑，黃鍾大呂之屬，故云非謂也。揚，舉也，謂舉楯以舞也。

【二】正義黃鍾已下，是樂之末節也。

【三】正義末事易之，不足貴重，故使童子小兒儛奏之也。

【四】正義此亦明末也。用禮之本在著誠去僞，安上理民，不在鋪筵席樽俎，升降爲禮之事也。

【五】正義布筵以下，是禮之末節也。

【六】集解鄭玄曰：「言禮樂之本由人君也。禮本著誠去僞，樂本窮本知變。」正義有司，典禮小官也。末節事易解，不爲可重，故小官掌其事也。

【七】集解王肅曰：「但能別聲詩，不知其義，故北面而弦。」鄭玄曰：「弦謂鼓琴瑟。」正義此更引事證樂師曉樂者辯別聲詩。聲謂歌也。言樂師雖能別歌詩，並是末事，故北面，言坐處卑也。

【八】集解鄭玄曰：「後尸，居後贊禮儀也。此言知本者尊，知末者卑。」正義此禮事也。宗祝，太祝，即有司之屬也。雖能分別正宗廟之禮，然佐於尸而非爲敬之主，爲卑，故在尸後也。

【九】集解鄭玄曰：「商祝，祝習商禮者，商人教以敬於接神。」

【一〇】正義商祝者，殷商之神祝，習商家神禮以相佐喪事，故云辯喪禮。其雖掌喪事而非發喪之主，故在主人後，言立處賤也。

【一一】正義上謂堂上也。德成謂人君禮樂德成則爲君，故居堂上，南面，尊之也。

【一二】正義下，堂下也。藝成謂樂師伎藝雖成，唯識禮樂之末，故在堂下，北面，卑之也。

【一三】正義行，胡孟反。先猶前也，尸及喪主也。行成謂尸尊而人孝，故爲行成。

【一四】集解鄭玄曰：「德，三德也。行，三行也。蓺，才伎也。先謂位在上也，後謂位在下也。」

正義事爲劣，故爲在宗、商二祝也，識尸及主人後也。

【一五】集解鄭玄曰：「言尊卑備，乃可制作以爲治。」正義故先王使上下前後尊卑分，乃可制禮作樂，以班於天下也。如周公六年乃爲禮也。

樂者，聖人之所樂也，【一】而可以善民心。其感人深，其風移俗易[五〇]，故先王著其教焉。【二】

【一】正義此樂施章第三段後也，誤在此。「閉淫」之後，又用此章廣爲象其德，故云聖人之所以觀德也。

【二】集解鄭玄曰：「謂立司樂以下，使教國子也。」

夫人有血氣心知之性，【一】而無哀樂喜怒之常，【二】應感起物而動，【三】然後心術形焉。【四】是故志微焦衰之音作，【五】而民思憂；【六】嘽緩慢易繁文簡節之音作，【七】而民康樂；【八】粗厲猛起奮末廣賁之音作，【九】而民剛毅；【一〇】廉直經正【一一】莊誠之音作，而民肅敬；【一二】寬裕肉好【一三】順成和動之音作，而民慈愛；【一四】流辟邪散狄成滌濫之音作，【一五】而

民淫亂。【一六】

【一】正義此第五章名樂言，明樂歸趣之事。中有三段：一言人心隨王之樂也，二明前王制正樂化民也，三言邪樂不可化民也。前既以施人，人必應之，言其歸趣也。此言人心隨王之樂也。夫人不生則已，既已生，必有血氣心知之性也。

【二】正義性合五常之行，有喜怒哀樂之分，但其發無常，時隨外境所觸，故亦無常也。

【三】正義解所有四事之由也。緣外物來感心，心觸感來，起動應之，故有上四事也。

【四】集解鄭玄曰：「言在所以感之也。術，所由也。形猶見也。」

【五】集解鄭玄曰：「志微，意細也。吴公子札曰『其細已甚』。」

【六】正義殺音所界反，又色例反。思音先利反。此以下皆言心樂感而應見外事也。若人君叢脞，情志細劣，其樂音噍戚殺急，不舒緩也。音既局促，故民應之而憂也。

【七】集解鄭玄曰：「簡節，少易也。」

【八】正義嘽，昌單反。易，以豉反。樂音洛。嘽，綽也。緩，和也。慢，疏也。繁，文多也。康，和；樂，安也。言人君道德綽和疏易，則樂音多文采與節奏簡略，而下民所以安。

【九】集解王肅曰：「粗厲，亢厲；猛起，發揚；奮末，浸疾；廣賁，廣大也。」

【一〇】正義粗音麄。賁，房粉反，又音墳。粗，略也。厲，嚴也。猛，剛；起，動也。末，支體也。廣，大也。賁，氣充也。言人君若性麄嚴剛動而四支奮躍，則樂充大，民應之，所以剛毅也。

【一一】集解孫炎曰：「經，法也。」　索隱孫炎曰：「經，法也。」今禮本作「勁」。

【一二】正義經音勁。言人君廉直勁而剛正，則樂音矜嚴而誠信，民應之，所以肅敬也。

【一三】集解王肅曰：「肉好，言音之洪美。」　索隱王肅曰：「肉好，言音之洪潤。」

【一四】正義肉，仁救反。好，火到反。肉，肥也，謂音如肉之肥。言人君寬容肥好，則樂音順成而和動，民應之，所以慈愛也。

【一五】集解王肅曰：「狄成，言成而似夷狄之音也。滌，放蕩；濫，僭差也。」　索隱王肅曰：「狄成，言成而似夷狄之音也。」

【一六】正義辟，疋亦反。邪音斜。狄音惕。狄，滌，皆往來疾速也。往來速而成，故云狄成：往來疾而僭濫，故云滌濫也。言君上流淫縱僻，回邪放散，則樂音有往來速疾僭差之響，故民應之而淫亂也。　心本無此六事，由隨樂而起也。

是故先王本之情性，【一】稽之度數，制之禮義，【二】合生氣之和，道五常之行，【三】使之陽而不散，陰而不密，【四】剛氣不怒，柔氣不懾，【五】四暢交於中而發作於外，【六】皆安其位而不相奪也。【七】然後立之學等，【八】廣其節奏，省其文采，【九】以繩德厚也。【一〇】類小大之稱，【一一】比終始之序，【一二】以象事行，【一三】使親疏貴賤長幼男女之理皆形見於樂：【一四】故曰「樂觀其深矣」。【一五】

【一】正義此樂言章第二段也。前言民隨樂變，此言先王制正樂化民也。言聖人制樂，必本人之性情也。

【二】正義稽，考也。制樂又考天地度數爲之，如律呂應十二月，八音應八風之屬也。

【三】集解鄭玄曰：「生氣，陰陽也。五常，五行也。」正義道音導。行，胡孟反。合，應也。

【四】集解鄭玄曰：「密之言閉也。」正義陽謂稟陽氣多人也。陽氣舒散，人稟陽多則奢；陰氣閉密，人稟陰多則縝密。今以樂通二者之性，皆使中和，故陽者不散，陰者不密也。

【五】集解鄭玄曰：「懾猶恐懼也。」正義懾，之涉反，懼也。性剛者好怒，柔者好懼。今以樂和，使各得其所，不至怒懼也。

【六】正義四，陰、陽、剛、柔也。暢，通也。交，互也。中，心也。今以樂調和，四事通暢，交互於中心，而行用舉動發於外，不至散密怒懾者也。

【七】正義此結樂爲本情性之事也。閉陽開陰，抑剛引柔，悉使中庸，故天下安其位，無復相侵奪之也。

【八】集解鄭玄曰：「等，差也。各用其材之差學之也。」正義前用樂陶情和暢，然後乃以樂語樂舞二事教之，民各隨己性才等差而學之，以備分也。

【九】集解鄭玄曰：「廣，增習之也。省猶審也〔五一〕。文采謂節奏合也。」

【一〇】集解鄭玄曰：「繩猶度也。」王肅曰：「繩，法也。法其德厚也〔五二〕。」

【一一】集解孫炎曰：「作樂器大小稱十二律〔五三〕。」索隱類，今禮作「律」。孫炎曰「作樂器小大稱十二律」也。

【一二】集解鄭玄曰：「始於宮，終於羽。」

【一三】集解鄭玄曰：「宮爲君，商爲臣。」

【一四】正義此結本人之情，以下緣本而教親疏。以下之理悉章著樂功，使聞者皆知而見輯睦情也。

【一五】正義此引古語證觀感人之深矣。

土敝則草木不長，水煩則魚鼈不大，【一】氣衰則生物不育，【二】世亂則禮廢而樂淫。【三】是故其聲哀而不莊，樂而不安，【四】慢易以犯節，【五】流湎以忘本。【六】廣則容姦，【七】狹則思欲，【八】感滌蕩之氣而滅平和之德，【九】是以君子賤之也。【一〇】

【一】正義此樂言章第三段，言邪樂不可化民。將言邪樂之由，故此前以天地爲譬，此以地爲譬也。敝猶勞熟，煩猶數攪動也。土過勞熟，水過撓動，則草木魚鼈不長大也。

【二】正義此以天譬也。氣者，天時氣也。氣若衰微，則生物不復成遂也。

【三】正義此合譬也。世謂時。世亂，其禮不備，樂不節，故流淫過度。水土勞敝，則草木魚鼈不長大，如時世濁亂之禮樂，不可爲化矣。

【四】正義樂音洛。此證樂淫之事也。淫樂則聲哀而無莊，故雖奏以自樂，必致傾危，非自安之道，故云樂而不安。若關雎「樂而不淫，哀而不傷」，則是有莊敬而安者也。

【五】正義易，以豉反。言無莊敬也。慢易無節奏〔五四〕，故云犯節也，即是哀而不莊也。

【六】正義湎音沔。靡靡無窮，失於終止，故言忘本，即樂而不安之義也。

【七】正義言淫慝禮樂，聲無節也。廣，聲緩也。容，含也。其聲緩者，則含容姦僞也。

【八】集解王肅曰：「其音廣大，則容姦僞；其狹者，則使人思利欲也。」正義狹，聲急也。其聲急者，則思欲攻之也。

【九】正義感，動也。言此惡樂能動善人滌蕩之善氣，使失其所，而滅善人平和之德也。

【一〇】正義君子用樂調和，是故賤於動滅平和之氣也。

凡姦聲感人而逆氣應之，【一】逆氣成象【二】而淫樂興焉。【三】正聲感人而順氣應之，順氣成象而和樂興焉。【四】倡和有應，【五】回邪曲直各歸其分，【六】而萬物之理以類相動也。【七】

【一】正義此第六章名樂象也。本第八，失次也。明人君作樂，則天地必法象應之。中有五段：一明淫樂正樂俱能成象；二明君子所從正樂；三明邪正皆有本，非可假僞；四證第三段有本不僞之由；五明禮樂之用。前有證，故明其用別也。今此明淫正二樂俱能成象，故先言淫樂爲習應人事也。言君奏姦聲之樂以感動人民，則天地應之而生逆亂之氣也。

【二】集解鄭玄曰：「成象謂人樂習之也。」

【三】正義興，生也。若逆氣流行於世而民又習之爲法，故云成象。既習亂爲法，故民之樂聲生於淫佚也。

【四】正義言順氣流行，民習成法，故樂聲亦生於和也。

【五】正義倡音昌尚反。和，胡卧反。君唱之，天地和之，民應之，故云唱和有應也。

【六】正義分，房問反。此是有應也。回邪，不正也。曲，折也。直，不邪也。言相應和，表直影正，表曲影邪，各歸其分也。

【七】正義姦聲致慝，正響招順，是以天下萬物之理，各隨君善惡，以類而相動也。

是故君子反情以和其志，【一】比類以成其行。【二】姦聲亂色不留聰明，淫樂廢禮不接於心術，惰慢邪辟之氣不設於身體，【三】使耳目鼻口心知百體皆由順正，以行其義。【四】然後發以聲音，文以琴瑟，【五】動以干戚，飾以羽旄，從以簫管，【六】奮至德之光，【七】動四氣之和，【八】以著萬物之理。【九】是故清明象天，廣大象地，終始象四時，周旋象風雨；【一〇】五色成文而不亂，八風從律而不姦，百度得數而有常；【一一】小大相成，【一二】終始相生，【一三】倡和清濁，代相爲經。【一四】故樂行而倫清，【一五】耳目聰明，【一六】血氣和平，【一七】移風易俗，天下皆寧。〔一八〕故曰「樂者，樂也」。〔一九〕君子樂得其道，〔二〇〕小人樂得其欲。〔二一〕以道制欲，則樂而不亂；〔二二〕以欲忘道，則惑而不樂。〔二三〕是故君子反情以和其志，〔二四〕廣樂以成其教，〔二五〕樂行而民鄉方，〔二六〕可以觀德矣。〔二七〕

【一】集解鄭玄曰：「反猶本也。」正義此樂象章第二段也，明君子從正樂也。君子，人君也。反猶本也。民下所習既從於君，故君宜本情，不使流宕，以自安和其志也。

【二】正義行，胡孟反。萬物之理以類相動，故君子比於正類以成己行也。

【三】正義此以下皆反情性之類事也。術，道也。既本情和志，又比類成行，故姦聲亂色不留視聽，淫樂穢禮不與心道相接，惰慢邪僻不設置己身也。聲色是事，故云聰明，而氣無形，故於身爲設也。

【四】正義百體謂身體百節。既不行姦亂已下諸事，故能使諸行並由順正以行其德，美化其天下也。不留聰明於姦聲亂色，故耳目得順正也。不用心術接淫慝禮樂，故心知得順正也。不設身於邪僻，故百體得順正也。不言鼻口者，嗜不一也，亦因戒臭味順正也。

【五】正義其身已正，故然後乃可制樂爲化，故用歌之音聲內發己之德，用琴瑟之響外發己之行。歌者在上，此是堂上之樂，故前明之也。

【六】正義又用干戚羽旄簫管，從而播之。絲竹在下，此是堂下之樂，故後明之也。

【七】索隱孫炎曰：「至德之光，天地之道也。」

【八】索隱孫炎曰：「四氣之和，四時之化。」

【九】集解孫炎曰：「奮，發也。至德之光，天地之道也。四氣之和，四時之化也。著猶誠也。」

【一〇】集解王肅曰：「清明廣大，終始周旋，皆樂之節奏容儀發動也。」正義歷解樂所以能通天地。言歌聲清明，是象天氣也。廣大謂鐘鼓有形質，是象地形也。謂奏歌周而復始，如四時循環也，若樂六變九變是也。謂舞人迴旋，如風雨從天而下。

【一一】集解鄭玄曰：「五色，五行也。八風從律，應節至也。百度，百刻也。言日月晝夜不失正也。」王肅曰：「至樂之極，能使然耳。」

【一二】正義大小謂月晦小大相通以成歲也。賀瑒云：「十二月律互爲宮羽而相成也。」

【一三】正義歲月終而更始也。賀瑒云：「五行宮商，迭相爲終始也。」

【一四】集解鄭玄曰：「清謂蕤賓至應鐘也。濁謂黄鍾至仲吕也。」正義代，更也。經，常也。日月半歲陰陽更相爲常也，即還相爲宮也。

【一五】集解鄭玄曰：「倫謂人道也。」正義謂上正樂之行也，謂下事張本也，即樂行之事也。由正樂既行，故人倫之道清也。

【一六】正義不視聽姦亂，故視聽聰明。

【一七】正義口鼻心知百體皆由從正，故血氣和平。

【一八】正義既皆由從正以行其義，故風移俗革，天下陰陽皆安寧。移是移徙之名，易是改易之稱也。

文王之國自有文王之風，桀紂之邦亦有桀紂之風。桀紂之後，文王之風被於紂民，易前之惡俗，從今之善俗。上行謂之風，下習謂之俗。

【一九】正義 引舊語樂名，廣證前事也。前事邪正之樂雖異，並是其人所樂，故名曰樂也。

【二〇】正義 雖其人所樂而名爲樂，而人心不同，故所樂有異，有異而名通〔五五〕，故皆名樂。君子，堯舜也。道謂仁義，故制樂亦仁義也。

【二一】正義 小人，桀紂也。人欲，邪淫也。

【二二】正義 若君子在上，小人在下，君子樂用仁義以制小人之欲，則天下安樂而不敢爲亂也。

【二三】集解 鄭玄曰：「道謂仁義也，欲謂邪淫也。」正義 若小人在上，君子在下，則小人肆縱其慾，忘正道，而天下從化，皆爲亂惑，不得安樂。

【二四】正義 若以道制欲則是君子，以欲忘道則爲小人，故君子之人本情脩性以和其志，不使逐欲忘道，反情以至其行也。

【二五】正義 內本情和志而外又廣於樂，以成其教，然後發以聲音，以著萬物之理也。

【二六】集解 鄭玄曰：「方猶道也。」正義 君上內和志行，樂教流行，故民皆向君子之道，即仁義制欲者，故樂行而倫清，以至天下安寧也。

【二七】正義 結樂使人知上之事，故觀知其德也。

德者，性之端也；【一】樂者，德之華也；【二】金石絲竹，樂之器也。【三】詩，言其志也；【四】歌，詠其聲也；【五】舞，動其容也：【六】三者本乎心，然後樂氣從之。【七】是故情深而文明，【八】氣盛而化神，【九】和順積中而英華發外，唯樂不可以爲僞。【一〇】

【一】正義此樂象章第三段，明邪正有本，皆不可僞也。德，得理也。性之端，本也。言人稟生皆以得理爲本也。

【二】正義得理於内，樂爲外，故云德華也。

【三】正義歷解飾所須也。樂爲德華，若莫之能用，故須金石之器也。

【四】正義前金石爲器，須用詩述申其志，志在心，不術不暢，故用詩述之也。

【五】正義若直述其志，則無醖藉之美，故又長言歌詠，使聲音之美可得而聞之也。

【六】正義若直詠歌未暢，故又舉手蹈足以動其形容也。

【七】正義三者，志、聲、容也。樂氣，詩、歌、舞也。君子前有三德爲本乎心，後乃詩歌舞可觀，故云然後樂氣從之也。

【八】正義德爲性本，故曰情深也。樂爲德華，故云文明。

【九】正義歌、舞、蹈，樂氣從之，故云氣盛。天下咸寧，故曰化神也。

【一〇】集解鄭玄曰：「三者，本志也，聲也，容也。言無此本於内，則不能爲樂耳。」正義内外符合而無有虚假，不可以爲僞也。

樂者，心之動也；【一】聲者，樂之象也；【二】文采節奏，聲之飾也。【三】君子動其本，【四】樂其象，【五】然後治其飾。【六】是故先鼓以警戒，【七】三步以見方，【八】再始以著往，【九】復亂以飾歸，【一〇】奮疾而不拔〔五六〕，【一一】極幽而不隱。【一二】獨樂其志，不厭其道；【一三】備舉其道，不私其欲。【一四】是以情見而義立，【一五】樂終而德尊；【一六】君子以好善，小人以息過：【一七】故曰「生民之道，樂爲大焉」。【一八】

【一】正義 此樂象章第四段也，明證前第三段樂本之事。緣有前境可樂，而心動應之，故云樂者心之動也。

【二】正義 象，法也。樂舞無聲則不彰，故聲爲樂之法也。

【三】正義 若直有聲而無法度，故須文采節奏，聲之儀飾也。

【四】正義 本，德也。心之動必應德也。

【五】正義 德行必應法也。

【六】正義 飾，文采節奏也。前動心有德，次行樂有法，然後乃理其文飾也。

【七】集解 鄭玄曰：「將奏樂，先擊鼓以警戒衆也。」 正義 此引武王伐紂之事，證前有德後有飾也。武王聖人，是前有德也；而用此節奏，是後有飾也。先鼓者，爲武王伐紂，未戰之前，鳴皮鼓以警戒，使軍衆逆備也。今作武樂者，未奏之前鳴皮鼓以敕人使豫備具也，是明志後有事也。

【八】集解鄭玄曰：「將舞必先三舉足，以見其舞之漸也。」王肅曰：「舞武樂三步爲一節者，以見伐道也。」正義見，胡練反。三步，足三步也。見方謂方戰也。武王伐紂，未戰之前，兵士樂奮其勇，出軍陣前三步，示勇氣方將戰也，今作樂象之。纘列畢而儛者將欲儛，先舉足三頓爲步，以表方將儛之勢也。

【九】集解鄭玄曰：「武舞再更始，以明伐紂時再往也〔五七〕。」正義著，竹慮反。再始謂兩過爲始也。著，明也。文王受命十一年，而武王除喪，軍至孟津觀兵，曰「紂未可伐也」，乃還師，是一始也。至十三年，更興師伐之，是再始也。今舞武者，前成列將欲舞而不儛，是一始也。去復更來，是二過始，明象武王再往，故云再始著往也。

【一〇】集解鄭玄曰：「謂鳴鐃而退，明以整歸也。」正義復者，伏也。飾音勑。復亂者，紂凶亂而安復之。飾歸者，武王伐紂勝，鳴金鐃整武而歸也。以去奏皮鼓，歸奏金鐃者，皮，文也，金，武也，初示文德，使紂自改之則不伐，紂既不改，因而用兵，用兵既竟，故鳴金鐃而歸，示用已竟也。今奏武儛，初皮鼓警衆，末鳴鐃以歸〔五八〕，象伐紂已竟也。鐃，鐙鐸也。

【一一】集解王肅曰：「舞雖奮疾而不失節，若樹木得疾風而不拔。」正義謂舞形也。奮，迅；疾，速也。拔，傾側也。伐紂時士卒歡喜，奮迅急速，以尚威勢，猛而不傾側也。今武舞亦奮迅急而速，不傾倒象。

【一二】集解鄭玄曰：「極幽謂歌也〔五九〕。」正義皆謂文采節奏也。

【一三】集解王肅曰：「樂能使仁人獨樂其志，不厭倦其道也。」正義言武王諸將，人各忻悅，象武王有德，天下之志並無厭仁義君臣之道〔六〇〕。

【一四】正義緣人人不厭，故作樂者事事法之。欲備舉武王之道耳，非爲私情之所欲也。

【一五】正義不厭武王之道，其情既見，則不私其欲，義亦立也。

【一六】正義爲樂之理既終，是象德之事，其德亦尊顯也。

【一七】正義樂理周足〔六一〕，象德可尊，以此教世，何往而不可，君子聞之則好善，小人聞之則改過也。

【一八】正義此引舊語，結樂道之爲大。

君子曰：禮樂不可以斯須去身。【一】致樂以治心，【二】則易直子諒之心油然生矣。【三】易直子諒之心生則樂，樂則安，安則久，久則天，天則神。天則不言而信，神則不怒而威。【四】致樂，以治心者也；【五】致禮，以治躬者也。【六】治躬則莊敬，莊敬則嚴威。【七】心中斯須不和不樂，而鄙詐之心入之矣；【八】外貌斯須不莊不敬，而慢易之心入之矣。【九】故樂也者，動於內者也；禮也者，動於外者也。樂極和，禮極順。內和而外順，則民瞻其顏色而弗與爭也，望其容貌而民不生易慢焉。德煇動乎內而民莫不承聽，理發乎外而民

莫不承順，【一〇】故曰「致禮樂之道〔六一〕，舉而錯之天下，無難矣」。【一一】

【一】正義 此第十章，名爲樂化章第十，以化民，故次賓牟賈成第十也。其章中皆言樂陶化爲善也。凡四段：一明人生禮樂恒與己俱也；二明禮樂不可偏用，各有一失也；三明聖人制禮作樂之由也；四明聖人制禮作樂，天下服從。此初段，人生禮樂恒與己俱也。恒故能化，化故在前也，引君子之言以張本也。斯須，俄頃也。失之者死，故俄頃不可去身者也。

【二】集解 鄭玄曰：「致猶深審也。樂由中出，故治心也。」

【三】集解 王肅曰：「易，平易；直，正直；子諒，愛信也。」鄭玄曰：「油，新生好貌〔六二〕。」

【四】集解 鄭玄曰：「若善心生則寡於利欲，寡於利欲則樂矣。志明行成，不言而見信，如天也；不怒而見畏，如神也。」

【五】正義 結所由也。有威信，由於深審樂以結心之故。

【六】正義 前明樂治心，今明禮檢迹。若深審於禮以治身，則莊敬也。鄭玄云：「禮自外作，故治身也。」

【七】集解 鄭玄曰：「禮自外作，故治身也。」正義 既身莊敬儼然，人望而畏之，是威嚴也。治內難見，發明樂句多；治外易觀，發明禮句少，而又結也。

【八】集解 鄭玄曰：「謂利欲生也。」

【九】集解 鄭玄曰：「易，輕易也。」

【一〇】集解鄭玄曰：「德煇，顏色潤澤也。理，容貌進止也。」孫炎曰：「德煇，明惠也。理，言行也。」

【一一】正義錯，七故反。引舊證民莫不承聽，莫不承順也。聖王有能詳審極致禮樂之道，舉而措之於天下，天下悉從，無難爲之事也。

樂也者，動於内者也；禮也者，動於外者也。【一】故禮主其謙，【二】樂主其盈。【三】禮謙而進，以進爲文；【四】樂盈而反，以反爲文。【五】禮謙而不進，則銷；樂盈而不反，則放。【六】故禮有報【七】而樂有反。【八】禮得其報則樂，樂得其反則安。禮之報，樂之反，其義一也。【九】

【一】正義此樂化章第二段也。明禮樂不可偏用，各有一失，既方明所失，故前更言其所發外内不同也。動亦感觸。

【二】集解鄭玄曰：「人所倦也。」王肅曰：「自謙損也。」索隱王肅曰：「自謙慎也〔六四〕。」

【三】集解鄭玄曰：「人所懽也。」王肅曰：「充氣志也。」

【四】集解鄭玄曰：「進者謂自勉强也。文猶美也，善也。」王肅曰：「禮自減損，所以進德修業也。」

【五】集解鄭玄曰：「反謂自抑止也。」王肅曰：「樂充氣志而反本也。」

【六】集解鄭玄曰：「放淫於聲樂，不能止也。」

【七】集解孫炎曰：「報謂禮尚往來，以勸進之。」王肅曰：「禮自減損，而以進爲報也。」

【八】集解孫炎曰：「反謂曲終還更始。」索隱孫炎曰「反謂曲終還更始」也。

【九】集解鄭玄曰：「俱起立於中〔六五〕，不銷不放。」

夫樂者，樂也，人情之所不能免也。【一】樂必發諸聲音，形於動靜，人道也。【二】聲音動靜，性術之變，盡於此矣。【三】故人不能無樂，樂不能無形。【四】形而不爲道，不能無亂。先王惡其亂，故制雅頌之聲以道之，使其聲足以樂而不流，使其文足以綸而不息，【五】使其曲直繁省廉肉節奏，【六】足以感動人之善心而已矣，不使放心邪氣得接焉，是先王立樂之方也。【七】是故樂在宗廟之中，君臣上下同聽之，則莫不和敬；在族長鄉里之中，長幼同聽之，則莫不和順；在閨門之內，父子兄弟同聽之，則莫不和親。故樂者，審一以定和，比物以飾節，節奏合以成文，【八】所以合和父子君臣，附親萬民也，是先王立樂之方也。故聽其雅頌之聲，志意得廣焉；【九】執其干戚，習其俯仰詘信，容貌得莊焉；行其綴兆，【一〇】要其節奏，【一一】行列得正焉，進退得齊焉。故樂者天地之齊〔六六〕，中和之紀，【一二】人情之所不能免也。

【一】正義此樂化章第三段也。明聖人所以制樂，由人樂於歌舞，故聖人制樂以和樂之，故云樂者樂也。但懽樂是人所貪，貪不能自止，故云人情也。

【二】集解鄭玄曰：「人道，人之所爲也。」

【三】集解鄭玄曰：「不可過。」

【四】集解鄭玄曰：「形，聲音動靜也。」

【五】集解鄭玄曰：「文，篇辭也。息，銷也。」

【六】集解鄭玄曰：「曲直，歌之曲折；繁省廉肉，聲之洪殺也。」

【七】集解鄭玄曰：「方，道也。」

【八】集解鄭玄曰：「審一，審其人聲也。比物，謂雜金革土匏之屬。以成文，五聲八音克諧，相應和也。」

【九】正義前云先王制之聲音，形於動靜，故此證其事也。此是發於聲音也。民聽正聲，得益盛德之美，志意得廣大也。

【一〇】集解鄭玄曰：「綴，表也，所以表行列也。」

【一一】集解鄭玄曰：「要猶會也。」

【一二】集解鄭玄曰：「紀，總要之名。」

夫樂者，先王之所以飾喜也；【一】軍旅鈇鉞者，先王之所以飾怒也。故先王之喜怒皆得其齊矣。喜則天下和之，怒則暴亂者畏之。先王之道，禮樂可謂盛矣。

【一】正義此樂化章第四段也。明樂唯聖人在上者制作，天下乃從服也。若內有喜，則外歌舞以飾之，故云先王以樂飾喜也〔六七〕。

魏文侯問於子夏曰：【一】「吾端冕而聽古樂【二】則唯恐臥，聽鄭衛之音則不知倦。敢問古樂之如彼，何也？新樂之如此，何也？」

【一】正義此章第八，明文侯問也。文侯，故晉大夫畢萬之後，見子夏而問於樂也。

【二】集解鄭玄曰：「端，玄衣也。古樂，先王之正樂。」正義此文侯問事也。端冕謂玄冕。凡冕服，其制正幅袂二尺二寸，故稱端也。著玄冕衣與玄端同色，故曰端冕聽古樂也。此當是廟中聽樂。玄冕，祭服也。

子夏答曰：「今夫古樂，進旅而退旅，【一】和正以廣，【二】弦匏笙簧合守拊鼓，【三】始奏以文，止亂以武，【四】治亂以相，訊疾以雅。【五】君子於是語，於是道古，修身及家，平均天下：此古樂之發也。今夫新樂，進俯退俯，【六】姦聲以淫，溺而不止，【七】及優侏儒，【八】獶雜子女，不知父子。【九】樂終不可以語，不可以道古：此新樂之發也。【一〇】今君之所問者樂也，所好者音也。【一一】夫樂之與音，相近而不同。」【一二】

【一】集解鄭玄曰：「旅猶俱也。俱進俱退，言其齊一也。」正義子夏之答凡有三，初則舉古禮，次新樂以酬問意，又因更別說以誘引文侯，欲使更問也。此是答述古樂之情。旅，衆也。

【二】集解鄭玄曰：「無姦聲也。」

【三】集解鄭玄曰：「合，皆也。言衆皆待擊鼓乃作也。拊者，以韋爲表，裝之以糠也。」正義拊音敷武反。拊，一名相。亦奏古笙樂也。弦，琴也。匏，瓠屬也，四十六簧；笙十九至十三簧也。簧，施於匏笙之管端者也。合，會也。守，待也。拊者，皮爲之，以糠實如革囊也，用手撫之鼓也。言奏弦匏笙簧之時，若欲令堂上作樂則撫拊，堂上樂工聞撫拊乃弦歌也。若欲令堂下作樂則擊鼓，堂下樂工聞鼓乃吹管播樂也。言弦匏笙簧皆待拊爲節，故言會守拊鼓也。

【四】集解鄭玄曰：「文謂鼓，武謂金也。」

【五】集解孫炎曰：「整其亂行，節之以相；赴敵迅疾，趨之以雅。」鄭玄曰：「相即拊也，亦以節樂。雅亦樂器名，狀如漆筩，中有椎。」

【六】集解鄭玄曰：「俯猶曲也。言不齊一也。」正義此第二，述雜樂也。俯，曲也。新樂行列不齊，進退曲也。

【七】集解王肅曰：「姦聲淫，使人溺而不能自止。」

【八】集解王肅曰：「俳優短人也。」

【九】集解鄭玄曰：「獶，獮猴也。言舞者如獮猴戲，亂男女尊卑也。」

【一〇】正義此結新樂答也。

【一一】正義此第三段，誘引文侯更問前故說此句，言文侯所問乃是樂，而好鏗鎗之音，非律呂克諧之正樂也。

【三】集解鄭玄曰：「鏗鎗之類皆爲音，應律乃爲樂。」

文侯曰：「敢問如何〔六八〕？」【一】

【一】集解鄭玄曰：「欲知音樂異意。」

子夏答曰：「夫古者天地順而四時當，【一】民有德而五穀昌，疾疢不作，而無祆祥，此之謂大當。【二】然後聖人作爲父子君臣以爲之紀綱，紀綱既正，天下大定，天下大定，然後正六律，和五聲，弦歌詩頌，此之謂德音，德音之謂樂。詩曰：『莫其德音，其德克明，克明克類，克長克君。王此大邦，克順克俾。【三】俾於文王，其德靡悔。既受帝祉，施于孫子。』此之謂也。【四】今君之所好者，其溺音與？」【五】

【一】正義當，丁浪反。此答古樂之由也。天地從，四時當，聖人在上故也。

【二】集解鄭玄曰：「當謂不失其所也。」

【三】集解鄭玄曰：「德正應和曰莫。照臨四方曰明。勤施無私曰類。教誨不倦曰長。慶賞刑威曰君。慈和偏服曰順。俾當爲『比』，擇善而從之曰比。」

【四】集解鄭玄曰：「施，延也。言文王之德皆能如此，故受天福，延及後世。」

【五】集解鄭玄曰：「言無文王之德，則所好非樂。」

文侯曰：「敢問溺音者何從出也？」

子夏答曰：「鄭音好濫淫志，【一】宋音燕女溺志，【二】衞音趣數煩志，【三】齊音驁辟驕志，四者皆淫於色而害於德，是以祭祀不用也。【四】詩曰：『肅雍和鳴，先祖是聽。』夫肅肅，敬也；雍雍，和也。夫敬以和，何事不行？【五】爲人君者，謹其所好惡而已矣。君好之則臣爲之，上行之則民從之。詩曰『誘民孔易』，此之謂也。【六】然後聖人作爲鞉鼓椌楬壎篪，【七】此六者，德音之音也。【八】然後鐘磬竽瑟以和之，干戚旄狄以舞之。此所以祭先王之廟也，所以獻醻酳酢也，所以官序貴賤各得其宜也，【九】此所以示後世有尊卑長幼序也。鐘聲鏗，鏗以立號，【一〇】號以立橫，【一一】橫以立武。君子聽鐘聲則思武臣。石聲硜，【一二】硜以立別，【一三】別以致死。君子聽磬聲則思死封疆之臣。絲聲哀，哀以立廉，【一四】廉以立志。君子聽琴瑟之聲則思志義之臣。竹聲濫，【一五】濫以立會，會以聚衆。君子聽竽笙簫管之聲則思畜聚之臣。鼓鼙之聲讙，讙以立動，動以進衆。君子聽鼓鼙之聲則思將帥之臣。【一六】君子之聽音，非聽其鏗鎗而已也，彼亦有所合之也。」【一七】

【一】集解鄭玄曰：「濫，濫竊姦聲也。」正義子夏歷述四國之所由以答文侯也。

【二】集解王肅曰：「燕，歡悅。」

【三】集解孫炎曰：「趣數，音促速而數變也。」鄭玄曰：「煩，勞也。」

【四】集解鄭玄曰：「言四國出此溺音。」

【五】集解鄭玄曰：「古者樂敬且和，故無事而不用，溺音無所施。」

【六】集解鄭玄曰：「誘，進也。孔，甚也。言民從君之所好惡，進之於善無難也。」

【七】集解鄭玄曰：「椌楬謂柷敔。」索隱壎，以土爲之，大如鵝子，形似錘，吹之爲聲。篪，以竹爲之，六孔，一孔上出名翹，横吹之，今之横笛是也。詩云「伯氏吹壎，仲氏吹篪」是也。

【八】集解鄭玄曰：「六者爲本，以其聲質。」

【九】集解鄭玄曰：「官序貴賤，謂尊卑樂器列數有差。」

【一〇】集解鄭玄曰：「號令，所以警衆也。」王肅曰：「鐘聲高，故以之立號也。」

【一一】集解鄭玄曰：「横，充也。謂氣作充滿。」

【一二】集解王肅曰：「聲果勁。」

【一三】集解鄭玄曰：「謂分明於節義。」

【一四】集解鄭玄曰：「廉，廉隅。」

【一五】集解王肅曰：「濫，會諸音。」

【一六】集解鄭玄曰：「聞讙囂則人意動作也。」

【一七】集解鄭玄曰：「以聲合己志。」

賓牟賈侍坐於孔子，【一】孔子與之言，及樂，曰：「夫武之備戒之已久，何也？」【二】

【一】正義此第九章。名賓牟賈問者，蓋孔子之問本爲牟賈而設，故云牟賈問也。

【二】集解鄭玄曰：「武謂周舞也。備戒，擊鼓警衆也。」正義此孔子問牟賈及樂之事，凡問有五，此其一也。備戒者，謂將欲作樂前鳴鼓警戒，使樂人各備容儀。言初欲奏樂時既已備戒，使有節奏，故令武儛者備戒已久。疑其遲久，故問之也。

答曰：「病不得其衆也。」【一】

【一】集解鄭玄曰：「病猶憂也。以不得衆心爲憂，憂其難。」正義牟賈答也。亦有五，而二答是，三答非。今答是也。言武王伐紂時憂不得衆心，故前鳴鼓戒衆，久之乃出戰也。故令舞者久久乃出，象武王憂不得衆心故也。

「永歎之，淫液之，何也？」【一】

【一】集解鄭玄曰：「永歎，淫液，歌遲之也。」正義此第二問也。

答曰：「恐不逮事也。」【一】

【一】集解鄭玄曰：「逮，及也。事，戎事也〔六九〕。」正義此答亦是也。言衆士望武王欲伐速，恒恐不及戎事之機〔七〇〕，故有永歎淫液之聲。

「發揚蹈厲之已蚤，何也？」【一】

【一】集解王肅曰：「厲，疾也。備戒雖久，至其發作又疾也。」正義第三問也。發，初也。揚，舉袂也。蹈，頓足蹋地。厲，顔色勃然如戰色也。問樂舞何意發初揚袂，又蹈頓足蹋地，勃然作色，何忽如此也〔七二〕。

答曰：「及時事也。」【一】

【一】集解鄭玄曰：「時至，武事當施也。」王肅曰：「欲令之事各及時。」正義此答非也。牟賈意言發揚蹈厲象武王一人意欲及時之事，故早爲此也。鄭亦隨賈意注之也。

「武坐致右憲左，何也？」【一】

【一】集解王肅曰：「右膝至地，左膝去地也。」正義憲音軒。第四問也。坐，跪也。致，至也。軒，起也。問舞人何忽有時而跪也。

答曰：「非武坐也。」【一】

【一】集解鄭玄曰：「言武之事無坐也。」正義此答亦非也。牟賈言武奮之士不應有坐也。

「聲淫及商，何也？」【一】

【一】集解王肅曰：「聲深淫貪商。」正義第五問也。

答曰：「非武音也。」【一】

【一】集解王肅曰：「言武王不獲已爲天下除殘，非貪商也。」正義此答又非也。

子曰：「若非武音，則何音也？」【一】

【一】正義孔子評其答武音不貪，但不知其實解理，空言其非，反問也。

答曰：「有司失其傳也。【一】如非有司失其傳，則武王之志荒矣。」【二】

【一】集解鄭玄曰：「有司，典樂者。傳猶説也。」正義傳，直緣反。賈答言武王非有貪，是有司傳之謬妄，故有此矣。

【二】集解鄭玄曰：「荒，老耄也。言典樂者失其説，時人妄説也。」正義賈又云假令非傳者謬妄，則是武王末年，年志荒耄之時，故有貪商之聲也。

子曰：「唯丘之聞諸萇弘，亦若吾子之言是也。」【一】

【一】集解鄭玄曰：「萇弘，周大夫。」索隱按：大戴禮云孔子適周，訪禮於老聃，學樂於萇弘是也。正義萇音直良反。吾子，牟賈也。言我聞萇弘所言，亦如賈今所言之也。

賓牟賈起，免席而請曰：【一】「夫武之備戒之已久，則既聞命矣。【二】敢問遲之遲而又久，何也？」【三】

【一】正義免猶避也。前所答五事，四不被叩問〔七二〕，今疑不知前答之是非，故起所疑而問也。

【二】集解孫炎曰：「聞命謂言是。」

【三】集解鄭玄曰：「遲之遲，謂久立於綴。」

子曰：「居，吾語汝。【一】夫樂者，象成者也。【二】總干而山立，【三】武王之事也；【四】發揚蹈厲，太公之志也；【五】武亂皆坐，周召之治也。【六】且夫武，始而北出，【七】再成而滅商，【八】三成而南，【九】四成而南國是疆，【一〇】五成而分陝，周公左，召公右，【一一】六成復綴，以崇天子，【一二】夾振之而四伐，盛威於中國也〔七三〕。【一三】分夾而進，【一四】事蚤濟也。【一五】久立於綴，以待諸侯之至也。【一六】且夫女獨未聞牧野之語乎？【一七】武王克殷反商，【一八】未及下車，【一九】而封黃帝之後於薊，封帝堯之後於祝，【二〇】封帝舜之後於陳；【二一】下車而封夏后氏之後於杞，【二二】封殷之後於宋，封王子比干之墓，【二三】釋箕子之囚，使之行商容而復其位。【二四】庶民弛政，庶士倍禄。【二五】濟河而西，【二六】馬散華山之陽【二七】而弗復乘；牛散桃林之野【二八】而不復服；【二九】車甲弢【三〇】而藏之府庫而弗復用；倒載干戈，苞之以虎皮；【三一】將率之士，使爲諸侯，名之曰『建櫜』：【三二】然後天下知武王之不復用兵也。散軍而郊射，【三三】左射貍首，右射騶虞，【三四】而貫革之射息也；【三五】裨冕搢笏，【三六】而虎賁之士稅劍也；祀乎明堂，【三七】而民知孝；朝覲，然後諸侯知所以臣；耕藉，【三八】然後諸侯知所以敬：五者，天下之大教也。食三老五更於太學，【三九】天子袒而割牲，執醬而饋，執爵而酳，冕而總干，【四〇】所以教諸侯之悌也。若此，則周道四達，禮樂交通，則夫武之遲久，不亦宜乎？」【四一】

【一】集解鄭玄曰：「居猶安坐也。」

【二】集解王肅曰：「象成功而爲樂。」

【三】集解王肅曰：「總持干楯，山立不動。」

【四】正義此下明應象成之事也，答所以遲也。象武王伐紂，持楯立，以待諸侯至，故云武王之事也。

【五】集解王肅曰：「志在鷹揚也。」正義答「遲久」已竟，而牟賈前答「發揚蹈厲」以爲象武王欲及時事，非也。言此是太公志耳。太公相武王伐紂，志願武王之速得，自奮其威勇以助也。

【六】集解王肅曰：「武亂，武之治也。皆坐，以象安民無事也。」正義賈前答武坐，非也，因又爲之説，言當伐紂時，士卒行伍有亂者，周召二公以治正之，使其跪敬致右軒左，以待處分，故今八佾象鬬時之亂，挨相正之，則俱跪，跪乃更起以作行列，象周召之事耳，非武舞有坐之也。

【七】集解鄭玄曰：「始奏，象觀兵盟津時也。」正義説五事既竟，而遲久之意未周，故更廣其象成之事。非答前五事，故云「且夫」也。始而北出者，謂奏樂象武王觀兵孟津之時也。王居鎬在南，紂居朝歌在河北，故儛者南來，持楯向北，尚象之也。

【八】集解鄭玄曰：「成猶奏也。再奏，象克殷時。」正義再成謂儛者再來奏時也。儛者初始前，一向北而不儛，象武王前觀孟津，不伐而反也。至再往而向北，遂奏成擊刺。

【九】集解王肅曰：「誅紂已而南。」正義儛者第三奏，往而轉向南，象武王勝紂，向南還鎬之時也。

【一〇】集解王肅曰：「有南國以爲疆界。」正義儛者第四奏，象周太平時，南方荆蠻並來歸服，爲周之疆界。

【一一】集解王肅曰：「分陝東西而治。」正義儛者至第五奏，而東西中分之，爲左右二部，象周太平後，周公、召公分職爲左右二伯之時。

【一二】集解鄭玄曰：「六奏，象兵還振旅也。復綴，反位止也。」王肅曰：「以象尊崇天子。」

【一三】集解王肅曰：「振威武也。四伐者，伐四方與紂同惡者。一擊一刺爲一伐也。」正義夾音古合反。夾振，謂武王與大將夾軍而奮鐸振動士卒也〔七四〕。言當奏武樂時，亦兩人執鐸夾之，爲節之象也。凡四伐到一止，當伐紂時，士卒皆四伐一止也，故牧誓云「今日之事不過四伐五伐」是也。故作武樂儛者，亦以干戈伐之象也。

【一四】集解徐廣曰：「一作『遲』。」

【一五】集解王肅曰：「分部而並進者，欲事早成。」

【一六】集解鄭玄曰：「象武王伐紂待諸侯也。」

【一七】集解鄭玄曰：「欲語以作武樂之意。」正義今衞州所理汲縣，即牧野之地也。更欲語牟賈奏武樂遲久之意，其語即下所陳是也。

【一八】集解鄭玄曰：「反，當爲『及』。謂至紂都也。」

【一九】索隱給，禮文作「及」，蓋聲相近而字誤耳。　正義車，戎車也。軍法，一車三人乘之，步卒七十二。牧誓云「戎車三百兩」，則二萬二千五百人也。

【二〇】正義地理志云平原郡祝阿縣也。薊，音計，幽州縣是也。

【二一】正義陳州宛丘縣故陳城是也。

【二二】正義汴州雍丘縣，故杞國。

【二三】集解鄭玄曰：「積土爲封。封比干之墓，崇賢也。」

【二四】集解徐廣曰：「周本紀云『命召公釋箕子之囚』，又曰『表商容之閭』。」

【二五】集解鄭玄曰：「弛政，去紂時苛役〔七五〕。倍祿，復其紂時薄者。」

【二六】正義濟，渡也。河，黃河也。武王伐紂事畢，從懷州河陽縣南渡河至洛州，從洛城而西歸鎬京也。

【二七】集解鄭玄曰：「散猶放。」

【二八】集解徐廣曰：「在弘農縣，今曰桃丘。」

【二九】正義示無復用。服亦乘也。桃林在華山之旁，此二處並是牛馬放生地，初伐就此取之，今事竟歸之前處，故尚書武成篇序云「武王伐殷，往伐歸獸」是也。

【三〇】集解徐廣曰：「音韜。」

【三一】集解鄭玄曰：「包干戈以虎皮，明能以武服兵也。」

【三二】集解王肅曰：「所以能櫜弓矢而不用者，將率之士力也，故建以爲諸侯，謂之建櫜也。」

索隱王肅云：「將帥能櫜弓矢而不用，故建以爲諸侯，因謂建櫜也。」

【三三】集解鄭玄曰：「郊射，爲射宮於郊也。」王肅曰：「郊有學宮，可以習禮也。」

【三四】集解鄭玄曰：「左，東學；右，西學也。貍首、騶虞，所歌爲節也。」

【三五】集解鄭玄曰：「貫革，射穿甲革也。」

【三六】集解鄭玄曰：「裨冕，衣裨衣而冠冕也。裨衣，衮之屬也。搢，插也。」

【三七】集解鄭玄曰：「文王之廟爲明堂。」

【三八】集解鄭玄曰：「耕藉，藉田也。」

【三九】集解鄭玄曰：「老、更〔七六〕，互言之耳，皆老人更知三德五事者也。周名太學曰東膠。」

【四〇】集解鄭玄曰：「冕而總干，在舞位。」

【四一】集解鄭玄曰：「言武遲久，爲重禮樂也。」

子貢見師乙而問焉，【一】曰：「賜聞聲歌各有宜也，【二】如賜者宜何歌也？」

【一】集解鄭玄曰：「師，樂官也。乙，名也。」

【二】集解鄭玄曰：「氣順性。」

師乙曰：「乙，賤工也，【一】何足以問所宜。請誦其所聞，而吾子自執焉。【二】寬而靜，柔而正者，宜歌頌；廣大而靜，疏達而信者，宜歌大雅；恭儉而好禮者，宜歌小雅；正直清廉而謙者，宜歌風；肆直而慈愛者，【三】宜歌商；溫良而能斷者，宜歌齊。夫歌者，直己而陳德；【四】動己而天地應焉，四時和焉，星辰理焉，萬物育焉。【五】故商者，五帝之遺聲也，商人志之，故謂之商；齊者，三代之遺聲也，齊人志之，故謂之齊。明乎商之詩者，臨事而屢斷；【六】明乎齊之詩者，見利而讓也【七七】。【七】臨事而屢斷，勇也；見利而讓，義也。有勇有義，非歌孰能保此？故歌者，上如抗，下如隊，曲如折，止如槀木，居中矩，句中鉤，累累乎殷如貫珠。【八】故歌之爲言也，長言之也。【九】說之，故言之；言之不足，故長言之；長言之不足，故嗟歎之；嗟歎之不足，故不知手之舞之、足之蹈之。」【一〇】子貢問樂。【一一】

【一】集解鄭玄曰：「樂人稱工也。」

【二】集解鄭玄曰：「執猶處也。」

【三】集解鄭玄曰：「肆，正也。」

【四】集解鄭玄曰：「各因其德歌所宜。」

【五】集解鄭玄曰：「育，生也。」

【六】集解鄭玄曰：「以其肆直。」

【七】集解鄭玄曰：「以其温良而能斷也。」

【八】集解鄭玄曰：「言歌聲之著，動人心之審，而有此事〔七八〕。」

【九】集解鄭玄曰：「長言，引其聲。」

【一〇】集解鄭玄曰：「手舞足蹈，歡之至。」

【一一】正義結此前事，悉是答子貢問之事。其樂記者，公孫尼子次撰也。爲樂記通天地，貫人情，辯政治，故細解之。以前劉向別録篇次與鄭目録同，而樂記篇次又不依鄭目。今此文篇次顛倒者，以褚先生升降，故今亂也。今逐舊次第隨段記之，使後略知也。以後文出褚意耳。

凡音由於人心，天之與人有以相通，如景之象形，響之應聲。故爲善者天報之以福，爲惡者天與之以殃，其自然者也。

故舜彈五弦之琴，歌南風之詩而天下治；紂爲朝歌北鄙之音，身死國亡。舜之道何弘也？紂之道何隘也？夫南風之詩者生長之音也，舜樂好之，樂與天地同意，得萬國之驩心，故天下治也。夫朝歌者不時也，北者敗也，鄙者陋也，紂樂好之，與萬國殊心，諸侯不附，百姓不親，天下畔之，故身死國亡。

而衞靈公之時，〔一〕將之晉，至於濮水之上，〔二〕舍。夜半時聞鼓琴聲，問左右，皆對曰「不聞」。乃召師涓曰：「吾聞鼓琴音，問左右，皆不聞。其狀似鬼神，爲我聽而寫之。」師涓曰：「諾。」因端坐援琴，聽而寫之。明日，曰：「臣得之矣，然未習也，請宿習之。」靈公曰：「可。」因復宿。明日，報曰：「習矣。」即去之晉，見晉平公。平公置酒於施惠之臺〔七九〕。〔三〕酒酣，靈公曰：「今者來，聞新聲，請奏之。」平公曰：「可。」即令師涓坐師曠旁，援琴鼓之。未終，師曠撫而止之曰：「此亡國之聲也，不可遂。」平公曰：「何道出？」師曠曰：「師延所作也。與紂爲靡靡之樂，武王伐紂，師延東走，自投濮水之中，故聞此聲必於濮水之上，先聞此聲者國削。」平公曰：「寡人所好者音也，願遂聞之。」師涓鼓而終之。

〔一〕正義時衞都楚丘。楚丘故城〔八〇〕在宋州楚丘縣北三十里，衞之楚丘邑也。

〔二〕正義括地志云：「在曹州離狐縣界，即師延投處也。」

〔三〕正義一本「慶祁之堂」〔八一〕。左傳云「虒祁之宮」。杜預云：「虒祁，地名也，在絳州西四十里〔八二〕，臨汾水也。」

平公曰：「音無此最悲乎？」師曠曰：「有。」平公曰：「可得聞乎？」師曠曰：「君德義薄，不可以聽之。」平公曰：「寡人所好者音也，願聞之。」師曠不得已，援琴而鼓之。一奏之，有玄鶴二八集乎廊門；再奏之，延頸而鳴，舒翼而舞。

平公大喜，起而爲師曠壽。反坐，問曰：「音無此最悲乎？」師曠曰：「有。昔者黄帝以大合鬼神，今君德義薄，不足以聽之，聽之將敗。」平公曰：「寡人老矣，所好者音也，願遂聞之。」師曠不得已，援琴而鼓之。一奏之，有白雲從西北起；再奏之，大風至而雨隨之，飛廊瓦，左右皆奔走。平公恐懼，伏於廊屋之閒。晉國大旱，赤地三年。

聽者或吉或凶。夫樂不可妄興也。

太史公曰：夫上古明王舉樂者，非以娱心自樂，快意恣欲，將欲爲治也。正教者皆始於音，音正而行正。故音樂者，所以動盪血脈，通流精神而和正心也。故宫動脾而和正聖〔八三〕，商動肺而和正義，角動肝而和正仁，徵動心而和正禮，羽動腎而和正智。故樂所以内輔正心而外異貴賤也；上以事宗廟，下以變化黎庶也。琴長八尺一寸，正度也。弦大者爲宫，而居中央，君也。商張右傍，其餘大小相次，不失其次序，則君臣之位正矣。故聞宫音，使人温舒而廣大；聞商音，使人方正而好義；聞角音，使人惻隱而愛人；聞徵音，使人樂善而好施；聞羽音，使人整齊而好禮〔八四〕。夫禮由外入，樂自内出。故君子不可須臾離禮，須臾離禮則暴慢之行窮外；不可須臾離樂，須臾離樂則姦邪之行窮内。故樂音者，君子之所養義也。夫古者天子諸侯聽鐘磬未嘗離於庭，卿大夫聽琴瑟之音未嘗離於前，所以養行義而防淫佚也。夫淫佚生於無禮，故聖王使人耳聞雅頌之音，目視威儀之禮，足行恭敬之容，口言仁義之道。故君子終日言而邪辟無由入也。

【索隱述贊】樂之所興，在乎防欲。陶心暢志，舞手蹈足。舜曰簫韶，融稱屬續。審音知政，觀風變俗。端如貫珠，清同叩玉。洋洋盈耳，咸英餘曲。

校勘記

〔一〕樂書　疑當作「樂記」。按：漢書卷三〇藝文志、禮記樂記孔穎達疏皆云「劉向校書，得樂記二十三篇」。

〔二〕其名猶存也　此上疑脱「餘有十二篇」五字。按：禮記樂記孔穎達疏有此五字。

〔三〕系家家語云　「系」下「家」字原無。張文虎札記卷三：「疑單本『系』下脱一『家』字。」按：索隱所引詩見孔子世家及孔子家語子路初見。今據補。又，「云」上原有「所」字，據耿本、黄本、彭本、柯本、凌本、殿本删。

〔四〕言非此樂和適亦悦樂之不通散恩澤之事不流各一世之化也　殿本「亦悦樂」作「懌悦」，「不通」作「事不通解」。按：張文虎札記卷三：「此注有脱誤，各本皆同。」

〔五〕人數於此水旁見羣野馬　漢書卷六武帝紀顏師古注引李斐無「人」字，通鑑卷一九漢紀十一武帝元狩三年胡三省注引同。

〔六〕亦逝　會注本作「音逝」，耿本、黄本、彭本、柯本、凌本、殿本無此二字。

〔七〕言將欲明樂隨心見　張文虎札記卷三：「『言』字疑衍。孔疏作『欲將明樂隨心見』。」

〔八〕則其心哀戚哀戚在心　二「戚」字，黄本、彭本、柯本、凌本作「感」。按：此二句禮記樂記孔穎達疏作「則其心哀哀感在心」。

〔九〕悦喜　疑當作「喜悦」。按：禮記樂記孔穎達疏云「若外境會合其心，心必喜悦，喜悦在心，故聲必隨而發揚放散無輒礙」。參見下條。

〔一〇〕己心怒恚怒在心　疑當作「己心恚怒恚怒在心」。按：上文曰「其心哀戚，哀戚在心」、「其心歡樂，歡樂在心」、「其心喜悦，悦喜在心」，下文曰「己心悚敬，悚敬在内」、「己心愛惜，愛惜在内」，皆同一句法。

〔一一〕制正禮以防之　張文虎札記卷三：「疏作『制正禮正樂以防之』，疑此脱『正樂』二字。」

〔一二〕用正禮教導其志　「正」字原無。張文虎札記卷三：「『禮』上疏有『正』字，疑此脱。」今據補。參見下條。

〔一三〕用正樂諧和其聲　「正」，原作「世」。張文虎札記卷三：「『世』字疏作『正』，此誤。」今據改。

〔一四〕用法律齊其行用刑辟防其凶　禮記樂記孔穎達疏作「用法律齊一其行用刑辟防其凶姦」。

〔一五〕使同其一致　「致」，原作「敬」。張文虎札記卷三：「疏作『致』，此『敬』字疑譌。」今據改。

〔一六〕即君人心也　「君人」，疑當作「君上」。按：張文虎札記卷三：「集說引作『君上心』，此『人』字疑誤。」下文亦云「樂音善惡由君上心之所好」。

〔一七〕故云清濁中　「云」，凌本、殿本、會注本作「音」。

〔一八〕鄒音都回反　耿本、黄本、彭本、柯本、凌本、殿本無「鄒」字。

〔一九〕官壞故也　「官」字原無。張文虎札記卷三：「疏『壞故』上重一『官』字，此脱。」今據補。

〔二〇〕其民貧乏故也　此上原有「於」字。張文虎札記卷三：「『於』字衍，疏無。」今據删。

〔二一〕人生而静　「人」下原有「心」字。殿本史記考證：「『心』字衍。宜云自『人生而静』。」今據删。按：下文云「人生而静，天之性也」。

〔二二〕此言禮盛不在至味之事　「在」，原作「作」。張文虎札記卷三：「『作』字集説引作『在』，疑此誤。」今據改。

〔二三〕是俎腥魚者　張文虎札記卷三：「（是俎）二字疑衍。」

〔二四〕此皆質素之食　「皆」，原作「者」，據禮記樂記孔穎達疏改。

〔二五〕其情欲至静稟于自然　禮記樂記孔穎達疏無「情欲至」三字，疑此衍。

〔二六〕王者爲用刑則禁制暴慢　「則」，疑當作「罰」。按：禮記樂記「刑禁暴」孔穎達疏：「『刑禁暴』者，謂用刑罰禁止暴慢也。」

〔二七〕樂和心在内　張文虎札記卷三：「依下節正義，疑此當云『樂和人心，心在内』。」按：疑「心」字當重。下文「禮自外作故文」正義：「禮肅人貌，貌在外，故云動。」與此對應。

〔二八〕樂同和　張文虎札記卷三：「疏作『行樂得所』。以上『行禮』句例之，當有『行』字。」按：正義上曰「行禮同節，故四海合敬矣」，與此相對。

〔二九〕同以勸愛　「勸」，疑當作「歡」。按：禮記樂記孔穎達疏作「無不歡愛」。

〔三〇〕爲名在於其功也　張文虎札記卷三：「記注無『於』字，疑衍。」

〔三一〕既能窮本知變　「窮本」下原有「知末」二字，據殿本删。按：張文虎札記卷三：「疏無『知末』二字，疑衍。」下文曰「窮本知變，樂之情也；著誠去僞，禮之經也」，亦其證。

〔三二〕樂之官也　「官」，原作「容」。王念孫雜志史記第二：「『容』，當依樂記作『官』，字之誤也。鄭注曰：『官猶事也。』正義用鄭注爲解，又引賀瑒云：『八音克諧，使物欣喜，此樂之事迹也。』則正文本作『官』明矣。今本正義亦誤作『容』，則與『猶事也』之訓不合。」今據改。正義亦誤，今並改正。

〔三三〕内心　原作「心内」。張文虎札記卷三：「疏作『内心』，此誤倒。」今據乙。

〔三四〕夫禮樂必由功治功治有小大　「功治」二字原不重。禮記樂記孔穎達疏云「夫禮樂必由其功治，功治有大小」。今據補。

〔三五〕武舞　原作「周武」。張文虎札記卷三：「疑當作『武舞』也。」按：周禮春官籥師「舞羽歈籥」賈公彦疏云「若武舞，則教干戚也」。今據改。

〔三六〕而百化興焉　「百」下原有「物」字。張文虎札記卷三：「『物』字衍。」按：禮記樂記無「物」字，孔穎達疏：「『而百化興焉』者，百化，百物也。」今據删。

〔三七〕此天地明聖制禮殊别　疑文有譌誤。按：禮記樂記孔穎達疏作「天地有别聖人制禮有殊别」。「此天地明聖」，殿本作「如此則聖人」。

〔三八〕亦别辨宜居鬼而從地也　「亦别」，殿本、會注本作「亦是」。按：作「亦是」，與下文「如此則樂者天地之和也」正義「亦是敦和率神而從天也」句相對。

〔三九〕在樂象氣　「在」，原作「此」。張文虎札記卷三：「『此』字疑誤，疏作『在』。」今據改。

〔四〇〕在禮象形故從天始也　原作「故禮象形從天始也」。禮記樂記作「故先禮象形從天爲初」，阮元校勘記：「衛氏集説作『在禮象形故從天爲初』。」按：正文「在天成象」，與正義「在樂象氣」相應；正文「在地成形」，則此當云「在禮象形」。今據改。

〔四一〕煖照　疑當作「煖煦」。按：禮記樂記「煖之以日月，而百化興焉」孔穎達疏：「萬物之生，必須日月煖煦之。」

〔四二〕著謂明白著運生不息者　下「著」字原在「明白」上。張文虎札記卷三：「『著』字當在『白』

下，屬下『運生不息者』爲句。」按：正文「著不動者地也」索隱云「著養萬物不動者」，則正文「著不息者天也」索隱當云「著運生不息者」。今據改。

〔四三〕君子以自强不息是　張文虎札記卷三：「疑下脱『也』字。」按：正義下云「故易坤卦曰『安貞吉』是也」，與此相對。

〔四四〕百物稟天動地靜而生　此上原有「靜動而生」四字。張文虎札記卷三：「四字疑因下文而衍。」今據删。

〔四五〕而隨功德優劣爲舞位行列也　「爲」，原作「也」。張文虎札記卷三：「上『也』字疑當作『爲』。」今據改。

〔四六〕王賞舞人多　「賞」下疑脱「之以樂」三字。按：禮記樂記孔穎達疏作「故賞之以樂舞人多」。上文「其治民勞者，其舞行級遠」正義曰「若諸侯治民勞苦，由君德薄，王賞之以樂，則舞人少，不滿，將去纘疏遠也」，文與此相對。

〔四七〕本止邪淫過失也　「本」，原作「大」。張文虎札記卷三：「『大』字疑誤，依上節正義當作『本』。」按：上文「樂者所以象德也」正義云「此言樂意也，言樂之所施於人，本有和愛之德」，與此相對。今據改。

〔四八〕此第六段樂象法章　「段」，疑當作「章」，「法」字疑衍。按：樂書卷首正義引鄭玄注所言樂記十一篇，有樂象，而無「樂象法」之名。下文「凡姦聲感人而逆氣應之」、「是故君子反情以和其志」、「德者性之端也」、「樂者心之動也」云云正義皆曰出自「樂象章」。

〔四九〕若舜之民樂其紹堯　此下原有「也」字。張文虎札記卷三：「『也』字疑衍。下文『韶、武』是總上兩項。」按：禮記禮器「樂也者，樂其所自成」鄭玄注：「舜之民樂其紹堯而作大韶，湯、武之民樂其濩伐而作濩、武。」今據删。

〔五〇〕其風移俗易　疑當作「其移風易俗易」。按：王引之經義述聞卷一五：「漢書禮樂志作『其移風易俗易』，下『易』字顔師古音『弋豉反』。家大人曰：當從漢書補下『易』字。蓋樂之感人既深，則其移風易俗必易。二句相對爲文。」

〔五一〕省猶審也　「審」下原有「習之」二字。張文虎札記卷三：「記注無『習之』二字，蓋涉上而衍。」今據删。

〔五二〕法其德厚也　「厚」，景祐本、耿本、黄本、彭本、柯本、凌本、殿本作「厚薄」。

〔五三〕作樂器大小稱十二律　張文虎札記卷三：「（大小）索隱引作『小大』，與正文合，疑此誤倒。」按：正文下云「小大相成」。

〔五四〕言無莊敬也慢易無節奏　「也」字原在「易」下。張文虎札記卷三：「『也』字疑當在『莊敬』下，『慢易』屬下『無節奏』爲句。」今據乙。

〔五五〕故所樂有異有異而名通　張文虎札記卷三：「集説引『有異』二字不重，疑衍。」

〔五六〕奮疾而不拔　「拔」下原有「也」字，據景祐本删。按：張文虎札記卷三：「記無『也』字，疑衍。」

〔五七〕以明伐紂時再往也　「也」，原作「之」，據禮記樂記鄭玄注改。

〔五八〕末鳴鐃以歸　「末」，原作「未」，據彭本、柯本、殿本、會注本改。

〔五九〕極幽謂歌也　「歌」下疑脱「者」字。按：禮記樂記鄭玄注：「極幽，謂歌者也。」孔穎達疏：「『極幽而不隱』者，謂歌者坐歌不動，是極幽静；而聲發起，是不隱也。」

〔六〇〕並無厭仁義君臣之道　「仁義」，原作「干戈」。張文虎札記卷三：「句有脱誤。疏云『不違厭其仁義之道理也』，疑『干戈』二字即『仁義』之譌爛。」今據改。

〔六一〕樂理周足　「足」，原作「是」，據黄本、彭本、柯本、凌本、殿本改。

〔六二〕致禮樂之道　「致」，原作「知」。王念孫雜志史記第二：「『知』當依樂記、祭義作『致』。此後人妄改之也。正義曰『極致禮樂之道』，則本作『致』明矣。」今據改。按：「致禮樂」，與上文「致樂」、「致禮」相應。

〔六三〕油新生好貌　「油」下疑脱「然」字。按：禮記樂記鄭玄注有「然」字。禮記祭義「則易直子諒之心油然生矣」鄭玄注：「油然，物始生好美貌。」

〔六四〕耿本、黄本、彭本、柯本、凌本、殿本無此條索隱。

〔六五〕俱起立於中　「起」，禮記樂記鄭玄注作「趨」。

〔六六〕天地之齊　「齊」，禮記樂記作「命」，鄭玄注：「命，教也。」

〔六七〕故云先王以樂飾喜也　「先」字原無。正文云「夫樂者，先王之所以飾喜也」，張文虎札記卷三以爲當依史文補「先」字。今據補。

〔六八〕敢問如何　「如何」，景祐本、紹興本作「何如」。按：張文虎札記卷三：「宋本、中統、游、毛、吴校金板作『何如』，與記合。」

〔六九〕事戎事也　「戎」，原作「伐」，據殿本改。按：禮記樂記鄭玄注作「戎」。

〔七〇〕戎事之機　「戎」，原作「伐」，據殿本改。按：禮記樂記鄭玄注作「戎」。

〔七一〕何忽如此也　「也」上原有「何」字，據殿本删。按：張文虎札記卷三：「兩『何』字當衍其一。」

〔七二〕前所答五事四不被叩問　「五」、「四」二字原互易。張文虎札記卷三：「『五』字疑誤，或當與『四』互易。」按：孔子與賓牟賈言樂，孔子五問，而賓牟賈五答，孔子於前四問皆不復詰，而獨於第五問「非武音也」反問之，故應云「前所答五事四不被叩問」。今據乙。

〔七三〕盛威於中國也　「盛」下原有「振」字，據景祐本、殿本删。按：禮記樂記：「天子夾振之而駟伐，盛威於中國也。」孔穎達疏：「『盛威於中國也』者，象武王之德，盛大威武於中國。」

〔七四〕武王與大將夾軍而奮鐸　「大將」下原有「軍」字。張文虎札記卷三：「『大將』下衍『軍』字。樂記注云『與大將夾舞者，振鐸以爲節也』。疏釋經、注及引皇氏皆無『軍』字。」今據删。

〔七五〕去紂時苛役　「役」，禮記樂記鄭玄注作「政」。

〔七六〕老更　禮記樂記鄭玄注作「三老五更」。

〔七七〕明乎商之詩者臨事而屢斷明乎齊之詩者見利而讓也　二「詩」字，禮記樂記皆作「音」。

〔七八〕而有此事　「而」，景祐本作「如」，禮記樂記鄭玄注同。

〔七九〕施惠之臺　韓非子卷三十過、論衡卷二三紀妖作「施夷之臺」。

〔八〇〕時衛都楚丘楚丘故城　下「丘」字原無。張文虎札記卷三：「『楚』字疑衍，或下脱『丘』字。」按：元和志卷七河南道三宋州楚丘縣：「楚丘故城在縣北三十里。」今據補。

〔八一〕慶祁之堂　張文虎札記卷三：「『慶』蓋『虒』字之誤。」

〔八二〕在絳州西四十里　左傳昭公八年杜預注無「州」字。

〔八三〕故宫動脾而和正聖　「聖」，疑當作「信」。按：王叔岷斠證：「長短經正論篇注、記纂淵海七八引『正聖』並作『正信』。」漢書卷二一上律曆志上：「宫爲土爲信爲思。」漢書卷二六天文志：「填星曰中央季夏土，信也，思心也。仁義禮智以信爲主，貌言視聽以心爲正，故四星皆失，填星乃爲之動。」應劭風俗通義聲音：「劉歆鐘律書：『宫者，中也，居中央，暢四方，倡始施生，爲四聲綱也。五行爲土，五常爲信，五事爲思，凡歸爲君。』」樂書宫、商、角、徵、羽五音，與信、義、仁、禮、智相應。

〔八四〕聞徵音使人樂善而好施聞羽音使人整齊而好禮　疑「徵」、「羽」二字當互乙。按：上文曰「徵動心而和正禮，羽動腎而和正智」。漢書卷二一上律曆志上：「徵，祉也。羽，宇也。徵爲火爲禮爲視，羽爲水爲智爲聽。」應劭風俗通義聲音：「故聞其宫聲，使人温潤而廣大；聞其商聲，使人方正而好義；聞其角聲，使人整齊而好禮；聞其徵聲，使人惻隱而博愛；聞其羽聲，使人善養而好施。」風俗通之文，雖「聞其角聲」與「聞其徵聲」二句誤乙，而「聞其羽聲，使人善養而好施」一句不誤。

史記卷二十五

律書第三

王者制事立法，物度軌則，壹稟於六律，〔一〕六律爲萬事根本焉。〔二〕

〔一〕索隱按：律有十二。陽六爲律，黃鍾、太蔟、姑洗、蕤賓、夷則、無射；陰六爲呂，大呂、夾鍾、中呂、林鍾、南呂、應鍾是也。名曰律者，釋名曰「律，述也，所以述陽氣也」。律曆志云「呂，旅，助陽氣也」。案：古律用竹，又用玉，漢末以銅爲之。呂亦稱間，故有六律、六間之說。元間大呂，二間夾鍾是也。漢京房知五音六律之數，十二律之變至六十，猶八卦之變爲六十四卦也。故中呂上生執始，執始下生去滅，上下相生，終於南事，而六十律畢也。

〔二〕索隱律曆志云「夫推曆生律，制器規圜矩方，權重衡平，準繩嘉量，探賾索隱，鉤深致遠，莫不用焉」，是萬事之根本。

其於兵械尤所重，〔一〕故云「望敵知吉凶，〔二〕聞聲效勝負」，〔三〕百王不易之道也。

【一】索隱按：易稱「師出以律」，是於兵械尤重也。正義內成曰器，外成曰械。械謂弓、矢、殳、矛、戈、戟。劉伯莊云：「吹律審聲，聽樂知政，師曠審歌，知晉楚之彊弱，故云兵家尤所重。」

【二】索隱凡敵陣之上，皆有氣色，氣強則聲強，聲強則其衆勁。律者，所以通氣，故知吉凶也。正義凡兩軍相敵，上皆有雲氣及日暈。天官書云：「暈等，力鈞；厚長大，有勝；薄短小，無勝。」故望雲氣知勝負彊弱。引舊語乃曰「故云」。

【三】索隱周禮「太師執同律以聽軍聲，而占其吉凶」是也。故左傳稱師曠知南風之不競，此即其類也。正義周禮云「太師執同律以聽軍聲，而詔其吉凶」，左傳云師曠知南風之不競，即其類。

武王伐紂，吹律聽聲，【一】推孟春以至于季冬，殺氣相并，【二】而音尚宮。【三】同聲相從，物之自然，何足怪哉？

【一】索隱其事當有所出，今則未詳。

【二】正義人君暴虐酷急，即常寒應。寒生北方，乃殺氣也。武王伐紂，吹律從春至冬，殺氣相并，律亦應之。故洪範咎徵云「急，常寒若」是也。

【三】正義兵書云：「夫戰，太師吹律，合商則戰勝，軍事張彊〔一〕；角則軍擾多變，失士心；宮則軍和，主卒同心〔二〕；徵則將急數怒，軍士勞；羽則兵弱少威焉。」

兵者，聖人所以討彊暴，平亂世，夷險阻，救危殆。自含血戴角之獸見犯則校〔三〕，而況於人懷好惡喜怒之氣？喜則愛心生，怒則毒螫加，【一】情性之理也。

【一】正義螫音釋。

昔黃帝有涿鹿之戰，以定火災；【一】顓頊有共工之陳，以平水害；【二】成湯有南巢之伐，以殄夏亂。【三】遞興遞廢，勝者用事，所受於天也。

【一】集解文穎曰：「神農子孫暴虐，黃帝伐之，故以定火災。」

【二】集解文穎曰：「共工，主水官也。少昊氏衰，秉政作虐，故顓頊伐之。本主水官，因爲水行也。」

【三】正義南巢，今廬州巢縣是也。淮南子云：「湯伐桀，放之歷山，與末喜同舟浮江，奔南巢之山而死。」按：巢即山名，古巢伯之國。云南巢者，在中國之南也。

自是之後，名士迭興，晉用咎犯，【一】而齊用王子，【二】吳用孫武，【三】申明軍約，賞罰必信，卒伯諸侯，兼列邦土，雖不及三代之誥誓，然身寵君尊，當世顯揚，可不謂榮焉？豈與世儒闇於大較，【三】不權輕重，猥云德化，不當用兵，大至君辱失守，【四】小乃侵犯削弱，遂執不移等哉！故教笞不可廢於家，刑罰不可捐於國，誅伐不可偃於天下，用之有巧拙，行之有逆順耳。

【一】正義狐偃也，咎季也，又云胥臣也。

【二】索隱 徐廣云：「王子成父。」

【三】索隱 大較，大法也。淳于髡曰「車不較則不勝其任」是也。較音角。

【四】索隱 徐廣云：「如宋襄公是也。」

夏桀、殷紂手搏豺狼，足追四馬，勇非微也；百戰克勝，諸侯懾服，權非輕也。秦二世宿軍無用之地，【一】連兵於邊陲，力非弱也；結怨匈奴，絓禍於越，【二】勢非寡也。及其威盡勢極，閭巷之人爲敵國。咎生窮武之不知足，甘得之心不息也。

【一】索隱 謂常擁兵於郊野之外也。 正義 謂三十萬備北邊〔四〕，五十萬守五嶺也。云連兵於邊陲，即是宿軍無用之地也。

【二】正義 絓，胡卦反。顧野王云：「絓者，所礙。」

高祖有天下，三邊外畔；大國之王雖稱蕃輔，臣節未盡。會高祖厭苦軍事，亦有蕭、張之謀，故偃武一休息，羈縻不備。

歷至孝文即位，將軍陳武等議曰：「南越、朝鮮【一】自全秦時內屬爲臣子，後且擁兵阻阸，選蠕觀望。【二】高祖時天下新定，人民小安，未可復興兵。今陛下仁惠撫百姓，恩澤加海內，宜及士民樂用，征討逆黨，以一封疆。」孝文曰：「朕能任衣冠，【三】念不到此。會呂氏之亂，功臣宗室共不羞恥，誤居正位，常戰戰慄慄，恐事之不終。且兵凶器，雖克所願，動亦秏病，謂百姓遠方何？又先帝知勞民不可煩，故不以爲意。朕豈自謂能？今匈奴内侵，軍吏無功，邊民父子荷兵日久，【四】朕常爲動心傷痛，無日忘之。今未能銷距，願且堅邊設候，結和通使，休寧北陲，爲功多矣。且無議軍。」故百姓無内外之繇，得息肩於田畝，天下殷富，粟至十餘錢，鳴雞吠狗，煙火萬里，可謂和樂者乎！

【一】正義 潮仙二音。高驪平壤城本漢樂浪郡王險城，即古朝鮮地，時朝鮮王滿據之也。

【二】集解 阸音戹賣反。選音思兗反。蠕音而兗反。索隱 蠕音軟。選蠕謂動身欲有進取之狀也。

【三】正義 朕音而禁反。

【四】正義 荷音何我反。

太史公曰：文帝時，會天下新去湯火，【一】人民樂業，因其欲然，能不擾亂，故百姓遂安。自年六七十翁亦未嘗至市井，游敖嬉戲如小兒狀。孔子所稱有德君子者邪！【二】

【一】索隱 謂秦亂，楚漢交兵之時，如遺墜湯火，即書云「人墜塗炭」是也。

【二】索隱 論語曰〔五〕「善人爲邦百年，亦可以勝殘去殺」也。

書曰七正，二十八舍。【一】律曆，天所以通五行八正之氣，【二】天所以成孰萬物也〔六〕。

舍者，日月所舍。舍者，舒氣也。

【一】索隱 七正，日、月、五星。七者可以正天時。又孔安國曰「七正，日、月、五星各異政」也。二十八宿，七正之所舍也〔七〕。舍，止也。宿，次也。言日、月、五星運行，或舍於二十八次之分也。

【二】索隱 八謂八節之氣〔八〕，以應八方之風。

不周風居西北，主殺生。東壁居不周風東，主辟生氣【一】而東之。至於營室。【二】營室者，主營胎【三】陽氣而產之。東至于危。危，垝也。【四】言陽氣之垝〔九〕，故曰危。十月也，律中應鍾。【五】應鍾者，陽氣之應，不用事也。其於十二子爲亥。亥者，該也。【六】言陽氣藏於下，故該也。

【一】索隱 辟音闢。

【二】索隱 定星也。定中而可以作室，故曰營室。其星有室象也，故天官書主廟。此言「主營胎陽氣而產之」，是說異也。正義 天官書云「營室爲清廟，曰離宮、閣道」，是有宮室象。此言「主營胎陽氣而產之」，二說不同。

【三】集解 徐廣曰：「一作『含』。」

【四】索隱 垝音鬼毀反。

【五】正義 應，乙證反。白虎通云：「應者，應也，言萬物應陽而動下藏也。」漢初依秦以十月爲歲首，故起應鍾。

【六】索隱按：律曆志云「該閡於亥」。正義孟康云：「閡，藏塞也。陰雜陽氣，藏塞爲萬物作種也。」

廣莫風居北方。廣莫者，言陽氣在下，陰莫陽廣大也，故曰廣莫。東至於虛。虛者，能實能虛，言陽氣冬則宛藏於虛，【一】日冬至則一陰下藏，一陽上舒，故曰虛。東至于須女。【二】言萬物變動其所，陰陽氣未相離，尚相如胥也【一〇】，故曰須女。十一月也，律中黃鍾。【三】黃鍾者，陽氣踵黃泉而出也。其於十二子爲子。子者，滋也；滋者，言萬物滋於下也。其於十母爲壬癸。壬之爲言任也，言陽氣任養萬物於下也。癸之爲言揆也，言萬物可揆度，故曰癸。東至牽牛。牽牛者，言陽氣牽引萬物出之也。牛者，冒也，言地雖凍，能冒而生也。牛者，耕植種萬物也。東至於建星。建星者，建諸生也。十二月也，律中大呂。大呂者。其於十二子爲丑。【四】

【一】正義宛音蘊。

【二】索隱婺女名也。

【三】正義白虎通云：「黃，中和之氣，言陽氣於黃泉之下動養萬物也。」

【四】集解徐廣曰：「此中闕不説大呂及丑也。」正義案：此下闕文。或一本云「丑者，紐也。言陽氣在上未降，萬物戹紐未敢出也」。

條風居東北，主出萬物。條之言條治萬物而出之，故曰條風。南至於箕。箕者，言萬物根棋，〔一〕故曰箕。正月也，律中泰蔟。〔二〕泰蔟者，言萬物蔟生也，故曰泰蔟。其於十二子爲寅。寅言萬物始生螾然〔三〕也，故曰寅。南至於尾，言萬物始生如尾也。南至於心，言萬物始生有華心〔四〕也。南至於房。房者，言萬物門户也，至于門則出矣。

〔一〕集解徐廣曰：「一作『横』也。」

〔二〕正義蔟音千豆反。白虎通云：「泰者，大也。蔟者，湊也。言萬物始大，湊地而出之也。」

〔三〕索隱音引，又音以慎反。

〔四〕集解徐廣曰：「一作『莖』。」

明庶風居東方。明庶者，明衆物盡出也。二月也，律中夾鍾。〔一〕夾鍾者，言陰陽相夾廁也。其於十二子爲卯。卯之爲言茂也，言萬物茂也。其於十母爲甲乙。甲者，言萬物剖符〔二〕甲〔三〕而出也；乙者，言萬物生軋軋也。南至于氐。〔四〕氐者，言萬物皆至也。南至於亢。亢者，言萬物亢見也。南至于角。角者，言萬物皆有枝格如角也。三月也，律中姑洗。〔五〕姑洗者，言萬物洗生。其於十二子爲辰。辰者，言萬物之蜄〔六〕也。

〔一〕正義白虎通云：「夾，孚甲也。言萬物孚甲，種類分也。」

【二】集解 音孚。

【三】索隱 符甲猶孚甲也。

【四】正義 氏音丁禮反。

【五】正義 姑音沽。洗音先典反。白虎通云：「沽者，故也。洗者，鮮也。言萬物去故就新，莫不鮮明也。」

【六】集解 音之慎反。 索隱 蜄音振。或作「娠」，同音。律曆志云「振羨於辰」。

清明風居東南維，主風吹萬物而西之。至於軫【二】。軫者，言萬物益大而軫軫然。西至於翼。翼者，言萬物皆有羽翼也。四月也，律中中呂。【一】中呂者，言萬物盡旅而西行也。其於十二子爲巳。巳者，言陽氣之已盡也。西至于七星。七星者，陽數成於七，故曰七星。西至于張。張者，言萬物皆張也。西至于注。【二】注者，言萬物之始衰，陽氣下注，故曰注。五月也，律中蕤賓。【三】蕤賓者，言陰氣幼少，故曰蕤；痿陽不用事，故曰賓。

【一】正義 中音仲。白虎通云「言陽氣將極，中充大也，故復中言之也」。

【二】索隱 音丁救反。注，咮也。天官書云「柳爲鳥咮」，則注，柳星也。

【三】正義 蕤音仁隹反。白虎通云：「蕤者，下也。賓者，敬也。言陽氣上極，陰氣始賓敬之也。」

景風居南方。景者，言陽氣道竟，故曰景風。其於十二子爲午。午者，陰陽交，故曰午。【一】其於十母爲丙丁。丙者，言陽道著明，故曰丙；丁者，言萬物之丁壯也，故曰丁。西至于弧。弧者，言萬物之吴落【二】且就死也。西至于狼。狼者，言萬物可度量，斷萬物，故曰狼。

【一】索隱律曆志云：「咢布於午。」

【二】集解徐廣曰：「吴，一作『柔』。」

涼風居西南維，主地。地者，沈奪萬物氣也。【一】六月也，律中林鍾。【二】林鍾者，言萬物就死氣林林然。其於十二子爲未。未者，言萬物皆成，有滋味也。【三】北至於罰。罰者，言萬物氣奪可伐也。北至於參。【四】參言萬物可參也，故曰參。七月也，律中夷則。【五】夷則，言陰【六】氣之賊【七】萬物也。其於十二子爲申。申者，言陰用事，申賊萬物，【八】故曰申。北至於濁。【九】濁者，觸也，言萬物皆觸死也，故曰濁。北至於留。【一〇】留者，言陽氣之稽留也，故曰留。八月也，律中南吕。【一一】南吕者，言陽氣之旅入藏也。其於十二子爲酉。酉者，萬物之老也，【一二】故曰酉。

【一】正義沈，一作「洗」。

【二】正義白虎通云：「林者，衆也。言萬物成熟，種類多也。」

【三】索隱律曆志云「昧薆於未」，其意殊也。

【四】正義音所林反〔一三〕。

【五】正義白虎通云：「夷，傷也。則，法也。言萬物始傷，被刑法也。」

【六】集解徐廣曰：「一作『陽』。」

【七】集解徐廣曰：「一作『則』。」

【八】集解徐廣曰：「賊，一作『則』。」索隱律曆志「物堅於申」也。

【九】索隱按：爾雅「濁謂之畢」。

【一〇】索隱留即昴，毛傳亦以留爲昴。

【一一】正義白虎通云：「南，任也。言陽氣尚任包，大生薺麥也。」

【一二】索隱律曆志：「留孰於酉。」

閶闔風居西方。閶者，倡也；闔者，藏也。言陽氣道萬物，闔黃泉也。其於十母爲庚辛。庚者，言陰氣庚萬物，故曰庚；辛者，言萬物之辛生，故曰辛。北至於胃。胃者，言陽氣就藏，皆胃胃也。北至於婁。婁者，呼萬物且内之也。北至於奎。【一】奎者，主毒螫殺萬物也，奎而藏之。九月也，律中無射。【二】無射者，陰氣盛用事，陽氣無餘也，故曰無射。其於十二子爲戌。戌者，言萬物盡滅，故曰戌。【三】

【一】集解徐廣曰：「一作『圭』。」索隱按：天官書「奎爲溝瀆，婁爲聚衆，胃爲天倉」，今此說並異，及六律十母，又與漢書不同，今各是異家之說也。

【二】正義音亦。白虎通云：「射，終也。言萬物隨陽而終，當復隨陰而起，無有終已。」此說六呂十干十二支與漢書不同。

【三】索隱律曆志「畢入於戌」也。

律數：

九九八十一以爲宮。三分去一，五十四以爲徵。三分益一，七十二以爲商。三分去一，四十八以爲羽。三分益一，六十四以爲角。

黃鍾長八寸七分一〔三〕，宮。【一】大呂長七寸五分三分一。【二】太蔟長七寸七分二，角。夾鍾長六寸一分三分一。姑洗長六寸七分四，羽。【三】仲呂長五寸九分三分二，徵。蕤賓長五寸六分三分一。林鍾長五寸七分四，角。【四】夷則長五寸四分三分二，商。南呂長四寸七分八，徵。無射長四寸四分三分二。應鍾長四寸二分三分二，羽。

【一】索隱黃鍾長八寸十分一宮。案：上文云「律九九八十一以爲宮」，故云「長八寸十分一宮」。而漢書云黃鍾長九寸者〔四〕，九分之寸也。劉歆、鄭玄等皆以爲長九寸即十分之寸，不依此法也。云宮者，黃鍾爲律之首，宮爲五音之長，十一月以黃鍾爲宮，則聲得其正。舊本多作「七分」，蓋誤也。

【二】索隱謂十一月以黃鍾爲宮，五行相次，土生金，故以大呂爲商者，大呂所以助陽宣化也。

【三】索隱亦以金生水故也。

【四】索隱水生木，故爲角。不用蕤賓者，以陰氣起，陽不用事，故去之也。

生鍾分：【一】

【一】索隱此算術生鍾律之法也。正義分音扶問反。

子一分。【一】丑三分二。【二】寅九分八。【三】卯二十七分十六。【四】辰八十一分六十四。巳二百四十三分一百二十八。午七百二十九分五百一十二。未二千一百八十七分一千二十四。申六千五百六十一分四千九十六。酉一萬九千六百八十三分八千一百九十二。戌五萬九千四十九分三萬二千七百六十八。亥十七萬七千一百四十七分六萬五千五百三十六。

【一】索隱自此已下十一辰，皆以三乘之，爲黃鍾積實之數。

【二】索隱案：子律黃鍾長九寸，林鍾丑衝長六寸，以九比六，三分少一，故云丑三分二。即是黃鍾三分去一，下生林鍾之數也。

【三】索隱十二律以黃鍾爲主，黃鍾長九寸，太蔟長八寸，寅九分八，即是林鍾三分益一，上生太蔟之義也。正義孟康云：「元氣始起於子。未分之時，天地人混合爲一，故子數獨一。」漢書律曆志云：「太極元氣，函三爲一，行於十二辰，始動於子，參之於丑，得三；又參於寅，得九；又參之於卯，得二十七；又參之於辰，得八十一；又參之於巳，得二百四十三；又參之於午，得七百二十九；又參之於未，得二千一百八十七；又參之於申，得六千五百六十一；又參之於酉，得萬九千六百八十三；又參之於戌，得五萬九千四十九；又參之於亥，得十七萬七千一百四十七。此陰陽合德，氣種於子【一五】，化生萬物者也。」然丑三分二，寅九分八者，並是分之餘數，而漢書不說也。

【四】索隱 此以丑三乘寅，寅三乘卯，得二十七。南呂爲卯，衡長五寸三分寸之一，以三約二十七得九，即黃鍾之本數。又以三約十六得五，餘三分之一，即南呂之長，故云卯二十七分十六，亦是太蔟三分去一，下生南呂之義。已下八辰並準此。然云丑三分二，寅九分八者，皆分之餘數也。

生黃鍾術曰：以下生者，【一】倍其實，三其法。【二】以上生者，四其實，三其法。【三】上九，商八，羽七，角六，宮五，徵九。【四】置一而九三之以爲法。【五】實如法，得長一寸。【六】凡得九寸，命曰「黃鍾之宮」。故曰音始於宮，窮於角；【七】數始於一，終於十，成於三；氣始於冬至，周而復生。

【一】索隱 生鍾術曰以下生者。案：蔡邕曰「陽生陰爲下生，陰生陽爲上生。子午巳東爲上生，巳西爲下生」。又律曆志云陰陽相生自黃鍾始，黃鍾生太蔟，左旋八八爲五【一六】。孟康註云「從子至未得八〔一七〕，下生林鍾」是也。又「自未至寅亦得八，上生太蔟。然上下相生，皆以此爲率」也。

【二】索隱 謂黄鍾下生林鍾，黄鍾長九寸，倍其實者，二九十八，三其法者，以三爲法，約之得六，爲林鍾之長也。

【三】索隱 四其實者，謂林鍾上生太蔟，林鍾長六寸，以四乘六得二十四，以三約之得八，即爲太蔟之長。

【四】索隱 此五聲之數亦上生三分益一，下生三分去一。宫下生徵，徵益一上生商，商下生羽，羽益一上生角。然此文似數錯，未暇研覈也。

【五】索隱 漢書律曆志曰：「太極元氣，函三爲一，行之於十二辰，始動於子，參之於丑，得三；又參之於寅，得九。」是謂因而九三之也。韋昭曰：「置一而九，以三乘之是也。」樂産云〔一八〕：「一氣生於子，至丑而三，是一三也。又自丑至寅爲九，皆以三乘之，是九三之也。又參之卯，得二十七；參之於辰，得八十一；又參之於巳，得二百四十三；又參之午，得七百二十九；又參於未，得二千六百八十七；又參之於申，得六千五百六十三；又參於酉，得萬九千六百八十三；又參於戌，得五萬九千四十九；又參至於亥，得十七萬七千一百四十七：謂之該數。此陰陽合德，氣鍾於子，化生萬物也。然丑三分，寅九分者，即分之餘數也。」

【六】索隱 實如法得一。實謂以子一乘丑三，至亥得十七萬七千一百四十七爲實數。如法謂以上萬九千六百八十三之法除實得九，爲黃鍾之長。言「得一」者，算術設法辭也。「得」下有「長」、「一」下有「寸」者〔一九〕，皆衍字也。韋昭云得九寸之一也。姚氏謂得一即黃鍾之子數。

【七】索隱即如上文宮下生徵，徵上生商，商下生羽，羽上生角，是其窮也。

神生於無，形【一】成於有，【二】形然後數，形而成聲，【三】故曰神使氣，氣就形。形理如類有可類。或未形而未類，或同形而同類，類而可班，類而可識。聖人知天地識之別，故從有以至未有，【四】以得細若氣，微若聲。【五】然聖人因神而存之，【六】雖妙必效情，核其華道者明矣。【七】非有聖心以乘聰明，孰能存天地之神而成形之情哉？神者，物受之而不能知及其去來〔二〇〕，【八】故聖人畏而欲存之。唯欲存之，神之亦存。【九】其欲存之者，故莫貴焉。【一〇】

【一】正義無形爲太易氣，天地未形之時，言神本在太虛之中而無形也。

【二】正義天地既分，二儀已質，萬物之形成於天地之閒，神在其中。

【三】正義數謂天數也，聲謂宮、商、角、徵、羽也。言天數既形，則能成其五聲也。

【四】正義從有謂萬物形質也，未有謂天地未形也。

【五】正義氣謂太易之氣，聲謂五聲之聲也。

【六】正義言聖人因神理其形體，尋迹至於太易之氣，故云因神而存之，上云從有以至未有是也。

【七】正義妙謂微妙之性也。效猶見也。核，研核也。華道，神妙之道也。言人雖有微妙之性，必須程督己之情理，然後研核神妙之道，乃能究其形體，辨其成聲，故謂明矣。故下云「非有聖心以乘聰明，孰能存天地之神而成形之情哉」是也。

【八】正義言萬物受神妙之氣，不能知覺，及神去來，亦不能識其往復也。

【九】正義言聖人畏神妙之理難識，而欲常存之；唯欲常存之，故其神亦存也。

【一〇】正義言平凡之人欲得精神存者，故亦莫如貴神之妙焉。

太史公曰：在旋璣玉衡以齊七政〔三〕，即天地二十八宿。【一】十母，【二】十二子，【三】鍾律調自上古。建律運曆造日度，可據而度也。【四】合符節，通道德，即從斯之謂也。

【一】正義宿音息袖反，又音肅。謂東方角、亢、氐、房、心、尾、箕，南方井、鬼、柳、星、張、翼、軫，西方奎、婁、胃、昴、畢、觜、參，北方斗、牛、女、虛、危、室、壁，凡二十八宿一百二十八宿星也。

【二】正義十干：甲、乙、丙、丁、戊、己、庚、辛、壬、癸。

【三】正義十二支：子、丑、寅、卯、辰、巳、午、未、申、酉、戌、亥。

【四】正義度音田洛反。

【索隱述贊】自昔軒后，爰命伶綸。雄雌是聽，厚薄伊均。以調氣候，以軌星辰。軍容取節，樂器斯因。自微知著，測化窮神。大哉虛受，含養生人。

校勘記

〔一〕軍事張彊　殿本作「軍士彊」，周禮春官大師鄭玄注引兵書同。

〔二〕主卒同心　「主卒」，殿本作「士卒」，周禮春官大師鄭玄注引兵書同。

〔三〕自含血戴角之獸　王元啓正譌卷一：「『血』當作『齒』，傳寫誤也。」

〔四〕謂三十萬備北邊　「北邊」，原作「北闕」。張文虎札記卷三：「『闕』疑『邊』字之誤，下云『邊陲』，其證也。」今據改。

〔五〕論語曰　「曰」上索隱本有「孔子」二字。

〔六〕天所以成孰萬物也　張文虎札記卷三：「『天所』二字疑因上文而衍。」

〔七〕二十八宿七正之所舍也　「七正」二字原無。張文虎札記卷三：「疑『二十八宿』下脱『七正』二字。」今據補。

〔八〕八謂八節之氣　「八謂」，耿本、黄本、彭本、柯本、凌本、殿本作「八正謂」。

〔九〕言陽氣之垝　「垝」上原有「危」字。王念孫雜志史記第二：「『垝』上本無『危』字，此是訓『危』爲垝，故曰『危，垝也』，言陽氣之垝。爾雅曰：『垝，毁也。』言陽氣至十月而毁也。今本『垝』上有『危』字，即因上『危，垝也』而誤衍耳。」今據删。

〔一〇〕尚相如胥也　「如胥」，張文虎札記卷三：「正譌云：當是『胥如』。案：疑『如』字衍。」

〔一一〕主風吹萬物而西之至於軫　「至於」二字原無。張文虎札記卷三：「雜志云：『軫』上當有

『至於』二字。上云『主辟生氣而東之，至於營室』。正譌説同。案：上下文諸宿皆有『至於』二字，此偶脱。」今據補。

〔二〕音所林反　「反」字原無，據黄本、柯本、凌本、殿本補。

〔三〕黄鍾長八寸七分一　「七」，索隱本、殿本作「十」。張文虎札記卷三：「『七』字誤。索隱本作『十』，是。然云舊本多作『七分』，則承譌久矣。」按：「黄鍾長八寸七分一」之「七」，沈括、蔡元、王元啓、張文虎皆以爲當依索隱作「十」。與此相應，本篇所載律數，唐代司馬貞索隱已疑其誤，宋代沈括夢溪筆談、蔡元律吕新書繼起考辨，清代錢大昕考異、梁玉繩志疑、王元啓正譌等多有考證，張文虎札記亦有申論，諸家考辨校改凡八處。董樹巖、戴念祖、羅琳史記律書律數匡正——兼論先秦管律指出：經過嚴格推算可以認定，律書所載不是弦律，而是管律，其資料基本無誤，各家考辨誤以爲弦律而加以推算校勘，結論有誤（自然科學史研究，一九九四年第一期）。隋書卷一六律曆志上：「傳稱黄帝命伶倫斷竹，長三寸九分，而吹以爲黄鍾之宫，曰含少。次制十二管，以聽鳳鳴，以别十二律，比雌雄之聲，以分律吕。上下相生，因黄鍾爲始。虞書云：『叶時月正日，同律度量衡。』夏禹受命，以聲爲律，以身爲度。周禮，樂器以十二律爲之度數。司馬遷律書云：『黄鍾長八寸七分之一，太簇長七寸七分二，林鍾長五寸七分三，應鍾長四寸三分二。』此樂之三始，十二律之本末也。」隋志所引，與今本史記大致相同，而與各家校改格格不入。今一仍其舊。

〔四〕而漢書云　「漢書」二字原無，據耿本、黄本、彭本、柯本、凌本、殿本補。按：漢書卷二一上律曆志上：「故黃鐘爲天統，律長九寸。」律曆志本於劉歆，故索隱稱其名。

〔一五〕氣種於子　「種」，黃本、彭本、柯本、凌本、殿本作「鐘」，與漢書卷二一上律曆志上合。按：下「置一而九三之以爲法」索隱引樂産作「鍾」。

〔一六〕陰陽相生自黃鍾始黃鍾生太蔟左旋八八爲五　耿本、黃本、彭本、柯本、凌本、殿本無「黃鍾生太蔟」五字，疑此有衍誤。按：漢書卷二一上律曆志上：「陰陽相生，自黃鐘始而左旋，八八爲伍。」亦無此五字。

〔一七〕孟康註云從子至未得八　「孟康註云」四字原無，據耿本、黃本、彭本、柯本、凌本、殿本補。按：通鑑卷一二四宋紀六文帝元嘉二十二年胡三省注引作「孟康註曰」。

〔一八〕樂産　耿本、黃本、彭本、柯本、凌本、殿本作「樂彦」。

〔一九〕一下有寸者　「下有」二字原無，據耿本、黃本、彭本、柯本、凌本、殿本補。

〔二〇〕物受之而不能知及其去來　殿本史記考證、王元啓正譌卷一以爲「及」字衍。

〔二一〕在旋璣玉衡以齊七政　「在」，原作「故」，據殿本改。按：王元啓正譌卷一：「『故』字誤，當從尚書作『在』。在，察也。」

史記卷二十六

曆書第四

昔自在古，曆建正作於孟春。【一】於時冰泮發蟄，百草奮興，秭鳺先滜。【二】物迺歲具，生於東，次順四時，卒于冬分。【三】時雞三號，卒明〔一〕。【四】撫十二節〔二〕，卒于丑。【五】日月成，故明也。明者孟也，幽者幼也，幽明者雌雄也。雌雄代興，而順至正之統也。日歸于西，起明於東；月歸於東，起明于西。正不率天，又不由人，【六】則凡事易壞而難成矣。

【一】索隱按：古曆者，謂黃帝調曆以前有上元太初曆等，皆以建寅爲正，謂之孟春也。及顓頊、夏禹亦以建寅爲正。唯黃帝及殷、周、魯並建子爲正。而秦正建亥，漢初因之。至武帝元封七年始改用太初曆，仍以周正建子爲十一月朔旦冬至，改元太初焉。今按：此文至於「十二月節」，皆出大戴禮虞史伯夷之辭也。

【二】集解徐廣曰：「秭音姊，鳺音規。子鳺鳥也，一名鷤鴂。」索隱按：徐廣云「秭音規」者，誤也，當云「秭音姊，鳺音規」，蓋遺失耳。言子鳺鳥春氣發動，則先出野澤而鳴也。又按：大戴禮作「瑞雉無釋」，未測其旨，當是字體各有訛變耳。鶗音弟，鴂音桂。楚詞云「慮鶗鴂之先鳴，使夫百草爲之不芳」，解者以鶗鴂爲杜鵑。

【三】索隱卒，子律反。分，如字。卒，盡也。言建曆起孟春，盡季冬，則一歲事具也。冬盡之後，分爲來春，故云冬分也。

【四】集解徐廣曰：「卒，一作『平』，又云卒，斯也。」索隱三號，三鳴也。言夜至雞三鳴則天曉，乃始爲正月一日，言異歲也。徐廣云卒，一作「平」，又作「斯」，於文皆便。

【五】正義撫猶循也。自平明寅至雞鳴丑，凡十二辰，辰盡丑又至明朝寅，使一日一夜，故曰幽明。

【六】索隱正不率天，亦不由人。此文出大戴禮，是孔子稱周太史之詞。

王者易姓受命，必慎始初，改正朔，易服色，推本天元，順承厥意。【一】

【一】索隱言王者易姓而興，必當推本天之元氣行運所在，以定正朔，以承天意，故云承順厥意。

太史公曰：神農以前尚矣。蓋黃帝考定星曆，【一】建立五行，起消息，【二】正閏餘，【三】於是有天地神祇物類之官〔三〕，【四】是謂五官。各司其序，不相亂也。民是以能有信，神是以能有明德。民神異業，敬而不瀆，故神降之嘉生，【五】民以物享，【六】災禍不生〔四〕，所求不匱。

【一】索隱 按：系本及律曆志黄帝使羲和占日，常儀占月，臾區占星氣，伶倫造律吕，大橈作甲子，隸首作算數，容成綜此六術而著調曆也。

【二】正義 皇侃云：「乾者陽，生爲息；坤者陰，死爲消也。」

【三】集解 漢書音義曰：「以歲之餘爲閏，故曰閏餘。」 正義 鄧平、落下閎云「一月之日，二十九日八十一分日之四十三」。按：計其餘分成閏，故云正閏餘也。每一歲三百六十六日餘六日，小月六日〔五〕，是一歲餘十二日，大計三十三月則一閏之耳。

【四】正義 應劭云：「黄帝受命，有雲瑞，故以雲紀官。春官爲青雲，夏官爲縉雲，秋官爲白雲，冬官爲黑雲，中官爲黄雲。」按：黄帝置五官，各以物類名其職掌也。

【五】集解 應劭曰：「嘉穀也。」 索隱 應劭云：「嘉穀也。」

【六】正義 劉伯莊云：「物，事也。人皆順事而享福也。」

少皞氏之衰也，九黎亂德，【一】民神雜擾，不可放物，【二】禍菑薦至，【三】莫盡其氣。顓頊受之，乃命南正重司天以屬神，命火正黎司地以屬民，【四】使復舊常，無相侵瀆。

【一】集解 漢書音義曰：「少皞時諸侯作亂者。」

【二】索隱 放音昉，依也。

【三】索隱 上音在見反，古「荐」字，假借用耳。荐，集也。

【四】集解 應劭曰：「黎，陰官也。火數二；二，地數也：故火正司地以屬萬民。」索隱 按：左傳重爲句芒，木正；黎爲祝融，火正。此言「南」者，劉氏以爲「南」字誤，非也。蓋重、黎二人元是木火之官，兼司天地職，而天是陽，南是陽位，故木亦是陽，所以木正爲南正也；而火是地正，亦稱北正者，火數二，二地數，地陰，主北方，故火正亦稱北正：爲此故也。臣瓚以爲古文「火」字似「北」，未爲深得也。

其後三苗服九黎之德，【一】故二官咸廢所職，而閏餘乖次，【二】孟陬殄滅，【三】攝提無紀，曆數失序。【四】堯復遂重、黎之後，不忘舊者，使復典之，而立羲和之官。明時正度，則陰陽調，風雨節，茂氣至，民無夭疫。年耆禪舜，申戒文祖，【五】云「天之曆數在爾躬」。【六】舜亦以命禹。【七】由是觀之，王者所重也。

【一】正義 孔安國云：「三苗，縉雲氏之後諸侯也。」按：服，從也。言九黎之君在少皞之世作亂，今三苗之君從九黎亂德，故南北二官皆廢，使曆數失序。

【二】集解 漢書音義曰：「次，十二次也。史推曆失閏，則斗建與月名錯。」

【三】集解 漢書音義曰：「正月爲孟陬。閏餘乖錯，不與正歲相值，謂之殄滅。」索隱 按：正月爲陬。陬音鄒，又作侯反。楚詞云「攝提貞乎孟陬」。言曆數乖誤，乃使孟陬殄滅，不得其正也。

【四】集解漢書音義曰：「攝提，星名，隨斗杓所指建十二月。若曆誤，春三月當指辰而指巳，是謂失序。」索隱攝提失方。按：天官書云「攝提三星，若鼎足句之，直斗杓所指，以建時節，故曰攝提格」。格，至也。言攝提隨月建至，故云格也。

【五】集解徐廣曰：「戒，一作『敕』。」正義言於文祖之廟以申戒舜也。

【六】集解何晏曰：「曆數謂列次也。」

【七】集解孔安國曰：「舜亦以堯命己之辭命禹也。」

夏正以正月，殷正以十二月，周正以十一月。蓋三王之正若循環，窮則反本。天下有道，則不失紀序；無道，則正朔不行於諸侯。

幽、厲之後，周室微，陪臣執政，史不記時，君不告朔，【一】故疇人子弟分散，【二】或在諸夏，或在夷狄，是以其禨祥廢而不統。【三】周襄王二十六年閏三月，而春秋非之。先王之正時也，履端於始，【四】舉正於中，【五】歸邪【六】於終。【七】履端於始，序則不愆；舉正於中，民則不惑；歸邪於終，事則不悖。

【一】集解鄭玄曰：「禮，人君每月告朔於廟，有祭，謂之朝享。」

【二】集解如淳曰：「家業世世相傳爲疇。律，年二十三傳之疇官，各從其父學。」索隱韋昭云：「疇，類也。」孟康云：「同類之人明曆者也。」樂産云〔六〕：「疇昔知星人。」

【三】集解如淳曰：「呂氏春秋『荆人鬼而越人機』，今之巫祝禱祠淫祀之比也。」晉灼曰：「機音『珠璣』之『璣』。」

【四】集解韋昭曰：「謂正曆必先稱端始也，若十一月朔旦冬至也。」

【五】集解韋昭曰：「氣在望中，則時日昏明皆正也。」

【六】集解音餘。

【七】集解韋昭曰：「邪，餘分也。終，閏月也。中氣在晦則後月閏，在望是其正中也。」

其後戰國並爭，在於彊國禽敵，救急解紛而已，豈遑念斯哉！是時獨有鄒衍，明於五德之傳，【一】而散消息之分，以顯諸侯。而亦因秦滅六國，兵戎極煩，又升至尊之日淺，未暇遑也。而亦頗推五勝，【二】而自以爲獲水德之瑞，更名河曰「德水」，而正【三】以十月，色上黑。然曆度閏餘，未能睹其真也。

【一】正義傳音竹戀反。五德，五行也。

【二】集解漢書音義曰：「五行相勝，秦以周爲火，用水勝之也。」

【三】正義音征。以秦始皇名諱之，故改也。

漢興，高祖曰「北時待我而起」，亦自以爲獲水德之瑞。雖明習曆及張蒼等，咸以爲然。是時天下初定，方綱紀大基，高后女主，皆未遑，故襲秦正朔服色。

至孝文時，魯人公孫臣以終始五德上書，言「漢得土德，宜更元，改正朔，易服色。當有瑞，瑞黃龍見」。事下丞相張蒼，張蒼亦學律曆，以爲非是，罷之。其後黃龍見成紀，張蒼自黜，所欲論著不成。而新垣平以望氣見，頗言正曆服色事，貴幸，後作亂，故孝文帝廢不復問。

至今上即位，招致方士，唐都分其天部，【一】而巴落下閎運算轉曆，【二】然後日辰之度與夏正同。乃改元，更官號，封泰山。因詔御史曰：「乃者，有司言星度之未定也，廣延宣問，以理星度，未能詹也。【三】蓋聞昔者黃帝合而不死，名察度驗，定清濁，起五部，建氣物分數。【四】然蓋尚矣。書缺樂弛，朕甚閔焉。朕唯未能循明也〔七〕，紬績日分，【五】率應水德之勝。【六】今日順夏至，【七】黃鐘爲宮，林鐘爲徵，太蔟爲商，南呂爲羽，姑洗爲角。自是以後，氣復正，羽聲復清，名復正變，以至子日當冬至，則陰陽離合之道行焉。十一月甲子朔旦冬至已詹，其更以七年爲太初元年。【八】年名『焉逢攝提格』，【九】月名『畢聚』，日得甲子，夜半朔旦冬至。」【一〇】

【一】集解漢書音義曰：「謂分部二十八宿爲距度。」

【二】集解徐廣曰：「陳術云徵士巴郡落下閎也。」索隱姚氏案：益部耆舊傳云「閎字長公，明曉天文，隱於落下，武帝徵待詔太史，於地中轉渾天，改顓頊曆作太初曆，拜侍中，不受」。

【三】集解徐廣曰：「詹，一作『售』也。」索隱按：漢書作「讋」，故徐廣云一作「售」，售即讋也。韋昭云「讋，比校也」。鄭德云「相應爲讋」也。

【四】集解應劭曰：「言黃帝造曆得仙，名節會，察寒暑，致啓閉分至，定清濁，起五部。五部，金、木、水、火、土也。建氣物分數，皆敍曆之意也。」孟康曰：「合，作也。黃帝作曆，曆終復始無窮已，故曰不死。清濁，律聲之清濁也。五部，五行也。天有四時，分爲五行也。氣，二十四氣；物，萬物也。分，曆數之分也。」瓚曰：「黃帝聖德，與虛合契【八】，升龍登仙於天，故曰合而不死。題名宿度，候察進退，謂三辰之度，吉凶之驗也。」索隱臣瓚云「題名宿度，候察進退」，以爲吉凶之狀，依文作解爲得。案：漢書作「名察發斂」，韋昭云「發，氣發；斂，氣斂」。又續漢書以爲道之發斂，景之長短，則發斂是日行道去極盈縮也。

【五】索隱紬音宙，又如字。紬績者，女工紬緝之意，以言造曆算運者猶若女工緝而織之也。

【六】集解徐廣曰：「蓋以爲應土德，土勝水。」

【七】索隱按：夏至，謂夏至、冬至。

【八】索隱按：改元封七年爲太初元年。然漢始以建亥爲年首，今改以建寅，故以七年爲元年。韋昭云「漢興至此百二歲」。案：律曆志云「乃以前曆上元太初四千六百一十七歲，至元封七年，復得閼逢攝提之歲〔九〕，中冬十一月甲子朔旦冬至」。

【九】集解徐廣曰：「歲陰在寅，左行；歲星在丑，右行。」索隱按：爾雅云「歲在甲曰焉逢，寅曰攝提格」，則此甲寅之年十一月甲子朔旦夜半冬至也。然此篇末亦云「寅名攝提格」，則此甲寅之歲也。又據二年名單閼，三年名執徐等，年次分明，而漢志以爲其年在丙子，當是班固用三統，與太初曆不同，故與太史公説有異。而爾雅近代之作，所記年名又不同也。左行右行，按蘇林云「歲與星行所在之次」。正義焉音於乾反，後同。

【一〇】集解文穎曰：「律居陰而治陽，曆居陽而治陰，更相治，間不容期忽〔一〇〕。五家文悖異，推太初之元也。」索隱聚音娵。案：虞喜云「天元之始，於十一月甲子夜半朔旦冬至，日月若連珠〔一一〕，俱起牽牛之初。歲，雄在閼逢，雌在攝提格。月，雄在畢，雌在訾，訾則娵訾之宿。日，雄在甲，雌則在子。此則甲寅之元，天道之首」。

曆術甲子篇〔一〕

【一】索隱以十一月朔旦冬至得甲子，甲子是陽氣支干之首，故以甲子命曆術爲篇首，非謂此年歲在甲子也。

太初元年，歲名「焉逢【一】攝提格」，【二】月名「畢聚」，【三】日得甲子，【四】夜半朔旦冬至。【五】

【一】索隱甲，歲雄也。漢書作「閼逢」，亦音焉，與此音同。

【二】索隱寅，歲陰也。此依爾雅甲寅之歲，若據漢志，以爲丙子之年。

【三】索隱謂月值畢及陬訾也。畢，月雄也。聚，月雌也。

【四】索隱謂十一月冬至朔旦得甲子也。

【五】索隱以建子爲正，故以夜半爲朔；其至與朔同日，故云夜半朔旦冬至。若建寅爲正者，則以平旦爲朔也。

正北【一】

【一】索隱謂蔀首十一月甲子朔旦時加子爲冬至，故云「正北」也。然每歲行周天全度外餘有四分之一，以十二辰分之，冬至常居四仲，故子年在子，丑年在卯，寅年在午，卯年在酉。至後十九年章首在酉，故云「正西」。其「正南」、「正東」，並準此也。正義黄鐘管，子時氣應稱正北，順行四時仲〔二〕，所至爲正月一日，是歲之始，盡一章。十九年黄鐘管，應在酉則稱「正西」。他皆放此。

十二【一】

【一】索隱歲有十二月，有閏則云十三也。

無大餘，無小餘；【一】

【一】索隱 其歲甲子朔旦，日月合於牽牛之初，餘分皆盡，故無大小餘也。正義 無大小餘者，以出閏月之歲有三百五十四日三百四十八分，除五甲三百日，餘有五十四日三百四十八分，緣未滿六十日，故置爲來年大小餘。亦爲太初元年日得甲子朔旦冬至，前年無奇日分，故無大小餘也。

無大餘，無小餘；【一】

【一】索隱 上大小餘朔之大小餘，此謂冬至大小餘。冬至亦與朔同日，並無餘分，至與朔法異，故重列之。

焉逢攝提格太初元年。【一】

【一】索隱 如漢志太初元年歲在丙子，據此，則甲寅歲也。爾雅釋天云歲陽者，甲、乙、丙、丁、戊、己、庚、辛、壬、癸十干是也。歲陰者，子、丑、寅、卯、辰、巳、午、未、申、酉、戌、亥十二支是也。歲陽在甲云焉逢，謂歲干也。歲陰在寅云攝提格，謂歲支也。

十二

大餘五十四，【一】小餘三百四十八；【二】

【一】索隱 歲十二月，六大六小，合三百五十四日，以六除之，五六三十，除三百日，餘五十四日，故下云「大餘者，日也。」正義 月朔旦甲子日法也。

【三】索隱 太初曆法，一月之日，二十九日九百四十分日之四百九十九，每兩月合成五十九日，餘五十八分。今十二月合餘六箇五十八，得此數，故下云「小餘者，月也〔一三〕」。正義 未滿日之分數也。其分每滿九百四十則成一日，即歸上，成五十五日矣。大餘五十四者〔一四〕，每歲除小月六日，則成三百五十四日，除五甲三百日，猶餘五十四日，爲未滿六十日，故稱「大餘五十四」也。小餘三百四十八者，其大數五十四之外更餘分三百四十八，故稱「小餘三百四十八」也。此大小餘是月朔甲子日法，以出閏月之數，一歲則有三百五十四日三百四十八分，每六十日除之，餘爲未滿六十日，故有大小餘也。此是太初元年奇日奇分也。置大餘五十四算，每年加五十四日，滿六十日除之，奇算留之；每至閏後一年加二十九算，亦滿六十日除之，奇算留之；若纔足六十日，明年云無大餘，無小餘也。又明年以置五十四算，如上法，置小餘三百四十八算，每年加三百四十八分，滿九百四十分成一日，歸上，餘算留之；若至閏後一年加八百四十七分，亦滿九百四十分成日，歸大餘，奇留之；明年以加三百四十八算，如上法也。

大餘五，〔一〕小餘八；〔二〕

【一】索隱 周天三百六十五度四分度之一，日行一度，去歲十一月朔在牽牛初爲冬至，今歲十一月十二日又至牽牛初爲一周，以六甲除之，六六三十六，除三百六十餘五，故云大餘五也。正義 冬至甲子日法也。

【三】索隱即四分之一，小餘滿三十二從大餘一，四八三十二，故云小餘八。明年又加八得十六，故下云小餘十六。次明年又加八得二十四，故下云小餘二十四。又明年加八得三十二爲滿，故下云無小餘。此並依太初法行之也。正義未滿日之分數也。其分每滿三十二則成一日，即歸上成六日矣。大餘五者，每歲三百六十五日，除六甲三百六十日，猶餘五日，故稱大餘五也〔二五〕。小餘八者，每歲三百六十五日四分日之一，則一日三十二分，是一歲三百六十五日八分，故稱小餘八也。此大小餘是冬至甲子日法，未出閏月之數，每六十日除之，爲未滿六十日，故有大小餘也。此是太初元年奇日奇分也。置大餘五算，每年加五算，滿六十日則除之；後年更置五算，如上法。置小餘八算，每年加八算，滿三十二分爲一日，歸大餘；後年更置八算，如上法。大餘者，日也。小餘者，日之奇分也。

端蒙單閼二年。【一】

【一】集解徐廣曰：「單閼，一作『亶安』。」索隱端蒙，乙也。爾雅作「旃蒙」。單閼，卯也，丹遏二音，又音蟬焉。二年，歲在乙卯也。正義單音丹，又音時連反。閼音烏葛反，又於連反。

閏十三

大餘四十八，小餘六百九十六；

大餘十，小餘十六；

游兆執徐三年。【一】

【一】索隱游兆，景也，爾雅作「柔兆」。執徐，辰也。三年。正義三年，丙辰歲也。

十二

大餘十二，小餘六百三；

大餘十五，小餘二十四；

彊梧大荒落四年。【一】

【一】索隱強梧，丁也。大芒駱，巳也。四年。正義梧音語。四年，丁巳歲也。

十二

大餘七，小餘十一；

大餘二十一，無小餘；

徒維敦牂天漢元年。【一】

【一】索隱徒維，戊也。敦牂，午也。天漢元年。正義牂音作郎反。天漢元年，戊午歲也。

閏十三

大餘一，小餘三百五十九；

大餘二十六，小餘八；

祝犂協洽二年。【一】

【一】索隱 祝犂，己也，爾雅作「著雍」。汁洽，未也。二年。 正義 二年，己未歲也。

十二

大餘二十五，小餘二百六十六；

大餘三十一，小餘十六；

商橫涒灘三年。【一】

【一】索隱 商橫，庚也，爾雅作「上章」。赤奮若，丑也〔一六〕。天官書及爾雅申爲汭漢〔一七〕，丑爲赤奮若。今自太初已來計歲次與天官書不同者有四，蓋後曆術改故也。三年也。 正義 涒音吐魂反。灘音吐丹反。又作「涒漢」，字音與上同。三年，庚申歲也。

十二

大餘十九，小餘六百一十四；

大餘三十六，小餘二十四；

昭陽作鄂四年。【一】

【一】索隱 昭陽，辛也，爾雅作「重光」。作鄂，酉也。四年。 正義 四年，辛酉歲也。

閏十三

大餘十四，小餘二十二；

大餘四十二，無小餘；

橫艾淹茂太始元年。【一】

【一】索隱 橫艾，壬也，爾雅作「玄黓」。淹茂，戌也。太始元年。 正義 太始元年，壬戌歲也。

十二

大餘三十七，小餘八百六十九；

大餘四十七，小餘八；

尚章大淵獻二年。【一】

【一】索隱 尚章，癸也，爾雅作「昭陽」也。困敦，亥也。天官書子爲困敦，爾雅同。二年。 正義 二年，癸亥歲也。

閏十三

大餘三十二，小餘二百七十七；

大餘五十二，小餘一十六；

焉逢困敦三年。【一】

【一】索隱焉逢，甲也。大淵獻，子也。天官書亥爲大淵獻，與爾雅同。三年也。正義敦音頓。

三年，甲子歲也。

十二

大餘五十六，小餘一百八十四；

大餘五十七，小餘二十四；

端蒙赤奮若四年。【一】

【一】索隱端蒙，乙也。汭漢，丑也。天官書作「赤奮若〔一八〕」，與爾雅同。四年。已後自太始、征和已下訖篇末，其年次甲乙皆準此。並褚先生所續。正義四年，乙丑歲也。

十二

大餘五十，小餘五百三十二；

大餘三，無小餘；

游兆【一】攝提格征和元年。【二】

【一】集解徐廣曰：「作『游桃〔一九〕』。」

【二】正義李巡注爾雅云：「萬物承陽而起，故曰攝提格。格，起也。」孔文祥云：「以歲在寅正月出東方，爲衆星之紀，以攝提宿，故曰攝提；以其爲歲月之首，起於孟陬，故云格。格，正也〔二〇〕。」

閏十三

大餘四十四，小餘八百八十；

大餘八，小餘八；

彊梧單閼二年。【一】

【一】正義李巡云：「言陽氣推萬物而起，故曰單閼。」單，盡；閼，止也。

十二

大餘八，小餘七百八十七；

大餘十三，小餘十六；

徒維執徐三年。【一】

【一】正義李巡云：「伏蟄之物皆敷舒而出，故云執徐也。」

十二

大餘三，小餘一百九十五；

大餘十八，小餘二十四；

祝犂大芒落四年。【一】

【一】集解芒，一作「荒」。正義姚察云：「言萬物皆熾盛而大出，霍然落之〔一二〕，故云荒落也。」

閏十三

大餘五十七，小餘五百四十三；

大餘二十四，無小餘；

商横敦牂後元元年。【一】

【一】正義孫炎注爾雅云〔一三〕：「敦，盛也。牂，壯也。言萬物盛壯也。」

十二

大餘二十一，小餘四百五十；

大餘二十九，小餘八；

昭陽汁洽二年。【一】

【一】集解汁，一作「協」。　正義李巡云：「言陰陽化生，萬物和合，故曰協洽也。」

閏十三

　大餘十五，小餘七百九十八；

　大餘三十四，小餘十六；

橫艾涒灘始元元年。【二】

【二】集解涒灘，一作「芮漢」。　正義孫炎注爾雅云：「涒灘，萬物吐秀傾垂之貌也。」

正西

十二

　大餘三十九，小餘七百五；

　大餘三十九，小餘二十四；

尚章作噩二年。【三】

【三】集解噩，一作「咢」。　正義李巡云：「作咢，萬物皆落枝起之貌也〔二三〕。」

十二

　大餘三十四，小餘一百一十三；

大餘四十五，無小餘；

焉逢淹茂三年。【一】

【一】集解淹，一作「閹」。正義李巡云：「言萬物皆蔽冒，故曰閹茂。閹，蔽也。茂，冒也〔三四〕。」

閏十三

大餘二十八，小餘四百六十一；

大餘五十，小餘八；

端蒙大淵獻四年。【一】

【一】正義孫炎云：「淵獻，深也。獻萬物於天，深于藏蓋也。」

十二

大餘五十二，小餘三百六十八；

大餘五十五，小餘十六；

游兆困敦五年。【一】

【一】正義孫炎云：「困敦，混沌也。言萬物初萌，混沌於黃泉之下也。」

十二

大餘四十六，小餘七百一十六；

無大餘，小餘二十四；

彊梧赤奮若六年。【一】

【一】正義李巡云：「陽氣奮迅萬物而起，無不若其性，故曰赤奮若。赤，陽色；奮，迅也；若，順也。」

閏十三

大餘四十一，小餘一百二十四；

大餘六，無小餘；

徒維攝提格元鳳元年。

十二

大餘五，小餘三十一；

大餘十一，小餘八；

祝犂單閼二年。

十二

大餘五十九，小餘三百七十九；

大餘十六，小餘十六；

商橫執徐三年。

閏十三

大餘五十三，小餘七百二十七；

大餘二十一，小餘二十四；

昭陽大荒落四年。

十二

大餘十七，小餘六百三十四；

大餘二十七，無小餘；

橫艾敦牂五年。

閏十三

大餘十二，小餘四十二；

大餘三十二，小餘八；

尚章汁洽六年。

十二

大餘三十五，小餘八百八十九；

大餘三十七，小餘十六；

焉逢涒灘元平元年。

十二

大餘三十，小餘二百九十七；

大餘四十二，小餘二十四；

端蒙作噩本始元年。

閏十三

大餘二十四，小餘六百四十五；

大餘四十八，無小餘；

游兆閹茂二年。

十二

大餘四十八，小餘五百五十二；

大餘五十三，小餘八；

彊梧大淵獻三年。

十二

大餘四十二，小餘九百；

大餘五十八，小餘十六；

徒維困敦四年。

閏十三

大餘三十七，小餘三百八；

大餘三，小餘二十四；

祝犂赤奮若地節元年。

十二

大餘一，小餘二百一十五；

大餘九，無小餘；

商横攝提格二年。

閏十三

大餘五十五，小餘五百六十三；

大餘十四，小餘八；

昭陽單閼三年。

正南

十二

大餘十九，小餘四百七十；

大餘十九，小餘十六；

橫艾執徐四年。

十二

大餘十三，小餘八百一十八；

大餘二十四，小餘二十四；

尚章大荒落元康元年。

閏十三

大餘八，小餘二百二十六；

大餘三十，無小餘；

焉逢敦牂二年。

十二

大餘三十二，小餘一百三十三；
大餘三十五，小餘八；
端蒙協洽三年。
十二
大餘二十六，小餘四百八十一；
大餘四十，小餘十六；
游兆涒灘四年。
閏十三
大餘二十，小餘八百二十九；
大餘四十五，小餘二十四；
彊梧作噩神雀元年。
十二
大餘四十四，小餘七百三十六；
大餘五十一，無小餘；
徒維淹茂二年。

十二

大餘三十九，小餘一百四十四；

大餘五十六，小餘八；

祝犂大淵獻三年。

閏十三

大餘三十三，小餘四百九十二；

大餘一，小餘十六；

商橫困敦四年。

十二

大餘五十七，小餘三百九十九；

大餘六，小餘二十四；

昭陽赤奮若五鳳元年。

閏十三

大餘五十一，小餘七百四十七；

大餘十二，無小餘；

橫艾攝提格二年。
十二
大餘十五，小餘六百五十四；
大餘十七，小餘八；
尚章單閼三年。
十二
大餘十，小餘六十二；
大餘二十二，小餘十六；
焉逢執徐四年。
閏十三
大餘四，小餘四百一十；
大餘二十七，小餘二十四；
端蒙大荒落甘露元年。
十二
大餘二十八，小餘三百一十七；

大餘三十三，無小餘；

游兆敦牂二年。

十二

大餘二十二，小餘六百六十五；

大餘三十八，小餘八；

彊梧協洽三年。

閏十三

大餘十七，小餘七十三；

大餘四十三，小餘十六；

徒維涒灘四年。

十二

大餘四十，小餘九百二十；

大餘四十八，小餘二十四；

祝犂作噩黄龍元年。

閏十三

大餘三十五，小餘三百二十八；

大餘五十四，無小餘；

商橫淹茂初元元年。

正東

十二

大餘五十九，小餘二百三十五；

大餘五十九，小餘八；

昭陽大淵獻二年。

十二

大餘五十三，小餘五百八十三；

大餘四，小餘十六；

橫艾困敦三年。

閏十三

大餘四十七，小餘九百三十一；

大餘九，小餘二十四；

尚章赤奮若四年。

十二

大餘十一，小餘八百三十八；

大餘十五，無小餘；

焉逢攝提格五年。

十二

大餘六，小餘二百四十六；

大餘二十，小餘八；

端蒙單閼永光元年。

閏十三

無大餘，小餘五百九十四；

大餘二十五，小餘十六；

游兆執徐二年。

十二

大餘二十四，小餘五百一；

大餘三十，小餘二十四；
彊梧大荒落三年。
十二
大餘十八，小餘八百四十九；
大餘三十六，無小餘；
徒維敦牂四年。
閏十三
大餘十三，小餘二百五十七；
大餘四十一，小餘八；
祝犂協洽五年。
十二
大餘三十七，小餘一百六十四；
大餘四十六，小餘十六；
商橫涒灘建昭元年。
閏十三

大餘三十一，小餘五百一十二；
大餘五十一，小餘二十四；
昭陽作噩二年。
十二
大餘五十五，小餘四百一十九；
大餘五十七，無小餘；
横艾閹茂三年。
十二
大餘四十九，小餘七百六十七；
大餘二，小餘八；
尚章大淵獻四年。
閏十三
大餘四十四，小餘一百七十五；
大餘七，小餘十六；
焉逢困敦五年。

十二

大餘八，小餘八十二；

大餘十二，小餘二十四；

端蒙赤奮若竟寧元年。

十二

大餘二，小餘四百三十；

大餘十八，無小餘；

游兆攝提格建始元年。

閏十三

大餘五十六，小餘七百七十八；

大餘二十三，小餘八；

彊梧單閼二年。

十二

大餘二十，小餘六百八十五；

大餘二十八，小餘十六；

徒維執徐三年。

閏十三

大餘十五，小餘九十三；

大餘三十三，小餘二十四；

祝犂大荒落四年。

右曆書：大餘者，日也。小餘者，月也。端蒙者〔二五〕，年名也。支：丑名赤奮若，寅名攝提格。干：丙名游兆。正北，冬至加子時；正西，加酉時；正南，加午時；正東，加卯時。〔一〕

〔一〕正義準前解，小餘是日之餘分也。自「右曆書」已下，小餘又非是，年名復不周備，恐褚先生没後人所加。

【索隱述贊】曆數之興，其來尚矣。重黎是司，容成斯紀。推步天象，消息母子。五勝輪環，三正互起。孟陬貞歲，疇人順軌。敬授之方，履端爲美。

校勘記

〔一〕卒明　王引之經義述聞卷一二引王念孫云：「『卒』字於義無取，作『平』者是也。平明者，平旦也。書大傳『夏以平旦爲朔』是也。隸書『卒』或作『卆』，形與『平』相似，上下文又有『卒』字，故『平』誤爲『卒』。」

〔二〕撫十二節　張文虎札記卷三：「據上索隱引，則『節』上有『月』字，與大戴記合，今本脱。」

〔三〕於是有天地神祇物類之官　「神祇」，國語楚語下作「神民」，漢書卷二五上郊祀志上云「故有神民之官」。

〔四〕災禍不生　「生」，國語楚語下作「至」。李人鑒太史公書校讀記以爲當據國語作「至」。按：下文曰「禍菑薦至」，與此相對。漢書卷二五上郊祀志上亦作「災禍不至」。

〔五〕小月六日　張文虎札記卷三：「『小月』上當有『又除』二字。」

〔六〕欒産　耿本、黄本、彭本、柯本、凌本、殿本作「欒彦」。

〔七〕朕唯未能循明也　王元啓正譌卷二：「（循）當從漢志作『脩』。」

〔八〕與虚合契　「虚」，漢書卷二一上律曆志上顔師古注引臣瓚作「神靈」。

〔九〕復得閼逢攝提之歲　「攝提」，漢書卷二一上律曆志上作「攝提格」。

〔一〇〕閒不容期忽　「期忽」，本書卷一三〇太史公自序作「翲忽」。

〔一一〕日月若連珠　疑文有脱誤。按：漢書卷二一上律曆志上：「太初曆晦朔弦望，皆最密，日月如合璧，五星如連珠。」

〔一二〕順行四時仲　張文虎札記卷三：「『時』字衍。」

〔一三〕故下云小餘者月也　「下」字原無。張文虎札記卷三：「『云』上當有『下』字。」今據補。按：索隱前云「故下云大餘者日也」，與此相對。

〔一四〕大餘五十四者　「者」，原作「日」，據黄本、彭本、殿本改。按：「大餘五十四者」與下「小餘三百四十八者」相對。

〔一五〕故稱大餘五也　「五」下原有「日」字。張文虎札記卷三：「『日』字當衍。」按：正文及正義皆無「日」字。今據删。

〔一六〕赤奮若丑也　耿本、黄本、彭本、柯本、凌本、殿本作「涒灘申也本作赤奮若非也」。

〔一七〕汭漢　耿本、黄本、彭本、柯本、凌本、殿本作「涒灘」。按：本書卷二七天官書「涒灘歲」索隱：「爾雅云：『在申爲涒灘。』」

〔一八〕天官書作赤奮若　「作赤奮若」，耿本、黄本、彭本、柯本、凌本、殿本作「申爲涒灘」。

〔一九〕作游桃　張文虎札記卷三：「『作』上疑脱『一』字。案：『游兆』已見太初三年，疑錯簡。」

〔二〇〕故云格格正也　下「格」字原無。張文虎札記卷三：「此『格』字亦當重。」今據補。

〔二一〕霍然落之　「落之」疑誤。按：本書卷二七天官書「大荒駱歲」索隱引姚氏作「落落」。淮南子天文訓「大荒落之歲」高誘注：「荒，大也，方萬物熾盛而大出，霍然落落大布散。」開元占經卷二三「大荒落之歲」引李巡注曰：「言萬物皆熾茂而大出，霍然落落，故曰荒落。」

〔二二〕孫炎注爾雅云　「孫炎注」三字原無。張文虎札記卷三：「『爾雅』上當脱『孫炎注』三字。」按：

本書卷二七天官書「敦牂歲」索隱：「爾雅云：『在午爲敦牂。』孫炎云：『敦，盛；牂，壯也。言萬物盛壯。』」本卷正義下云「孫炎注爾雅云」，上云「李巡注爾雅云」，則此當有「孫炎注」三字。今據補。

〔三〕作鄂萬物皆落枝起之貌也　本書卷二七天官書「作鄂歲」索隱引李巡云「作咢，皆物芒枝起之貌」。

〔四〕閹蔽也茂冒也　原作「蔽冒也」。開元占經卷二三歲星占一「甘氏曰閹茂之歲」注引李巡云：「閹，蔽也。茂，冒也。」本書卷二七天官書「閹茂歲」索隱引同。今據補。

〔五〕端蒙者　「蒙」上原有「旃」字。王念孫雜志史記第二：「爾雅之『旃蒙』，史記作『端蒙』，此作『端旃蒙』者，後人旁記『旃』字，因誤入正文耳。」今據刪。按：上文曰「端蒙單閼二年」索隱：「端蒙，乙也。爾雅作『旃蒙』。」又曰「端蒙赤奮若四年」，又曰「端蒙大淵獻四年」，又曰「端蒙作噩本始元年」，又曰「端蒙協洽三年」，又曰「端蒙大荒落甘露元年」，又曰「端蒙單閼永光元年」。均作「端蒙」。

史記卷二十七

天官書第五

索隱案：天文有五官。官者，星官也。星座有尊卑，若人之官曹列位，故曰天官。正義張衡云：「文曜麗乎天，其動者有七，日、月、五星是也。日者，陽精之宗；月者，陰精之宗；五星，五行之精。衆星列布，體生於地，精成於天，列居錯峙，各有所屬，在野象物，在朝象官，在人象事。其以神著有五列焉，是有三十五名：一居中央，謂之北斗；四布於方各七，爲二十八舍；日月運行，曆示吉凶也。」

中宮【一】天極星，【二】其一明者，太一常居也；【三】旁三星三公，【四】或曰子屬。後句四星，【五】末大星正妃，【六】餘三星後宮之屬也。環之匡衞十二星，藩臣。皆曰紫宮。【七】

【一】索隱姚氏案：春秋元命包云「官之爲言宣也，宣氣立精爲神垣」。又文耀鉤曰「中宮大帝，其精北極星。含元出氣，流精生一也」。

【二】索隱案：爾雅「北極謂之北辰」。又春秋合誠圖云「北辰，其星五，在紫微中」。楊泉物理論云「北極，天之中，陽氣之北極也。極南爲太陽，極北爲太陰。日、月、五星行太陰則無光，行太陽則能照，故爲昏明寒暑之限極也」。

【三】索隱案：春秋合誠圖云「紫微，大帝室，太一之精也」。正義泰一，天帝之別名也。劉伯莊云：「泰一，天神之最尊貴者也。」

【四】正義三公三星在北斗杓東，又三公三星在北斗魁西，並爲太尉、司徒、司空之象，主變出陰陽，主佐機務。占以徙爲不吉，居常則安，金、火守之並爲咎也。

【五】索隱句音鉤。句，曲也。

【六】索隱案：援神契云「辰極橫，后妃四星從，端大妃光明」。又案：星經以後句四星名爲四輔，其句陳六星爲六宮，亦主六軍，與此不同也。

【七】索隱案：元命包曰「紫之言此也，宮之言中也，言天神運動，陰陽開閉，皆在此中也」。宋均又以爲十二軍，中外位各定，總謂之紫宮也。

前列直斗口【一】三星，隨北端兑，【二】若見若不，曰陰德，【三】或曰天一。【四】紫宮左三星曰天槍，【五】右五星曰天棓，【六】後六星絕漢抵營室，曰閣道。【七】

【一】索隱直，劉氏云如字，直，當也。又音值也。

【二】索隱隋斗端兑。隋音湯果反。劉氏云「斗，一作『北』」。案：漢書天文志作「北」。端作

「耑」。兑作「鋭」。鋭謂星形尖鋭也。

【三】索隱案：文耀鉤曰「陰德爲天下綱」。宋均以爲陰行德者，道常也。正義星經云：「陰德二星在紫微宫内，尚書西，主施德惠者，故贊陰德遺惠，周急賑撫。占以不明爲宜；明，新君踐極也。」又云：「陰德星，中宫女主之象。星動摇，釁起宫掖，貴嬪内妾惡之。」

【四】正義天一一星，疆閶闔外，天帝之神，主戰鬬，知人吉凶。明而有光，則陰陽和，萬物成，人主吉；不然，反是。太一一星次天一南，亦天帝之神，主使十六神，知風雨、水旱、兵革、饑饉、疾疫。占以不明及移爲災也。星經云：「天一、太一二星主王者即位，令諸立赤子而傳國位者。星不欲微；微則廢立不當其次，宗廟不享食矣。」

【五】索隱楚庚反。

【六】集解蘇林曰：「音『榔朾』之『榔』。」索隱棓音皮，韋昭音剖。又詩緯曰：「槍三星，棓五星，在斗杓左右，主槍人棓人。」石氏星讚云「槍棓八星，備非常」也。正義棓，龎掌反。天棓五星在女牀東北，天子先驅，所以禦兵也。占：星不具，國兵起也。

【七】索隱絶，度也。抵，屬也。又案：樂汁圖云「閣道，北斗輔」。石氏云「閣道六星，神所乘也」。正義漢，天河也。直度曰絶。抵，至也。營室七星〔一〕，天子之宫，亦爲玄宫，亦爲清廟〔二〕，主上公，亦天子離宫别館也。王者道被草木，營室歷九象而可觀。閣道六星在王良北，飛閣之道，天子欲遊别宫之道。占：一星不見則輦路不通，動摇則宫掖之内起兵也。

北斗七星，〔一〕所謂「旋、璣、玉衡〔二〕以齊七政」。〔三〕杓攜龍角，〔四〕衡殷南斗，〔五〕魁枕參首。〔六〕用昏建者杓；〔七〕杓，自華以西南。〔八〕夜半建者衡；〔九〕衡，殷中州河、濟之閒。〔一〇〕平旦建者魁；魁，海岱以東北也。〔一一〕斗爲帝車，運于中央，〔一二〕臨制四鄉。分陰陽，建四時，均五行，移節度，定諸紀，皆繫於斗。

【一】索隱案：春秋運斗樞云「斗，第一天樞，第二旋，第三璣，第四權，第五衡，第六開陽，第七搖光。第一至第四爲魁，第五至第七爲標〔三〕，合而爲斗」。文耀鉤云「斗者，天之喉舌。玉衡屬杓，魁爲琁璣」。徐整長曆云「北斗七星，星閒相去九千里。其二陰星不見者，相去八千里也」。

【二】索隱案：尚書「旋」作「璿」。馬融云「璿，美玉也。機，渾天儀，可轉旋，故曰機。衡，其中橫筩。以璿爲機，以玉爲衡，蓋貴天象也」。鄭玄注大傳云「渾儀中筩爲旋機，外規爲玉衡」也。

【三】索隱案：尚書大傳云「七政，謂春、秋、冬、夏、天文、地理、人道，所以爲政也。人道政而萬事順成」。又馬融注尚書云「七政者，北斗七星，各有所主：第一曰主日，法天〔四〕；第二曰主月，法地〔五〕；第三曰命火，謂熒惑也；第四曰煞土，謂填星也；第五曰伐水，謂辰星也；第六曰危木，謂歲星也；第七曰剽金，謂太白也。日、月、五星各異，故曰七政也」。

【四】集解孟康曰：「杓，北斗杓也〔六〕。龍角，東方宿也。攜，連也。」正義案：角星爲天關，其閒天門，其內天庭，黃道所經，七耀所行。左角爲理，主刑，其南爲太陽道；右角爲將，主兵，其北爲太陰道也。蓋天之三門，故其星明大則天下太平，賢人在位；不然，反是也。

【五】集解晉灼曰：「衡，斗之中央。殷，中也。」索隱案：晉灼云「殷，中也」。宋均云「殷，當也」。

【六】正義枕，之禁反。衡，斗衡也。魁，斗第一星也。言北方斗，斗衡直當北之魁，枕於參星之首；北斗之杓連於龍角。南斗六星爲天廟，丞相、大宰之位，主薦賢良，授爵禄，又主兵，一曰天機。南二星，魁、天梁；中央一星，天相；北二星，天府庭也。占：斗星盛明，王道和平，爵禄行；不然，反是。參主斬刈，又爲天獄，主殺罰。其中三星横列者，三將軍，東北曰左肩，主左將；西北曰右肩，主右將；東南曰左足，主後將；西南曰右足，主偏將；故軒轅氏占參應七將也。中央三小星曰伐，天之都尉也，主戎狄之國。不欲明；若明與參等，大臣謀亂，兵起，夷狄内戰。七將皆明，主天下兵振；芒角張，王道缺；參失色，軍散敗；參芒角動摇，邊候有急；參左足入玉井中，及金、火守，皆爲起兵。

【七】索隱用昏建中者杓。説文云「杓，斗柄」。音匹遥反，即招摇。

【八】集解孟康曰：「傳曰『斗第七星法太白，主杓，斗之尾也』。尾爲陰，又其用昏，昏陰，位在西方，故主西南。」正義杓，東北第七星也。華，華山也。言北斗昏建用斗杓，星指寅也。杓，華山西南之地也。

【九】集解徐廣曰：「第五星。」孟康曰：「假令杓昏建寅，衡夜半亦建寅。」索隱孟康曰：「假令杓昏建寅，衡夜半亦建寅也。」

【一〇】正義衡，北斗衡也。言北斗夜半建用斗衡指寅。殷，當也。斗衡黄河、濟水之閒地也。

【一一】集解孟康曰：「傳曰『斗第一星法於日，主齊也』。魁，斗之首。首，陽也。又其用在明，陽與明，德在東方，故主東北齊分。」正義言北斗旦建用斗魁指寅也。海岱，代郡也。言魁星主海岱之東北地也。隨三時所指，有前三建也。

【一二】索隱姚氏案：宋均曰「言是大帝乘車巡狩，故無所不紀也」。

斗魁戴匡六星【一】曰文昌宫：【二】一曰上將，二曰次將，三曰貴相，四曰司命，五曰司中〔七〕，六曰司禄〔八〕。【三】在斗魁中，貴人之牢。【四】魁下六星，兩兩相比者，名曰三能。【五】三能色齊，君臣和；不齊，爲乖戾。輔星〔六〕明近，【七】輔臣親彊；斥小，疏弱。【八】

【一】集解晉灼曰：「似匡，故曰戴匡也。」

【二】索隱文耀鉤曰「文昌宫爲天府」。孝經援神契云「文者精所聚，昌者揚天紀」。輔拂並居，以成天象，故曰文昌。

【三】索隱春秋元命包曰：「上將建威武，次將正左右，貴相理文緒，司禄賞功進士，司命主老幼，司災主災咎也〔九〕。」

【四】集解孟康曰：「傳曰『天理四星在斗魁中。貴人牢名曰天理』。」索隱在魁中，貴人牢。樂汁圖云「天理理貴人牢〔一〇〕」。宋均曰「以理牢獄」也。正義占：明，及其中有星，此貴人下獄也。

【五】集解蘇林曰：「能音台。」索隱魁下六星，兩兩相比，曰三台。案：漢書東方朔「願陳泰階六符」。孟康曰「泰階，三台也。台星凡六星〔一一〕。六符，六星之符驗也」。應劭引黃帝泰階六符經曰「泰階者，天子之三階：上階，上星爲男主，下星爲女主；中階，上星爲諸侯三公，下星爲卿大夫；下階，上星爲士，下星爲庶人。三階平，則陰陽和，風雨時；不平，則稼穡不成，冬雷夏霜。天行暴令，好興甲兵，修宮榭，廣苑囿，則上階爲之坼也」。

【六】集解孟康曰：「在北斗第六星旁。」

【七】正義大臣之象也。占：欲其小而明；若大而明，則臣奪君政；小而不明，則臣不任職；明大與斗合，國兵暴起；暗而遠斗，臣不死則奪；若近臣專賞，排賢用佞，則輔生角；近臣擅國符印，將謀社稷，則輔生翼；不然，則死也。

【八】集解蘇林曰：「斥，遠也。」

杓端有兩星：一內爲矛，招搖；【一】一外爲盾，天鋒。【二】有句圜十五星，【三】屬杓，【四】曰賤人之牢。【五】其牢中星實則囚多，虛則開出。

【一】集解孟康曰：「近北斗者招搖，招搖爲天矛。」晉灼曰：「更河三星，天矛、鋒、招搖，一星耳。」索隱注「更河三星」〔一二〕。案：詩記曆樞云〔一三〕「更河中招搖爲胡兵」。宋均云「招搖星在更河内」。又樂汁圖云「更河天矛」，宋均以爲更河名天矛，則更河是星名也。

【二】集解晉灼曰：「外，遠北斗也。在招摇南，一名玄戈。」正義星經云：「梗河星爲戟劍之星，若星不見或進退不定，鋒鏑亂起，將爲邊境之患也。」

【三】索隱句音鉤。圜音員。其形如連環，即貫索星也。

【四】正義屬音燭。

【五】索隱案：詩記曆樞云「賤人牢，一曰天獄」。又樂汁圖云「連營，賤人牢」。宋均以爲連營，貫索也。正義貫索九星在七公前，一曰連索，〔四〕主法律，禁暴彊，故爲賤人牢也。牢口一星爲門，欲其開也。占：星悉見，則獄事繁；不見，則刑務簡；動摇，則斧鉞用；中虚，則改元；口開，則有赦，人主憂；若閉口，及星入牢中，有自繫死者。常夜候之，一星不見，有小喜；二星不見，則賜禄；三星不見，則人主德令且赦。遠十七日，近十六日。若有客星出，視其小大：大，有大赦；小，亦如之也。

天一、槍、棓、矛、盾動摇，角大，兵起。【一】

【一】集解李奇曰：「角，芒角。」

東宫蒼龍，【一】房、心。【二】心爲明堂，【三】大星天王，前後星子屬。【四】不欲直，直則天王失計。房爲府，〔五〕曰天駟。【五】其陰，右驂。【六】旁有兩星曰衿；【七】北一星曰舝。【八】

東北曲十二星曰旗。【九】旗中四星曰天市；【一〇】中六星曰市樓。市中星衆者實；其虛則秏。【一一】房南衆星曰騎官。

【一】索隱案：文耀鉤云「東宮蒼帝，其精爲龍」也。

【二】索隱案：爾雅云「大辰，房、心、尾也」。李巡曰「大辰，蒼龍宿，體最明也」。

【三】索隱春秋說題辭云：「房、心爲明堂，天王布政之宮。」尚書運期授曰：「房，四表之道。」宋均云：「四星閒有三道，日、月、五星所從出入也。」

【四】索隱鴻範五行傳曰：「心之大星，天王也。前星，太子；後星，庶子。」

【五】索隱房爲天府，曰天駟。爾雅云：「天駟，房。」詩記曆樞云：「房爲天馬，主車駕。」宋均云：「房既近心，爲明堂，又別爲天府及天駟也。」

【六】正義房星，君之位，亦主左驂，亦主良馬，故爲駟。王者恒祠之，是馬祖也。

【七】索隱房有兩星曰衿。一音其炎反〔一六〕。元命包云：「鉤衿兩星，以閑防，神府闓舒，爲主鉤距，以備非常也。」正義占：明而近房，天下同心。鉤、鈐、房、心之閒有客星出及疏坼者，皆地動之祥也。

【八】集解徐廣曰：「音轄。」正義說文云：「舝，車軸耑鍵也，兩相穿背也〔一七〕。」星經云：「鍵閉一星，在房東北，掌管籥也。」占：不居其所，則津梁不通，宮門不禁；居，則反是也。

【九】正義兩旗者，左旗九星，在河鼓左也；右旗九星，在河鼓右也。皆天之鼓旗，所以爲旌表。占：

欲其明大光潤，將軍吉；不然，爲兵憂；及不居其所，則津梁不通；動搖，則兵起也。

【一〇】正義天市二十三星〔一八〕，在房、心東北，主國市聚交易之所，一曰天旗。明則市吏急，商人無利；忽然不明，反是。市中星衆則歲實，稀則歲虛。熒惑犯，戮不忠之臣。彗星出，當徙市易都。客星入，兵大起；出之，有貴喪也。

【一一】正義秏，貧無也。

左角，李；右角，將。【一】大角者，天王帝廷。【二】其兩旁各有三星，鼎足句之，曰攝提。【三】攝提者，直斗杓所指，以建時節，故曰「攝提格」。亢爲疏廟，【四】主疾。其南北兩大星，曰南門。【五】氐爲天根，【六】主疫。【七】

【一】索隱李即理，理，法官也。故元命包云「左角理，物以起；右角將，帥而動」。又石氏云「左角爲天田，右角爲天門」也。

【二】索隱大角，天王帝廷。案：援神契云「大角爲坐候」。宋均云「坐，帝坐也」。正義大角一星，在兩攝提閒，人君之象也。占：其明盛黃潤，則天下大同也。

【三】集解晉灼曰：「如鼎之句曲〔一九〕。」索隱案：元命包云「攝提之爲言提攜也。言提斗攜角以接於下也」。正義攝提六星，夾大角，大臣之象，恒直斗杓所指，紀八節，察萬事者也。占：色溫溫不明而大者，人君恐〔二〇〕；客星入之，聖人受制也。

【四】索隱元命包曰「亢四星爲廟廷」。又文耀鉤「爲疏廟」，宋均以爲疏，外也；廟，或爲朝也。

正義聽政之所也。其占：明大，則輔臣忠，天下寧；不然，則反是也。

【五】正義南門二星，在庫樓南，天之外門。占：明則氐、羌貢；暗則諸夷叛；客星守之，外兵且至也。

【六】索隱爾雅云「天根，氐也」。孫炎以爲角、亢下繫於氐，若木之有根也。正義星經云：「氐四星爲路寢，聽朝所居。其占：明大，則臣下奉度。」合誠圖云：「氐爲宿宮也。」

【七】索隱宋均云：「疫，病也。三月榆莢落，故主疾疫也。然此時物雖生，而日宿在奎，行毒氣，故有疫也。」正義氐、房、心三宿爲火，於辰在卯，宋之分野。

尾爲九子，【一】曰君臣；斥絶，不和。箕爲敖客，【二】曰口舌。【三】

【一】索隱宋均云：「屬後宮場，故得兼子。子必九者，取尾有九星也。」元命包云：「尾九星，箕四星，爲後宮之場也。」正義尾，箕、尾爲析木之津，於辰在寅，燕之分野。尾九星爲後宮，亦爲九子。星近心第一星爲后，次三星妃，次三星嬪，末二星妾。占：均明，大小相承，則後宮敍而多子；不然，則不；金、火守之，後宮兵起；若明暗不常，妃嫡乖亂，妾媵失序。

【二】索隱宋均云：「敖，調弄也。箕以簸揚，調弄象也〔二〕。箕又受物，有去去來來，客之象也。」正義敖音傲。箕主八風，亦后妃之府也。移徙入河，國人相食；金、火入守，天下亂；月宿其野，爲風起。

【三】索隱詩云「維南有箕，載翕其舌」。又詩緯云「箕爲天口，主出氣」。是箕有舌，象讒言。詩曰

「哆兮侈兮，成是南箕」，謂有敖客行謁請之也。

火犯守角，【一】則有戰。房、心，王者惡之也。【二】

【一】索隱案：韋昭曰「火，熒惑也」。

【二】正義熒惑犯守箕、尾，氐星自生芒角，則有戰陣之事。若熒惑守房、心，及房、心自生芒角，則王者惡之也。

南宮朱鳥，【一】權、衡。【二】衡，太微，三光之廷。【三】匡衞十二星，藩臣：【四】西，將；東，相；南四星，執法；中，端門；門左右，掖門。門内六星，諸侯。【五】其内五星，五帝坐。【六】後聚一十五星，蔚然，【七】曰郎位；【八】傍一大星，將位也。【九】月、五星順入，軌道，【一〇】司其出，所守，天子所誅也。【一一】其逆入，若不軌道，以所犯命之；中坐，成形，【一二】皆羣下從謀也。金、火尤甚。【一三】廷藩西有隋星五，【一四】曰少微，士大夫。【一五】權，軒轅。軒轅，黄龍體。【一六】前大星，女主象；旁小星，御者後宮屬。月、五星守犯者，如衡占。【一七】

【一】正義柳八星爲朱鳥咮，天之廚宰，主尚食，和滋味。

【二】集解孟康曰：「軒轅爲權，太微爲衡。」索隱案：文耀鉤云「南宮赤帝，其精爲朱鳥」。孟康曰「軒轅爲權，太微爲衡」也。正義權四星在軒轅尾西，主烽火，備警急。占以明爲安靜；

不明，則警急；動摇芒角亦如之。衡，太微之庭也。

【三】索隱 宋均曰：「太微，天帝南宮也。三光，日、月、五星也。」

【四】索隱 十二星，蕃臣。春秋合誠圖曰：「太微主法式，陳星十二，以備武急也。」正義 太微宮垣十星，在翼、軫地，天子之宮庭，五帝之坐，十二諸侯之府也。其外藩，九卿也。南藩中二星閒爲端門。次東第一星爲左執法，廷尉之象；第二星爲上相；第三星爲次相；第四星爲次將；第五星爲上將。端門西第一星爲右執法，御史大夫之象也；第二星爲上將；第三星爲次將；第四星爲次相；第五星爲上相。其東垣北左執法、上相兩星閒名曰左掖門；上相兩星閒名曰東華門；上相、次相、上將、次將閒名曰太陽門。其西垣右執法、上將閒名曰右掖門；上將閒名曰西華門；次將、次相閒名曰中華門；次相兩星閒名曰太陰門。各依其名，是其職也。占與紫宮垣同也。

【五】正義 内五諸侯五星，列在帝庭。其星並欲光明潤澤；若枯燥，則各於其處受其災變，大至誅戮，小至流亡；若動摇，則擅命以干主者。審其分以占之，則無惑也。又云諸侯五星在東井北河〔三〕，主刺舉，戒不虞。又曰理陰陽，察得失。一曰帝師，二曰帝友，三曰三公，四曰博士，五曰太史。此五者，爲天子定疑議也。占：明大潤澤，大小齊等，則國之福；不然，則上下相猜，忠臣不用。

【六】索隱 詩含神霧云五精星坐，其東蒼帝坐，神名靈威仰，精爲青龍之類是也。正義 黄帝坐一星，在太微宮中，含樞紐之神。四星夾黄帝坐：蒼帝東方靈威仰之神；赤帝南方赤熛怒之神；白帝西方白昭矩之神；黑帝北方叶光紀之神。五帝並設，神靈集謀者也。占：五座明而光，則天子得天地之心；不然，則失位；金、火來守，入太微，若順入，軌道，司其出之所守，則爲天子所誅也；其逆入若不軌道，以所犯名之，中坐成形。

【七】集解徐廣曰：「一云『哀烏』。」

【八】索隱徐廣云：「一云『哀烏』。」案：漢書作「哀烏」，則「哀烏」「蔚然」皆星之貌狀。其星爲郎位。正義郎位十五星，在太微中帝坐東北。周之元士，漢之光禄、中散、諫議，此三署郎中〔一三〕，是今之尚書郎。占：欲其大小均耀，光潤有常，吉也。

【九】索隱案：宋均云爲羣郎之將帥是也。正義將，子象反。郎將一星，在郎位東北，所以爲武備，今之左右中郎將。占：大而明，角，將恣不可當也。

【一〇】索隱韋昭云：「謂循軌道不邪逆也。順入，從西入之也。」正義謂月、五星順入軌道，入太微庭也。

【一一】索隱宋均云：「司察日、月、五星所守列宿，若請官屬不去十日者，於是天子命使誅討之也。」

【一二】集解晉灼曰：「中坐，犯帝坐也。成形，禍福之形見也。」索隱其逆入，不軌道。宋均云：「逆入，從東入；不軌道，不由康衢而入者也。以其所犯命之者，亦謂隨所犯之位，天子命誅其人也。」正義命，名也。謂月、五星逆入，不依軌道，司察其所犯太微中帝坐，帝坐必成其刑戮，皆是羣下相從而謀上也。

【一三】索隱案：火主銷物而金爲兵，故尤急。然則木、水、土爲小變也。正義若金、火逆入，不軌道，犯帝坐，尤甚於月及水、土、木也。

【一四】集解隋音他果反。索隱宋均云「南北爲隋」。又他果反〔二四〕，隋爲垂下。

【一五】索隱春秋合誠圖云「少微，處士位」。又天官占云「少微一名處士星」也。正義廷，太微廷；藩，衞也。少微四星，在太微西，南北列：第一星，處士也；第二星，議士也；第三星，博士也；第四星，大夫也。占以明大黃潤，則賢士舉；不明，反是；月、五星犯守，處士憂，宰相易也。

【一六】集解孟康曰：「形如騰龍。」索隱援神契曰「軒轅十二星，后宮所居」。石氏星讚以軒轅龍體，主后妃也。正義軒轅十七星，在七星北，黃龍之體，主雷雨之神，後宮之象也。陰陽交感，激爲雷電，和爲雨，怒爲風，亂爲霧，凝爲霜，散爲露，聚爲雲氣，立爲虹蜺，離爲背璚，分爲抱珥。二十四變，皆軒轅主之。其大星，女主也；次北一星，夫人也；次北一星，妃也；其次諸星皆次妃之屬。女主南一小星，女御也；左一星，少民，后宗也；右一星，大民，太后宗也。占：欲其小黃而明，吉；大明，則爲後宮爭競；移徙，則國人流迸；東西角大張而振，后族敗；水、火、金守軒轅，女主惡也。

【一七】索隱宋均云：「責在后黨嬉，讒賊興，招此祥。」案：亦當天子命誅也。

東井爲水事。【一】其西曲星曰鉞。【二】鉞北，北河；南，南河〔二五〕；【三】兩河、天闕閒爲關梁。【四】輿鬼，鬼祠事；中白者爲質。【五】火守南北河，兵起，穀不登。故德成衡，觀成潢，【六】傷成鉞，【七】禍成井，【八】誅成質。【九】

【一】索隱 元命包云：「東井八星，主水衡也。」

【二】正義 東井八星，鉞一星，輿鬼四星，一星爲質，爲鶉首，於辰在未，皆秦之分野。一大星，黃道之所經，爲天之亭候，主水衡事，法令所取平也。王者用法平，則井星明而端列。鉞一星附井之前，主伺奢淫而斬之。占：不欲其明；明與井齊，或搖動，則天子用鉞於大臣；月宿井，有風雨之變也。

【三】正義 南河三星，北河三星，分夾東井南北，置而爲戒〔二六〕。南河南戒〔二七〕，一曰陽門，亦曰越門；北河北戒〔二八〕，一曰陰門，亦爲胡門。兩戒閒〔二九〕，三光之常道也。占以南星不見則南道不通，北亦如之；動搖及火守，中國兵起也。又云動則胡、越爲變，或連近臣以結之。

【四】索隱 宋均云：「兩河六星，知逆邪。言關梁之限，知邪僞也。」正義 闕丘二星在南河南，天子之雙闕，諸侯之兩觀，亦象魏縣書之府。金、火守之，主兵戰闕下也。

【五】集解 晉灼曰：「輿鬼五星，其中白者爲質。」正義 輿鬼五星〔三〇〕，主祠事，天目也，主視明察姦謀。東北星主積馬，東南星主積兵，西南星主積布帛，西北星主積金玉，隨其變占之。中一星爲積尸，一名質，主喪死祠祀。占：鬼星明大，穀成；不明，百姓散。質欲其沒不明〔三一〕；明則兵起，大臣誅，下人死之。

【六】集解晉灼曰：「日、月、五星不軌道也。衡，太微廷也。觀，占也。潢，五帝車舍。」

【七】集解晉灼曰：「賊傷之占，先成形於鉞。」索隱案：德成衡，衡則能平物，故有德公平者，先成形於衡。觀成潢，爲帝車舍，言王者遊觀，亦先成形於潢也。傷成鉞者，傷，敗也，言王者敗德，亦先成形於鉞，以言有敗亂則有鉞誅之。然案文耀鉤則云「德成潢，敗成鉞」，其意異也。又此下文「禍成井，誅成質」，皆是東井下義。總列於此也。

【八】集解晉灼曰：「東井主水事，火入，一星居其旁，天子且以火敗，故曰禍也。」

【九】集解晉灼曰：「熒惑入輿鬼、天質，占曰大臣有誅。」

柳爲鳥注，主木草。【一】七星，頸，爲員官〔三〕，主急事。【二】張，素，爲廚，主觴客。【三】

翼爲羽翮，主遠客。【四】

【一】索隱案：漢書天文志「注」作「喙」。爾雅云鳥喙謂之柳。孫炎云「喙，朱鳥之口，柳其星聚也」。以注爲柳星，故主草木。正義喙，丁救反，一作「注」。柳八星，星七星，張六星，爲鶉火，於辰在午，皆周之分野。柳爲朱鳥咮，天之廚宰，主尚食，和滋味。占以順明爲吉；金、火守之，國兵大起。

【二】索隱七星，頸，爲員宮，主急事。案：宋均云「頸，朱鳥頸也。員宮，喉也。物在喉嚨，終不久留，故主急事也」。正義七星爲頸，一名天都，主衣裳文繡，主急事。以明爲吉，暗爲凶；金、火守之，國兵大起。

【三】索隱素，嗉也。爾雅云鳥張，嗉。郭璞云：嗉，鳥受食之處也。　正義張六星，六爲嗉，主天廚飲食賞賚觴客。占以明爲吉，暗爲凶。金、火守之，國兵大起。

【四】正義翼二十二星，軫四星，長沙一星，轄二星，合軫七星皆爲鶉尾，於辰在巳，楚之分野。翼二十二星爲天樂府，又主夷狄，亦主遠客。占：明大，禮樂興，四夷服；徙，則天子舉兵以罰亂者。

軫爲車，主風。【一】其旁有一小星，曰長沙星，【二】星不欲明；明與四星等，若五星入軫中，兵大起。【三】軫南衆星曰天庫樓；【四】庫有五車。車星角若益衆，及不具，無處車馬。

【一】索隱宋均云：「軫四星居中，又有二星爲左右轄，車之象也。軫與巽同位，爲風，車動行疾似之也。」　正義軫四星，主冢宰輔臣，又主車騎，亦主風。占：明大，則車騎用；太白守之，天下學校散，文儒失業，兵戈大興；熒惑守之，南方有不用命之國，當發兵伐之；辰星守之，徐、泗有戮之者。

【二】正義長沙一星在軫中，主壽命。占：明，主長壽，子孫昌也。

【三】索隱宋均云：「五星主行使。使動，兵車亦動也。」

【四】正義天庫一星，主太白，秦也，在五車中。

西宮【一】咸池，【二】曰天五潢。五潢，五帝車舍。【三】火入，旱；金，兵；水，水。【四】中有三柱；柱不具，兵起。

【一】索隱文耀鉤云：「西宮白帝，其精白虎。」

【二】正義咸池三星，在五車中，天潢南，魚鳥之所託也。金犯守之，兵起；火守之，有災也。

【三】索隱案：元命包云「咸池主五穀，其星五者各有所職。咸池，言穀生於水，含秀含實，主秋垂〔三三〕，故一名『五帝車舍』，以車載穀而販也」。正義五車五星，三柱九星，在畢東北，天子五兵車舍也。西北大星曰天庫，主太白，秦也。次東北曰天獄，主辰，燕、趙也。次東曰天倉，主歲，衞、魯也。次東南曰司空，主鎮，楚也。次西南曰卿，主熒惑，魏也。占：五車均明，柱皆見，則倉庫實；不見，其國絕食，兵見起。五車、三柱有變，各以其國占之。三柱入出一月，米貴三倍，期二年；出三月，貴十倍，期三年；柱出不與天倉相近，軍出，米貴，轉粟千里；柱倒出，尤甚。火入，天下旱；金入，兵；水入，水也。

【四】索隱謂火、金、水入五潢，則各致此災也。案：宋均云「不言木、土者，木、土德星，於此不爲害故也」。

奎曰封豕，爲溝瀆。【一】婁爲聚衆。【二】胃爲天倉。【三】其南衆星曰廥積。【四】

【一】正義奎，苦圭反，十六星。婁三星爲降婁，於辰在戌，魯之分野。奎，天之府庫〔三四〕，一曰天豕，亦曰封豕，主溝瀆。西南大星，所謂天豕目。占以明爲吉。星不欲團圓，團圓則兵起。暗則臣干命之咎。亦不欲開闔無常，當有白衣稱命於山谷者。五星犯奎，人主爽德，權臣擅命，不可禁者。王者宗祀不潔，則奎動搖。若𧮰𧮰有光，則近臣謀上之應，亦庶人饑饉之厄。太白守奎，胡、貊之憂，可以伐之。熒惑星守之，則有水之憂，連以三年。填星、歲星守之，中國之利，外國不利，可以興師動衆，斬斷無道。

【二】正義婁三星爲苑，牧養犧牲以共祭祀，亦曰聚衆。占：動搖，則衆兵聚；金、火守之，兵起也。

【三】正義胃三星，昴七星，畢八星，爲大梁，於辰在酉，趙之分野。胃主倉廩，五穀之府也。占：明則天下和平，五穀豐稔；不然，反是也。

【四】集解如淳曰：「芻藁積爲廥也。」正義芻藁六星，在天苑西，主積藁草者。不見，則牛馬暴死；火守，災起也。

昴曰髦頭，【一】胡星也，爲白衣會。畢曰罕車，【二】爲邊兵，主弋獵。其大星旁小星爲附耳。【三】附耳搖動，有讒亂臣在側。昴、畢閒爲天街。【四】其陰，陰國；陽，陽國。【五】

【一】正義昴七星爲髦頭，胡星，亦爲獄事。明，天下獄訟平；暗爲刑罰濫。六星明與大星等，大水且至，其兵大起；搖動若跳躍者，胡兵大起；一星不見，皆兵之憂也。

【二】索隱爾雅云「濁謂之畢」。孫炎以爲掩兔之畢或呼爲濁，因名星云。正義畢八星，曰罕車，爲邊兵，主弋獵。其大星曰天高，一曰邊將，主四夷之尉也。星明大，天下安，遠夷入貢；

失色，邊亂。畢動，兵起；月宿則多雨。毛萇云「畢所以掩兔也」。

【三】正義附耳一星，屬畢大星之下，次天高東南隅，主爲人主聽得失，伺僭過。星明，則中國微，邊寇警；移動，則讒佞行；入畢，國起兵。

【四】索隱元命包云：「畢爲天階。」爾雅云：「大梁，昴。」孫炎云：「昴、畢之閒，日、月、五星出入要道，若津梁也。」正義天街二星，在畢、昴閒，主國界也。街南爲華夏之國，街北爲夷狄之國。土、金守，胡兵入也。

【五】集解孟康曰：「陰，西南，象坤維，河山已北國；陽，河山已南國。」

參爲白虎。【一】三星直者，是爲衡石。【二】下有三星，兌，曰罰，【三】爲斬艾事。其外四星，左右肩股也。小三星隅置，曰觜觿，爲虎首，主葆旅事。【四】其南有四星，曰天廁。【五】廁下一星，曰天矢。【六】矢黃則吉；青、白、黑，凶。其西有句曲【七】九星，三處羅：一曰天旗，【八】二曰天苑，【九】三曰九游。【一〇】其東有大星曰狼。【一一】狼角變色，多盜賊。下有四星曰弧，【一二】直狼。狼比地有大星，〔三五〕【一三】曰南極老人。【一四】老人見，治安；不見，兵起。常以秋分時候之于南郊。

【一】正義觜三星，參三星，外四星爲實沈，於辰在申，魏之分野，爲白虎形也。參，色林反，下同。

【二】集解孟康曰：「參三星者，白虎宿中，東西直，似稱衡。」

【三】集解孟康曰：「在參閒。上小下大，故曰銳。」晉灼曰：「三星少斜列，無銳形。」正義罰，亦作「伐」。春秋運斗樞云「參伐事主斬艾」也。

【四】集解如淳曰：「關中俗謂桑榆孼生爲葆。」晉灼曰：「葆，菜也。禾野生曰旅〔三六〕，今之飢民采旅也。」索隱姚氏案：「宋均云葆，守也。旅猶軍旅也。言佐參伐以斬艾除凶也。」正義觜，子思反。觽，胡規反。葆音保。觜觽爲虎首，主收斂葆旅事也。葆旅，野生之可食者。占：金、水來守，國易正，災起也。

【五】正義天廁四星，在屏東，主溷也。占：色黄，吉；青與白，皆凶；不見，則人寢疾。

【六】正義天矢一星，在廁南。占與天廁同也。

【七】正義句音鉤。

【八】正義參旗九星，在參西，天旗也，指麾遠近以從命者。王者斬伐當理，則天旗曲直順理；不然，則兵動於外，可以憂之。若明而稀，則邊寇動；不然，則不。

【九】正義天苑十六星，如環狀，在畢南，天子養禽獸所。稀暗，則多死也。

【一〇】集解徐廣曰：「音流。」正義九游九星，在玉井西南，天子之兵旗，所以導軍進退，亦領州列邦。並不欲摇動，摇動則九州分散，人民失業，信命一不通，於中國憂。以金、火守之，亂起也。

【一一】正義狼一星，參東南。狼爲野將，主侵掠。占：非其處，則人相食；色黄白而明，吉；赤角，兵起；金、木、火守，亦如之〔三七〕。

【一二】正義弧九星，在狼東南，天之弓也。以伐叛懷遠，又主備賊盜之知姦邪者。弧矢向狼動移，多盜；明大變色，亦如之。矢不直狼，又多盜；引滿，則天下盡兵也。

【一三】集解晉灼曰：「比地，近地也。」

【一四】正義老人一星，在弧南，一曰南極，爲人主占壽命延長之應。常以秋分之曙見於景，春分之夕見於丁。見，國長命，故謂之壽昌，天下安寧；不見，人主憂也。

附耳入畢中，兵起。

北宮玄武，【一】虛、危。【二】危爲蓋屋；【三】虛爲哭泣之事。【四】

【一】索隱文耀鉤云：「北宮黑帝，其精玄武。」正義南斗六星，牽牛六星，並北宮玄武之宿。

【二】索隱爾雅云「玄枵，虛也」。又云「北陸，虛也」。解者以陸爲道。孫炎曰「陸，中也；北方之宿中也」。正義虛二星，危三星，爲玄枵，於辰在子，齊之分野。虛主死喪哭泣事，又爲邑居廟堂祭祀禱祝之事；亦天之冢宰，主平理天下，覆藏萬物。占：動，則有死喪哭泣之應；火守，則天子將兵；水守，則人饑饉；金守，臣下兵起。危爲宗廟祀事，主天市架屋。占：動，則有土功；火守，天下兵；水守，下謀上也。

【三】索隱宋均云：「危上一星高，旁兩星隋下，似乎蓋屋也。」正義蓋屋二星，在危南，主天子所居宮室之官也。占：金、火守入，國兵起；孛、彗尤甚。危爲架屋，蓋屋自有星，恐文誤也。

【四】索隱虛爲哭泣事。姚氏案荆州占，以爲其宿二星，南星主哭泣〔三八〕。虛中六星，不欲明，明則有大喪也。

其南有衆星，曰羽林天軍。【一】軍西爲壘，【二】或曰鉞。旁有一大星爲北落。北落若微亡，軍星動角益希，及五星犯北落，【三】入軍，軍起。火、金、水尤甚：火，軍憂；水，水患〔三九〕；木、土，軍吉。【四】危東六星，兩兩相比，曰司空。【五】

【一】正義羽林四十五星，三三而聚，散在壘壁南，天軍也。亦天宿衞之兵革出〔四〇〕。不見，則天下亂；金、火、水入，軍起也。

【二】正義壘壁陳十二星，横列在營室南，天軍之垣壘。占：五星入，皆兵起，將軍死也。

【三】正義北落師門一星，在羽林西南。天軍之門也。長安城北落門，以象此也。主非常，以候兵。占：明，則軍安；微弱，則兵起；金、火守，有兵，爲虜犯塞；土、木則吉。

【四】集解漢書音義曰：「木星、土星入北落，則吉也。」

【五】正義比音鼻。比，近也。危東兩兩相比者，是司命等星也。司空唯一星耳，又不在危東，恐「命」字誤爲「空」也。司命二星，在虛北，主喪送；司禄二星，在司命北，主官；司危二星，在司禄北，主危亡；司非二星，在危北，主愆過：皆實司之職。占：大，爲君憂；常則吉也。

營室【一】爲清廟，曰離宮、閣道。【二】漢中四星，曰天駟。【三】旁一星，曰王良。【四】王良策馬，【五】車騎滿野。旁有八星，絶漢，曰天潢。【六】天潢旁，江星。【七】江星動，人涉水。

【一】索隱元命包云：「營室十星，埏陶精類，始立紀綱，包物爲室。」又爾雅云：「營室謂之定。」郭璞云：「定，正也。天下作宫室，皆以營室中爲正也。」

【二】索隱案：荆州占云「閣道，王良旗也，有六星」。

【三】索隱案：元命包云「漢中四星曰騎，一曰天駟也」。

【四】索隱春秋合誠圖云：「王良主天馬也。」正義王良五星，在奎北河中，天子奉御官也。其動策馬，則兵騎滿野；客星守之，津橋不通；金、火守入，皆兵之憂。

【五】正義策一星，在王良前，主天子僕也。占以動摇移在王良前，或居馬後，别爲策馬，策馬而兵動也。案：豫章周騰字叔達，南昌人，爲侍御史。桓帝當南郊，平明應出，騰仰觀，曰：「夫王者象星，今宫中星及策馬星悉不動，上明日必不出。」至四更，皇太子卒，遂止也。

【六】索隱元命包曰：「潢主河渠，所以度神，通四方。」宋均云：「天潢，天津也。津，湊也，故主計度也。」

【七】正義天江四星，在尾北，主太陰也。不欲明；明而動，水暴出；其星明大，水不禁也。

杵、臼四星，在危南。【一】匏瓜，【二】有青黑星守之，魚鹽貴。

【一】正義杵、臼三星，在丈人星旁，主軍糧。占：正下直臼，吉；與臼不相當，軍糧絶也。臼星在南，主舂。其占：覆則歲大饑，仰則大熟也。

【二】索隱案：荆州占云「匏瓜，一名天雞，在河鼓東。匏瓜明，歲則大熟也」。正義匏音白包反。匏瓜五星，在離珠北，天子果園。占：明大光潤，歲熟；不，則包果之實不登；客守，魚鹽貴也。

南斗【一】爲廟，其北建星。【二】建星者，旗也。牽牛爲犧牲。【三】其北河鼓。【四】河鼓大星，上將；左右，左右將。【五】婺女，【六】其北織女。【七】織女，天女孫也。【八】

【一】正義南斗六星，在南也。

【二】正義建六星，在斗北，臨黄道，天之都關也。斗建之閒，七耀之道，亦主旗輅。占：動摇，則人勞；不然，則不；月暈，蛟龍見，牛馬疫；月、五星犯守，大臣相謀爲，關梁不通及大水也。

【三】正義牽牛爲犧牲，亦爲關梁。其北二星，一曰即路，一曰聚火。又上一星，主道路；次二星，主關梁；次三星，主南越。占：明大，關梁通；不明，不通，天下牛疫死；移入漢中，天下乃亂。

【四】索隱爾雅云：「河鼓謂之牽牛。」孫炎曰：「河鼓之旗十二星，在牽牛北，或名河鼓爲牽牛也。」

【五】正義河鼓三星，在牽牛北，主軍鼓。蓋天子三將軍，中央大星大將軍，其南左星左將軍，其北右星右將軍，所以備關梁而拒難也。占：明大光潤，將軍吉；動摇差戾，亂兵起；直，將有功；曲，則將失計也。自昔傳牽牛織女七月七日相見，此星也。

【六】索隱務女。廣雅云〔四二〕「須女謂之務女」是也。一作「婺」。正義須女四星，亦婺女，天少府也。南斗、牽牛、須女皆爲星紀，於辰在丑，越之分野，而斗牛爲吳之分野也。須女，賤妾之稱，婦職之卑者，主布帛裁製嫁娶。占：水守之，萬物不成；火守，布帛貴，人多死；土守，有女喪；金守，兵起也。

【七】正義織女三星，在河北天紀東，天女也，主果蓏絲帛珍寶。占：王者至孝於神明，則三星俱明；不然，則暗而微，天下女工廢；明，則理；大星怒而角，布帛涌貴；不見，則兵起。晉書天文志云：「晉太史令陳卓總甘、石、巫咸三家所著星圖，大凡二百八十三官，一千四百六十四星，以爲定紀。今略其昭昭者，以備天官云。」

【八】集解徐廣曰：「孫，一作『名』。」索隱織女，天孫也。案：荊州占云「織女，一名天女，天子女也」。

察日、月之行【一】以揆歲星順逆。【二】曰東方，木，主春，日甲乙。義失者，罰出歲星。歲星贏縮，【三】以其舍命國。【四】所在國不可伐，可以罰人〔四二〕。其趨舍【五】而前曰贏〔四三〕，退舍曰縮。贏，其國有兵不復；縮，其國有憂，將亡，【六】國傾敗。其所在，五星皆從而聚【七】於一舍，其下之國可以義致天下。

【一】正義晉灼云：「太歲在四仲，則歲行三宿；太歲在四孟、四季，則歲行二宿。二八十六，三四十二，而行二十八宿，十二歲而周天。」

【二】索隱姚氏案：天官占云「歲星，一曰應星，一曰經星，一曰紀星」。物理論云「歲行一次，謂之歲星，則十二歲而星一周天也」。正義天官占云〔四四〕：「歲星者，東方木之精，蒼帝之象也。其色明而內黃，天下安寧。夫歲星欲春不動，動則農廢。歲星盈縮，所在之國不可伐，可以罰人；失次，則民多病；見，則喜。其所居國，人主有福，不可以搖動。人主怒，無光，仁道失。歲星順行，仁德加也。歲星農官，主五穀。」天文志云：「春，日甲乙；四時，春也；五常，仁；五事，貌也。人主仁虧，貌失，逆時令，傷木氣，則罰見歲星。」

【三】索隱案：天文志曰「凡五星早出爲贏，贏爲客；晚出爲縮，縮爲主人。五星贏縮，必有天應見杓也」。

【四】正義舍，所止宿也。命，名也。

【五】索隱趨音聚，謂促。

【六】正義將音子匠反。

【七】索隱案：漢高帝元年，五星皆聚于東井是也。據天文志，其年歲星在東井，故四星從而聚之也。

以攝提格歲：【一】歲陰左行在寅，歲星右轉居丑。正月，與斗、牽牛晨出東方，名曰監德。【二】色蒼蒼有光。其失次，有應見柳。歲早，水；晚，旱。

【一】索隱太歲在寅，歲星正月晨出東方。案：爾雅「歲在寅爲攝提格」。李巡云「言萬物承陽起，故曰攝提格。格，起也」。

【二】索隱歲星正月晨見東方之名。已下出石氏星經文，乃云「星在斗牽牛，失次見杓」也。漢書天文志則載甘氏及太初星曆，所在之宿不同也。

歲星出，東行十二度，百日而止，反逆行；逆行八度，百日，復東行。歲行三十度十六分度之七，率日行十二分度之一，十二歲而周天。出常東方，以晨；入於西方，用昏。

單閼歲：【一】歲陰在卯，星居子。以二月與婺女、虛、危晨出，曰降入。【二】大有光。其失次，有應見張。其歲大水〔四五〕。

【一】索隱在卯也。歲星二月晨出東方。爾雅云「卯爲單閼」。李巡云：「陽氣推萬物而起，故曰單閼。」單，盡也。閼，止也。

【二】索隱即歲星二月晨見東方之名。其餘並準此。

執徐歲：【一】歲陰在辰，星居亥。以三月與營室、東壁晨出〔四六〕，曰青章。青青甚章。其失次，有應見軫〔四七〕。歲早，旱；晚，水。

【一】索隱爾雅「辰爲執徐」。李巡云：「伏蟄之物皆敦舒而出〔四八〕，故曰執徐。執，蟄；徐，舒也。」

大荒駱歲：【一】歲陰在巳，星居戌。以四月與奎、婁晨出〔四九〕，曰跰踵。【二】熊熊赤色，有光。其失次，有應見亢。

〔一〕索隱爾雅云「在巳爲大荒駱」。姚氏云：「言萬物皆熾盛而大出，霍然落落，故曰荒駱也。」

〔二〕集解徐廣曰：「一曰『路⿰山重』。」索隱天文志作「路⿰山重」。字詁云⿰山重，今作「踵」也。正義跰，白邊反。踵，之勇反。

敦牂歲：〔一〕歲陰在午，星居酉。以五月與胃、昴、畢晨出，曰開明。〔二〕炎炎有光。〔三〕偃兵；唯利公王，不利治兵。其失次，有應見房。歲早，旱；晚，水。

〔一〕索隱爾雅云「在午爲敦牂」。孫炎云「敦，盛；牂，壯也。言萬物盛壯」。韋昭云「敦音頓」也。

〔二〕集解徐廣曰：「一曰『天津』。」索隱天文志作「啓明」。

〔三〕正義炎，鹽驗反。

叶洽歲：〔一〕歲陰在未，星居申。以六月與觜觿、〔二〕參晨出，曰長列。昭昭有光。利行兵。其失次，有應見箕。

〔一〕索隱爾雅云「在未爲叶洽」。李巡云：「陽氣欲化萬物，故曰協洽〔五〇〕。協，和；洽，合也。」

〔二〕正義觜，子斯反。觿，胡規反。

涒灘歲：〔一〕歲陰在申，星居未。以七月與東井、輿鬼晨出，曰大音。昭昭白。其失次，有應見牽牛。

【一】索隱 涒灘歲。爾雅云「在申爲涒灘」。李巡曰：「涒灘，物吐秀傾垂之貌也。」涒音他昆反，灘音他丹反。

作鄂歲：【一】歲陰在酉，星居午。以八月與柳、七星、張晨出，曰長王〔五一〕。作作有芒。國其昌，熟穀。其失次，有應見危〔五二〕。有旱而昌，有女喪，民疾。

【一】索隱 爾雅「在酉爲作鄂」。李巡云「作咢，皆物芒枝起之貌」。咢音愕。今案：下文云「作鄂有芒〔五三〕」，則李巡解亦近得。天文志云「作詻」，音五格反，與史記及爾雅並異也。

閹茂歲：【一】歲陰在戌，星居巳。以九月與翼、軫晨出，曰天睢。【二】白色大明。其失次，有應見東壁。歲水，女喪。

【一】索隱 爾雅云「在戌曰閹茂」。孫炎云「萬物皆蔽冒，故曰閹茂〔五四〕。閹，蔽；茂，冒也」。天文志作「掩茂」也。

【二】索隱 劉氏音吁唯反也。

大淵獻歲：【一】歲陰在亥，星居辰。以十月與角、亢晨出，曰大章。【二】蒼蒼然，星若躍而陰出旦，是謂「正平」。起師旅，其率必武；其國有德，將有四海。其失次，有應見婁。

【一】索隱爾雅云「在亥爲大淵獻」。孫炎云：「淵，深也。大獻萬物於深，謂蓋藏之於外耳。」

【二】集解徐廣曰：「一曰『天皇』。」索隱徐廣云一作「天皇」。案：天文志亦作「天皇」也。

困敦歲：【一】歲陰在子，星居卯。以十一月與氐、房、心晨出，曰天泉。玄色甚明。江池其昌，不利起兵。其失次，有應見昴〔五五〕。

【一】索隱爾雅「在子爲困敦」。孫炎云：「困敦，混沌也。言萬物初萌，混沌於黃泉之下也。」

赤奮若歲：【一】歲陰在丑，星居寅。以十二月與尾、箕晨出，曰天皓。【二】黫然【三】黑色甚明。其失次，有應見參。

【一】索隱爾雅「在丑爲赤奮若」。李巡云：「言陽氣奮迅。若，順也。」

【二】索隱音昊。漢志作「昊」。

【三】索隱於閑反。

當居不居，居之又左右搖，未當去去之，與他星會，其國凶。所居久，國有德厚。其角動，乍小乍大，若色數變，人主有憂。

其失次舍以下，進而東北，三月生天棓，【一】長四丈，【二】末兑。進而東南，三月生彗星，【三】長二丈，類彗。退而西北，三月生天欃，【四】長四丈，末兑。退而西南，三月生天槍，【五】長數丈，兩頭兑。謹視其所見之國，不可舉事用兵。其出如浮如沈，其國有土功；如沈如浮，其野亡。色赤而有角，其所居國昌。迎【六】角而戰者，不勝。星色赤黄而沈，所居野大穰。【七】色青白而赤灰，所居野有憂。歲星入月，其野有逐相；與太白闘，【八】其野有破軍。

【一】正義 棓音蒲講反。歲星之精散而爲天槍、天棓、天衝、天猾、國皇、天欃、及登（五六）、天荆、真若、天猿、天垣、蒼彗，皆以廣凶災也（五七）。天棓者，一名覺星，本類星而末鋭，長四丈，出東北方、西方。其出，則天下兵争也。

【二】索隱 案天文志，此皆甘氏星經文，而志又兼載石氏，此不取。石氏名申夫，甘氏名德。

【三】正義 天彗者，一名埽星，本類星，末類彗小者數寸長，長或竟天，而體無光，假日之光，故夕見則東指，晨見則西指，若日南北，皆隨日光而指。光芒所及爲災變，見則兵起；除舊布新，彗所指之處弱也。

【四】集解 韋昭曰：「欃音『參差』之『參』。」正義 欃，楚咸反。天欃者，在西南，長四丈，鋭。京房云「天欃爲兵，赤地千里，枯骨籍籍」。天文志云天槍主兵亂也（五八）。

【五】正義 槍，楚行反。天槍者，長數丈，兩頭鋭，出西南方。其見，不過三月，必有破國亂君伏死其辜。天文志云「孝文時，天槍夕出西南（五九），占曰爲兵喪亂，其六年十一月，匈奴入上郡、雲中，漢起兵以衛京師」也。

【六】集解徐廣曰：「一作『御』。」

【七】正義穰，人羊反，豐熟也。

【八】集解韋昭曰：「星相擊爲鬭。」

歲星一曰攝提，曰重華，曰應星，曰紀星。營室爲清廟，歲星廟也。

察剛氣【一】以處熒惑。【二】曰南方，火，主夏，日丙丁。禮失，罰出熒惑，熒惑失行是也。出則有兵，入則兵散。以其舍命國。熒惑爲勃亂〔六〇〕，殘賊、疾、喪、饑、兵。【三】反道二舍以上，居之，三月有殃，五月受兵，七月半亡地，九月太半亡地。因與俱出入，國絶祀。居之，殃還至，雖大當小；【四】久而至，當小反大。【五】其南爲丈夫喪〔六一〕，北爲女子喪。【六】若角動繞環之，及乍前乍後，左右，殃益大。與他星鬭，【七】光相逮，爲害；不相逮，不害。五星皆從而聚于一舍，【八】其下國可以禮致天下。

【一】集解徐廣曰：「剛，一作『罰』。」索隱徐廣云剛一作「罰」。案：姚氏引廣雅「熒惑謂之執法」。天官占云「熒惑，方伯象，司察妖孼」。則此文「察罰氣」爲是。

【二】索隱春秋緯文耀鉤云：「赤帝熛怒之神，爲熒惑焉，位在南方，禮失則罰出。」晉灼云：「常以十月入太微，受制而出，行列宿，司無道，出入無常。」

【三】集解徐廣曰：「以下云『熒惑爲理，外則理兵，内則理政』。」正義天官占云：「熒惑爲執法之星，其行無常，以其舍命國：爲殘賊，爲疾，爲喪，爲饑，爲兵。環繞句己，芒角動摇，乍前乍後〔六二〕，其殃逾甚。熒惑主死喪，大鴻臚之象；主甲兵，大司馬之義；伺驕奢亂孽，執法官也。其精爲風伯，惑童兒歌謡嬉戲也〔六三〕。」

【四】索隱案：還音旋。旋，疾也。若熒惑反道居其舍，所致殃禍速至，則雖大反小。

【五】索隱案：久謂行遲也。如此，禍小反大，言久腊毒也。

【六】索隱案：宋均云「熒惑守輿鬼南，爲丈夫受其咎；北，則女子受其凶也」。

【七】正義凡五星鬬，皆爲戰鬬。兵不在外，則爲内亂。鬬謂光芒相及。

【八】正義三星若合，是謂驚立絶行，其國外内有兵與喪，人民饑乏，改立侯王。四星若合，是爲大陽，其國兵喪暴起〔六四〕，君子憂，小人流。五星若合，是謂易行，有德者受慶，掩有四方；無德者受殃，乃以死亡也。

法，出東行十六舍而止；逆行二舍；六旬，復東行，自所止數十舍，十月而入西方；伏【一】行五月，出東方。其出西方曰「反明」，主命者惡之。東行急，一日行一度半。

【一】集解晉灼曰：「伏不見。」

其行東、西、南、北疾也。兵各聚其下；用戰，順之勝，逆之敗。熒惑從太白，軍憂；離之，軍卻。出太白陰，有分軍；行其陽，有偏將戰。當其行，太白逮之，破軍殺將。【一】其入守犯太微、【二】軒轅、營室，主命惡之。心爲明堂，熒惑廟也。謹候此。

【一】索隱宋均云：「太白宿，主軍來衝拒也。」

【二】集解孟康曰：「犯，七寸已內光芒相及也。」韋昭曰：「自下觸之曰『犯』，居其宿曰『守』。」

曆斗之會以定填星之位。【一】曰中央，土，主季夏，日戊己，黃帝，主德，女主象也。歲填一宿，其所居國吉。未當居而居，若已去而復還，還居之，其國得土，不乃得女。若當居而不居，既已居之，又西東去，其國失土，不乃失女，不可舉事用兵。其居久，其國福厚；易，福薄。【二】

【一】索隱曆斗之會以定鎮星之位。晉灼曰：「常以甲辰之元始建斗，歲鎮一宿，二十八歲而周天。」廣雅曰：「鎮星，一名地侯。」文耀鉤云：「鎮，黃帝含樞紐之精，其體旋璣，中宿之分也。」

【二】集解徐廣曰：「易猶輕速也。」

其一名曰地侯，主歲。歲行十三度百十二分度之五〔六五〕，日行二十八分度之一，二十八歲周天。其所居，五星皆從而聚于一舍，其下之國，可以重致天下〔六六〕。【一】禮、德、義、殺、刑盡失，而填星乃爲之動搖。

【一】正義 重音逐隴反。言五星皆從填星，其下之國倚重而致天下，以填主土故也。

嬴，爲王不寧；其縮，有軍不復。填星，其色黄，九芒，音曰黄鍾宫。其失次上二三宿曰嬴，有主命不成，不乃大水。失次下二三宿曰縮，有后戚，其歲不復，不乃天裂若地動。斗爲文太室，填星廟，天子之星也。

木星與土合，爲内亂，饑，【一】主勿用戰，敗；水則變謀而更事；火爲旱；金爲白衣會若水。金在南曰牝牡〔六七〕，【二】年穀熟。金在北〔六八〕，歲偏無。火與水合爲焠，【三】與金合爲鑠，爲喪，皆不可舉事，用兵大敗。土爲憂，主孽卿；【四】大饑，戰敗，爲北軍〔六九〕，【五】軍困，舉事大敗。土與水合，穰而擁閼，【六】有覆軍，【七】其國不可舉事。出，亡地；入，得地。金爲疾，爲内兵，亡地。三星若合，其宿地國外内有兵與喪，改立公王。四星合，兵喪並起，君子憂，小人流。五星合，是爲易行，有德，受慶，改立大人，掩有四方，子孫蕃昌；無德，受殃若亡。五星皆大，其事亦大；皆小，事亦小。

【一】正義 星經云：「凡五星，木與土合爲内亂，饑；與水合爲變謀，更事；與火合爲旱；與金合爲白衣會也。」

【二】索隱晉灼曰：「歲，陽也，太白，陰也，故曰牝牡也。」正義星經云：「金在南，木在北，名曰牝牡，年穀大熟；金在北，木在南，其年或有或無。」

【三】集解晉灼曰：「火入水，故曰焠。」索隱火與水合曰焠。案：謂火與水俱從填星合也。正義焠，忽内反。星經云：「凡五星，火與水合爲焠，用兵舉事大敗；與金合爲鑠，爲喪，不可舉事，用兵從軍爲憂；離之，軍卻；與土合爲憂，主孽卿；與木合，饑，戰敗也。」

【四】索隱案：文耀鉤云「水土合則成鑪冶，鑪冶成則火興，火興則土之子焠，金成消爍，消爍則土無子輔父，無子輔父則益妖孽，故子憂」。

【五】正義爲北，軍北也。凡軍敗曰北。

【六】正義擁，於拱反。閼，烏葛反。

【七】集解徐廣曰：「或云木、火、土三星若合，是謂驚立絶行。」

蚤出者爲贏，贏者爲客。晚出者爲縮，縮者爲主人。必有天應見於杓。星同舍爲合。相陵爲鬬，【一】七寸以内必之矣。【二】

【一】集解孟康曰：「陵，相冒占過也〔七〇〕。」韋昭曰：「突掩爲陵。」

【二】索隱案，韋昭云必有禍也。

五星色白圜，爲喪旱；赤圜，則中不平，爲兵；青圜，爲憂水；黑圜，爲疾，多死；黄圜，則吉。赤角犯我城，黄角地之爭，白角哭泣之聲，青角有兵憂，黑角則水。意，【一】行窮兵之所終。五星同色，天下偃兵，百姓寧昌。春風秋雨，冬寒夏暑，動摇常以此。

【一】集解徐廣曰：「一作『志』。」

填星出百二十日而逆西行，西行百二十日反東行。見三百三十日而入，入三十日復出東方。太歲在甲寅，鎮星在東壁，故在營室。

察日行以處位【一】太白。【二】曰西方，秋〔七〕，【三】日庚辛，主殺。殺失者，罰出太白。太白失行，以其舍命國。其出行十八舍二百四十日而入。入東方，伏行十一舍百三十日；其入西方，伏行三舍十六日而出。當出不出，當入不入，是謂失舍，不有破軍，必有國君之篡。

【一】索隱案：太白晨出東方曰啓明，故察日行以處太白之位也。

【二】索隱韓詩云「太白晨出東方爲啓明，昏見西方爲長庚」。又孫炎注爾雅，以爲晨出東方高三丈，命曰啓明；昏見西方高三舍，命曰太白。正義晉灼云：「常以正月甲寅與熒惑晨出東方，二百四十日而入，入四十日又出西方，二百四十日而入，入三十五日而復出東方。出以寅、戌，入以丑、未。」天官占云：「太白者，西方金之精，白帝之子，上公、大將軍之象也。一名殷星，一名大正，一名熒星，一名官星，一名梁星，一名滅星，一名大鬻，一名大衰，一名大爽。徑一百里。」天文志云：其日庚辛，四時，秋也；五常，義也；五事，言也。人主義虧言失，逆時令，傷金氣，罰見太白。春見東方，以晨；秋見西方，以夕。

【三】正義太白五芒出，早爲月蝕，晚爲天矢及彗。其精散爲天杵、天柎、伏靈、大敗、司姦、天狗、賊星、天殘、卒起。星是古曆星若〔七二〕。竹彗、牆星、猿星、白藋，皆以示變也〔七三〕。

其紀上元，【一】以攝提格之歲，與營室晨出東方，至角而入；與營室夕出西方，至角而入；與角晨出，入畢；與角夕出，入畢；與畢晨出，入箕；與畢夕出，入箕；與箕晨出，入柳；與箕夕出，入柳；與柳晨出，入營室；與柳夕出，入營室。凡出入東西各五，爲八歲二百二十日。【二】復與營室晨出東方。其大率，歲一周天。【三】其始出東方，行遲，率日半度，一百二十日，必逆行一二舍；上極而反，東行，行日一度半，一百二十日入。其庳，近日，曰明星，柔；高，遠日，曰大囂，【四】剛。其始出西方〔七四〕，行疾，率日一度半，百二十日；上極而行遲，日半度，百二十日，旦入，必逆行一二舍而入。其庳，近日，曰大白，柔；高，遠日，曰大相，剛。出以辰、戌，入以丑、未。

【一】索隱案：上元是古曆之名〔七五〕。正義其紀上元，是星古曆初起上元之法也。

【二】集解徐廣曰：「一云『三十二日』。」

【三】索隱言用上元紀曆法，則攝提歲而太白與營室晨出東方，至角而入；與營室夕出西方，至角而入。凡出入東西各五，爲八歲二百三十日，復與營室晨出東方。大率歲一周天也。

【四】集解徐廣曰：「一作『變』。」

當出不出，未當入而入，天下偃兵，兵在外，入。未當出而出，當入而不入，天下起兵〔七六〕，有破國。其當期出也，其國昌。其出東爲東，入東爲北方；出西爲西，入西爲南方。所居久，其鄉利；易，【一】其鄉凶〔七七〕。

【一】集解蘇林曰：「疾過也。」

出西至東〔七八〕，正西國吉。出東至西，正東國吉。其出不經天；經天，天下革政。【一】

【一】索隱孟康曰：「謂出東入西，出西入東也。太白陰星，出東當伏東，出西當伏西，過午爲經天。」又晉灼曰：「日，陽也，日出則星没。太白晝見午上爲經天。」

小以角動，兵起。始出大，後小，兵弱；出小，後大，兵强。出高，用兵深吉，淺凶；庳，淺吉，深凶。日方南金居其南，日方北金居其北，曰贏，【二】侯王不寧，用兵進吉退凶。日方南金居其北，日方北金居其南，曰縮，侯王有憂，用兵退吉進凶。用兵象太白：太白行疾，疾行；遲，遲行。角，敢戰。動摇躁，躁。圜以靜，靜。順角所指，吉；反之，皆凶。出則出兵，入則入兵。赤角，有戰；白角，有喪；黑圜角，憂，有水事；青圜小角，憂，有木事；黄圜和角，有土事，有年。〔二〕其已出三日而復有微入，入三日乃復盛出，是謂耎〔七九〕，〔三〕其下國有軍敗將北。其已入三日又復微出，出三日而復盛入，其下國有憂；師有糧食兵革，遺人用之；〔四〕卒雖衆，將爲人虜。其出西失行，外國敗；其出東失行，中國敗。其色大圜黄滜，〔五〕可爲好事；其圜大赤，兵盛不戰。

〔一〕正義鄭玄云：「方猶向也。謂晝漏半而置土圭表陰陽，審其南北也。影短於土圭謂之日南，是地於日爲近南也；長於土圭謂之日北，是地於日爲近北也。凡日影於地，千里而差一寸。」

周禮云：「日南則影短，多暑；日北則影長，多寒。」孟康云：「金謂太白也。影，日中之影也。」

〔二〕正義太白星圓，天下和平；若芒角，有土事。有年謂豐熟也。

〔三〕集解晉灼曰：「耎，退之不進〔八〇〕。」索隱是謂耎。又作「耎」，音奴亂反。

〔四〕正義遺，唯季反。

〔五〕集解音澤。

太白白，比狼；〔一〕赤，比心；黄，比參左肩；蒼，比參右肩；黑，比奎大星。〔二〕五星皆從太白而聚乎一舍，其下之國可以兵從天下。居實，有得也；居虚，無得也。〔三〕行勝色，〔四〕色勝位，有位勝無位，有色勝無色，行得盡勝之。〔五〕出而留桑榆閒，〔六〕疾其下國。【七】上而疾，未盡其日〔八一〕，過參天，【八】疾其對國。【九】上復下，下復上，有反將。其入月，將僇。金、木星合，光，其下戰不合，兵雖起而不鬬；合相毀，野有破軍。出西方，昏而出陰，陰兵彊；暮食出，小弱；夜半出，中弱；雞鳴出，大弱：是謂陰陷於陽。其在東方，乘明而出陽，陽兵之彊；雞鳴出，小弱；夜半出，中弱；昏出，大弱：是謂陽陷於陰。太白伏也，以出兵，兵有殃。其出卯南，南勝北方；出卯北，北勝南方；正在卯，東國利。出西北，北勝南方；出西南，南勝北方；正在酉，西國勝。

【一】正義比，卑耳反，下同。比，類也。

【二】正義晉書天文志云：「凡五星有色，大小不同，各依其行而應時節。色變有類：凡青，比參左肩；赤，比心大星；黃，比參右肩；白，比狼星；黑，比奎大星。不失本色而應其四時者，吉；色害其行，凶也。」

【三】索隱按：實謂星所合居之宿；虛謂贏縮也。

【四】集解晉灼曰：「太白行得度者，勝色也。」正義勝音升剩反，下同。

【五】集解晉灼曰：「行應天度，唯有色得位〔八二〕，行盡勝之，行重而色位輕。星經『得』字作『德』。」正義晉書天文志云：「凡五星所出所直之辰〔八三〕，其國爲得位者，歲星以德，熒惑爲禮，鎮星有福，太白兵强，辰陰陽和。所直之辰〔八四〕，順其色而角者勝，其色害者敗；居實，有得；居虛，無得也〔八五〕。色勝位，行勝色，行得盡勝之。」

【六】集解晉灼曰：「行遲而下也。正出，舉目平正，出桑榆上者餘二千里(八六)。」

【七】正義疾，漢書作「病」也。

【八】集解晉灼曰：「三分天過其一，此在戌酉之閒。」

【九】集解孟康曰：「謂出東入西，出西入東。」

其與列星相犯，小戰；五星，大戰。其相犯，太白出其南，南國敗；出其北，北國敗。行疾，武；不行，文。色白五芒，出蚤爲月蝕，晚爲天夭及彗星，將發其國。出東爲德，舉事左之迎之，吉。出西爲刑，舉事右之背之，吉。反之皆凶。太白光見景，戰勝。晝見而經天，是謂爭明，彊國弱，小國彊，女主昌。

亢爲疏廟，太白廟也。太白，大臣也，其號上公。其他名殷星、太正、營星、觀星、宮星、明星、大衰、大澤、終星、大相、天浩、序星、月緯。大司馬位謹候此。

察日辰之會，【一】以治辰星之位。【二】曰北方，水，太陰之精，主冬，日壬癸。刑失者，罰出辰星，【三】以其宿命國。

【一】索隱案：即正四時以治辰星之位是也(八七)。正義晉灼云：「常以二月春分見奎、婁，五月夏至見東井，八月秋分見角、亢，十一月冬至見牽牛。出以辰、戌，入以丑、未，二旬而入。晨候之東方，夕候之西方也。」

【二】索隱案：皇甫謐曰「辰星，一名毚星，或曰鉤星」。元命包曰「北方辰星水，生物布其紀，故辰星理四時」。宋均曰「辰星正四時之位，得與北辰同名也」。

【三】正義天官占云：「辰星，北水之精，黑帝之子，宰相之祥也。一名細極，一名鉤星，一名爨星，一名伺祠。徑一百里。亦偏將、廷尉象也。」天文志云：其日壬癸。四時，冬也；五常，智也；五事，聽也。人主智虧聽失，逆時令，傷水氣，則罰見辰星也。

是正四時：仲春春分，夕出郊奎、婁、胃東五舍，爲齊；仲夏夏至，夕出郊東井、輿鬼、柳東七舍，爲楚；仲秋秋分，夕出郊角、亢、氐、房東四舍，爲漢；仲冬冬至，晨出郊東方，與尾、箕、斗、牽牛俱西，爲中國〔八八〕。其出入常以辰、戌、丑、未。

其蚤，爲月蝕；【一】晚，爲彗星【二】及天夭。其時宜效，不效爲失，【三】追兵在外不戰。一時不出，其時不和；四時不出，天下大饑。其當效而出也，色白爲旱，黃爲五穀熟，赤爲兵，黑爲水。出東方，大而白，有兵於外，解。常在東方，其赤，中國勝；其西而赤，外國利。無兵於外而赤，兵起。其與太白俱出東方，皆赤而角，外國大敗，中國勝；其與太白俱出西方，皆赤而角，外國利。五星分天之中，積于東方，中國利；積于西方，外國用兵者利〔八九〕。五星皆從辰星而聚于一舍，其所舍之國可以法致天下。辰星不出，太白爲客；其出，太白爲主。出而與太白不相從，野雖有軍，不戰。出東方，太白出西方；若出西方，太白出東方，爲格，【四】野雖有兵，不戰。失其時而出，爲當寒反温，當温反寒。當出不出，是謂擊卒，兵大起。其入太白中而上出，破軍殺將，客軍勝；下出，客亡地。辰星來抵太白，太白不去，將死。正旗上出，【五】破軍殺將，客勝；下出，客亡地。視旗所指，以命破軍。其繞環太白，若與鬬，大戰，客勝。免過太白，【六】閒可椷劍，【七】小戰，客勝。免居太白前，軍罷；出太白左，小戰；摩太白，有數萬人戰，主人吏死；出太白右，去三尺，軍急約戰。青角，兵憂；黑角，水。赤行窮兵之所終。

【一】集解孟康曰：「辰星、月相淩不見者，則所蝕也。」索隱案：宋均云「辰星與月同精，月爲大臣，先期而出，是躁也。失則當誅，故月蝕見祥」。

【二】集解張晏曰：「彗，所以除舊布新。」索隱案：宋均云「辰星，陰也，彗亦陰，陰謀未成，故晚出也」。

【三】正義效，見也。言宜見不見，爲失罰之也。

【四】索隱謂辰星出西方。辰，水也。太白出東方。太白，金也。水生於金〔九〇〕，母子不相從，故主有軍不戰〔九一〕。今母子各出一方，故爲格。格謂不和同，故野雖有兵不戰然也。

【五】索隱正旗出。案：旗蓋太白芒角，似旌旗。正義旗，星名，有九星。言辰星上則破軍殺將，客勝也。

【六】索隱兔過太白。案：廣雅云「辰星謂之兔星」，則辰星之别名兔〔九二〕，或作「鑱」也。正義漢書云「辰星過太白，閒可椷劍」，明廣雅是也。

【七】集解蘇林曰：「椷音函。函，容也。其閒可容一劍。」索隱椷音函。函，容也。言中閒可容一劍。則函字本有咸音，故字從咸〔九三〕。劍，古作「劒」也〔九四〕。

兔七命，曰小正、辰星、天欃、安周星、細爽、能星、鉤星。【一】其色黄而小，出而易處，天下之文變而不善矣。兔五色，青圜憂，白圜喪，赤圜中不平，黑圜吉。赤角犯我城，黄角地之爭，白角號泣之聲。

【一】索隱謂星凡有七名〔九五〕。命者，名也。小正，一也；辰星，二也；天兔，三也；安周星，四也；細爽，五也；能星，六也；鉤星，七也。

其出東方，行四舍四十八日，其數二十日，而反入于東方；其出西方，行四舍四十八日，其數二十日，而反入于西方。其一候之營室、角、畢、箕、柳。出房、心閒，地動。

辰星之色：春，青黄；夏，赤白；秋，青白，而歲熟；冬，黄而不明。即變其色，其時不昌。春不見，大風，秋則不實。夏不見，有六十日之旱，月蝕。秋不見，有兵，春則不生。冬不見，陰雨六十日，有流邑，夏則不長。

角、亢、氐，兗州。房、心，豫州。尾、箕，幽州。斗，江、湖。牽牛、婺女，楊州。虛、危，青州。營室至東壁，并州。奎、婁、胃，徐州。昴、畢，冀州。觜觿、參，益州。〔一〕東井、輿鬼，雍州。柳、七星、張，三河。翼、軫，荆州。

〔一〕正義括地志云：「漢武帝置十三州，改梁州爲益州廣漢。廣漢，今益州咎縣是也。分今河内、上黨、雲中。」然案星經，益州，魏地，畢、觜、參之分，今河内、上黨、雲中是。未詳也。

七星爲員官，辰星廟，蠻夷星也。

兩軍相當，日暈；〔一〕暈等，力鈞；厚長大，有勝；薄短小，無勝。重抱大破無。抱爲和，背爲不和〔九六〕，爲分離相去。直爲自立，立侯王；破軍若曰殺將〔九七〕。負且戴，有喜。圍在中，中勝；在外，外勝。青外赤中，以和相去；赤外青中，以惡相去。氣暈先至而後去，居軍勝。先至先去，前利後病；後至後去，前病後利；後至先去，前後皆病，居軍不勝。見而去，其發疾，雖勝無功。見半日以上，功大。白虹屈短，〔二〕上下兑，有者下大流血。日暈制勝，近期三十日，遠期六十日。

〔一〕集解如淳曰：「暈讀曰運。」

【二】集解李奇曰：「屈，或爲『尾』也。」韋昭曰：「短而直。」

其食，食所不利；復生，生所利；而食益盡，爲主位〔九八〕。以其直及日所宿，加以日時，用命其國也。

月行中道，【一】安寧和平。陰間，多水，陰事。外北三尺，陰星。【二】北三尺，太陰，大水，兵。陽間，驕恣。陽星，多暴獄。太陽，大旱喪也。【三】角、天門，十月爲四月，十一月爲五月，【四】十二月爲六月，水發，近三尺，遠五尺。犯四輔，輔臣誅。【五】行南北河，以陰陽言，旱水兵喪。【六】

【一】索隱案：中道，房星之中間也。房有四星，若人之房三間有四表然，故曰房。南爲陽間，北爲陰間，則中道房星之中間也。故房是日、月、五星之行道，然黃道亦經房、心。若月行得中道，故陰陽和平；若行陰間，多陰事；陽間，則人主驕恣；若歷陰星、陽星之南北太陰、太陽之道，即有大水若兵，及大旱若喪也。

【二】索隱案：謂陰間外北三尺曰陰星，又北三尺曰太陰道，則下陽星及太陽亦在陽間之南各三尺也。

【三】索隱太陰，太陽，皆道也。月行近之，故有水旱兵喪也。

【四】索隱角閒天門。謂月行入角與天門，若十月犯之，當爲來年四月成災；十一月，則主五月也。

【五】索隱案：謂月犯房星也。四輔，房四星也。房以輔心，故曰四輔。

【六】正義南河三星，北河三星，若月行北河以陰，則水、兵；南河以陽，則旱、喪也。

月蝕歲星，【一】其宿地，饑若亡。熒惑也亂，填星也下犯上，太白也彊國以戰敗，辰星也女亂。蝕大角，【二】主命者惡之；心，則爲内賊亂也；列星，其宿地憂。【三】

【一】正義孟康云：「凡星入月，見月中，爲星蝕月；月掩星，星滅，爲月蝕星也。」

【二】集解徐廣曰：「一云『食于大角』。」正義大角一星，在兩攝提閒，人君之象也。

【三】索隱謂月蝕列星二十八宿，當其分地有憂。憂謂兵及喪也。

月食始日，五月者六，六月者五，五月復六，六月者一，而五月者五，凡百一十三月而復始。【一】故月蝕，常也；日蝕，爲不臧也。甲、乙，四海之外，日月不占。【二】丙、丁，江、淮、海岱也。戊、己，中州、河、濟也。庚、辛，華山以西。壬、癸，恒山以北。日蝕，國君；月蝕，將相當之。

【一】索隱始日謂食始起之日也。依此文計，唯有一百二十一月，與元數甚爲懸校，既無太初曆術，不可得而推定。今以漢志三統曆法計，則六月者七，五月者一，又六月者一，五月者一，凡一百三十五月而復始耳。或術家各異，或傳寫錯謬，故此不同，無以明知也。

【二】集解晉灼曰：「海外遠，甲乙日時不以占候。」

國皇星，【一】大而赤，【二】狀類南極。【三】所出，其下起兵，兵彊；其衝不利。

【一】正義國皇星者，大而赤，類南極老人，去地三丈，如炬火。見則內外有兵喪之難。

【二】集解孟康曰：「歲星之精散所爲也。五星之精散爲六十四變，記不盡。」

【三】集解徐廣曰：「老人星也。」

昭明星，【一】大而白，無角，乍上乍下。【二】所出國，起兵，多變。

【一】索隱案：春秋合誠圖云「赤帝之精，象如太白，七芒」。釋名爲筆星，氣有一枝，末鋭似筆，亦曰筆星也。

【二】集解孟康曰：「形如三足机，机上有九彗上向，熒惑之精。」

五殘星，【一】出正東東方之野。其星狀類辰星，去地可六丈〔九九〕。

【一】索隱孟康云：「星表有青氣如暈，有毛，填星之精也。」正義五殘，一名五鋒，出正東東方之分野。狀類辰星，去地可六七丈。見則五分毀敗之徵，大臣誅亡之象。

大【一】賊星〔一〇〇〕，【二】出正南南方之野。星去地可六丈，大而赤，數動，有光。

【一】集解徐廣曰：「大，一作『六』。」

【三】集解孟康曰：「形如彗，九尺，太白之精。」正義大賊星者，一名六賊，出正南南方之野。星去地可六丈，大而赤，數動有光，出則禍合天下。

司危星，【一】出正西西方之野。星去地可六丈，大而白，類太白。

【一】集解孟康曰：「星大而有尾，兩角，熒惑之精也。」正義司危者，出正西西方分野也。大如太白，去地可六丈，見則天子以不義失國而豪傑起。

獄漢星，【一】出正北北方之野。星去地可六丈，大而赤，數動，察之中青。此四野星所出，出非其方，其下有兵，衝不利。

【一】集解孟康曰：「青中赤表，下有三彗縱橫〔一〇〕，亦填星之精。」漢書天文志獄漢一名咸漢。

四填星，所出四隅，去地可四丈。

地維咸光〔一一〕，亦出四隅，去地可三丈，若月始出。所見，下有亂；亂者亡，有德者昌。

燭星，狀如太白，【一】其出也不行。見則滅。所燭者，城邑亂。

【一】集解孟康曰：「星上有三彗上出，亦填星之精。」

如星非星，如雲非雲，命曰歸邪。【一】歸邪出，必有歸國者。

【一】集解李奇曰：「邪音蚍。」孟康曰：「星有兩赤彗上向，上有蓋狀如氣，下連星。」

星者，金之散氣，其本曰火〔一〇三〕。【一】星衆，國吉；少則凶。

【一】集解孟康曰：「星，石也。」

漢者，亦金之散氣，【一】其本曰水。漢，星多，多水，少則旱，【二】其大經也。

【一】索隱案：水生於金〔一〇四〕，散氣即水氣。河圖括地象曰「河精爲天漢」也。

【二】集解孟康曰：「漢，河漢也。水生於金。多，少，謂漢中星。」

天鼓，有音如雷非雷，音在地而下及地。其所往者〔一〇五〕，兵發其下。

天狗，狀如大奔星，【一】有聲，其下止地，類狗。所墮及，望之如火光炎炎【二】衝天。其下圜如數頃田處，上兑者則有黃色，千里破軍殺將〔一〇六〕。

【一】集解孟康曰：「星有尾，旁有短彗，下有如狗形者，亦太白之精。」

【二】索隱豔音也。

格澤星【一】者，如炎火之狀。黃白，起地而上。下大，上兑。其見也，不種而穫；不有土功，必有大害〔一〇七〕。

【一】索隱一音鶴鐸，又音格宅。格，胡客反。

蚩尤之旗，〔一〕類彗而後曲，象旗。見則王者征伐四方。

〔一〕集解孟康曰：「熒惑之精也。」晉灼曰：「呂氏春秋曰其色黃上白下。」

旬始，出於北斗旁，〔一〕狀如雄雞。其怒，青黑，象伏鼈。〔二〕

〔一〕集解徐廣曰：「蚩尤也。旬，一作『營』。」

〔二〕集解李奇曰：「怒當音帑。」晉灼曰：「帑，雌也。或曰怒則色青。」

枉矢，類大流星，蛇行而倉黑，望之如有毛羽然〔一〇八〕。

長庚，如一匹布著天。〔一〕此星見，兵起。

〔一〕正義著音直略反。

星墜至地，則石也。〔一〕河、濟之閒，時有墜星。

〔一〕正義春秋云「星隕如雨」是也。今吳郡西鄉見有落星石，其石天下多有也。

天精而見景星。〔一〕景星者，德星也。其狀無常，常出於有道之國。

〔一〕集解孟康曰：「精，明也。有赤方氣與青方氣相連，赤方中有兩黃星，青方中一黃星，凡三星合爲景星。」索隱韋昭云「精謂清朗」。漢書作「甠」，亦作「暒」。郭璞注三蒼云「暒，雨止無雲也」。正義景星狀如半月，生於晦朔，助月爲明。見則人君有德，明聖之慶也。

凡望雲氣，【一】仰而望之，三四百里；平望，在桑榆上，千餘二千里〔一九〕；登高而望之，下屬地者三千里。雲氣有獸居上者，勝。【二】

【一】正義春秋元命包云：「陰陽聚爲雲氣也。」釋名云：「雲猶云，衆盛也。氣猶餼然也。有聲即無形也〔二〇〕。」

【二】正義勝音升剩反。雲雨氣相敵也。兵書云：「雲或如雄雞臨城，有城必降。」

自華以南，氣下黑上赤。嵩高、三河之郊，氣正赤。恒山之北，氣下黑上青。勃、碣、海、岱之閒，氣皆黑。江、淮之閒，氣皆白。

徒氣白。土功氣黃。車氣乍高乍下，往往而聚。騎氣卑而布。卒氣摶。【一】前卑而後高者，疾；前方而後高者，兌；後兌而卑者，卻。其氣平者其行徐。前高而後卑者，不止而反。氣相遇者，【二】卑勝高，兌勝方。氣來卑而循車通者，【三】不過三四日，去之五六里見。氣來高七八尺者，不過五六日，去之十餘里見〔二一〕。氣來高丈餘二丈者，不過三四十日，去之五六十里見。

【一】集解如淳曰：「摶，專也。或曰摶，徒端反。」

【二】索隱遇音偶。漢書作「禺」。

【三】集解車通，車轍也。避漢武諱，故曰通。

稍雲精白者，其將悍，其士怯。其大根而前絶遠者，當戰。青白，其前低者，戰勝；其前赤而仰者，戰不勝。陣雲如立垣。杼雲類杼。【一】軸雲〔一二〕摶兩端兑。杓雲【二】如繩者，居前亘天，其半半天。其蛪【三】者類闕旗故。鉤雲句曲。【四】諸此雲見，以五色合占〔一三〕。而澤摶密，【五】其見動人，乃有占；兵必起，合鬬其直。

【一】索隱姚氏案：兵書云「營上雲氣如織，勿與戰也」。

【二】索隱杓，劉氏音時酌反。説文音丁了反。許慎注淮南云「杓，引也」。

【三】索隱五結反。亦作「蜺」，音同。

【四】正義句音古侯反。

【五】正義崔豹古今注云：「黄帝與蚩尤戰於涿鹿之野，常有五色雲氣，金枝玉葉，止於帝上，有花蘤之象，故因作華蓋也。」京房易飛候云〔一四〕：「視四方常有大雲，五色具〔一五〕，其下賢人隱也。青雲潤澤蔽日在西北，爲舉賢良也。」

王朔所候，決於日旁。日旁雲氣，人主象。【一】皆如其形以占。

【一】正義洛書云：「有雲象人，青衣無手，在日西，天子之氣。」

故北夷之氣如羣畜穹閭，【一】南夷之氣類舟船幡旗。大水處，敗軍場，破國之虚，下有積錢，【二】金寶之上，皆有氣，不可不察。海旁蜄氣象樓臺，廣野氣成宫闕，然雲氣各象其山川人民所聚積。【三】

【一】索隱 鄒云一作「弓閭」。天文志作「弓」字，音穹。蓋謂以氈爲閭，崇穹然。又宋均云「穹，獸名」，亦異説也。

【二】集解 徐廣曰：「古作『泉』字。」

【三】正義 淮南子云：「土地各以類生人，是故山氣多男〔一六〕，澤氣多瘖〔一七〕，風氣多聾，林氣多躄，木氣多傴〔一八〕，石氣多力，險阻氣多壽〔一九〕，谷氣多痺，丘氣多狂，廟氣多仁，陵氣多貪，輕土多利足，重土多遲，清水音小，濁水音大，湍水人重〔二〇〕，中土多聖人。皆象其氣，皆應其類也。」

故候息秏者，入國邑，視封疆田疇之正治，【一】城郭室屋門户之潤澤，次至車服畜産精華。實息者，吉；虚秏者，凶。

【一】集解 如淳曰：「蔡邕云麻田曰疇。」

若煙非煙，若雲非雲，郁郁紛紛，蕭索輪囷，是謂卿雲。【一】卿雲，喜氣也〔二一〕。若霧【二】非霧，衣冠而不濡，見則其域被甲而趨。

【一】正義 卿音慶。

【二】[索隱]音如字，一音蒙，一音亡遘反。爾雅云「天氣下地不應曰霿」，言蒙昧不明之意也。

夫雷電、蝦虹〔二二〕、辟歷、夜明者，陽氣之動者也，春夏則發，秋冬則藏，故候者無不司之。

天開縣物，【一】地動坼絕。【二】山崩及徙，川塞谿垘；【三】水澹地長，澤竭見象〔二三〕。城郭門閭，潤息槁枯〔二四〕；宮廟邸第，人民所次。謠俗車服，觀民飲食。五穀草木，觀其所屬。倉府廄庫，四通之路。六畜禽獸，所產去就；魚鼈鳥鼠，觀其所處。鬼哭若呼，其人逢俉。化言，【四】誠然。

【一】[集解]孟康曰：「謂天裂而見物象，天開示縣象。」

【二】[正義]趙世家幽繆王遷五年，「代地動，自樂徐以西，北至平陰，臺屋牆垣太半壞，地坼東西百三十步」。

【三】[集解]徐廣曰：「土雍曰垘，音服。」駰案：孟康曰「谿，谷也。垘，崩也〔二五〕」。蘇林曰「伏流也」。

【四】[集解]俉，迎也。伯莊曰：「音五故反。」[索隱]俉音五故反。逢俉謂相逢而驚也。亦作「迕」，音同。「化」當爲「訛」，字之誤耳。

凡候歲美惡，謹候歲始。歲始或冬至日，產氣始萌。臘明日，人衆卒歲，一會飲食，發

陽氣，故曰初歲。正月旦，王者歲首；立春日，四時之始也〔二六〕。【一】四始者，候之日。【二】

【一】索隱 謂立春日是去年四時之終卒，今年之始也。

【二】正義 謂正月旦歲之始，時之始，日之始，月之始，故云「四始」。言以四時之日候歲吉凶也。

而漢魏鮮【一】集臘明正月旦決八風。風從南方來，大旱；西南，小旱；西方，有兵；西北，戎菽爲，【二】小雨，【三】趣兵；【四】北方，爲中歲；東北，爲上歲；【五】東方，大水；東南，民有疾疫，歲惡。故八風各與其衝對，課多者爲勝。多勝少，久勝亟，疾勝徐。旦至食，爲麥；食至日昳，爲稷；昳至餔，爲黍；餔至下餔，爲菽；下餔至日入，爲麻。欲終日〔二七〕有雲，有風，有日。【六】日當其時者，深而多實；無雲有風日，當其時，淺而多實〔二八〕；有雲風，無日，當其時，深而少實；有日，無雲，不風，當其時者稼有敗。如食頃，小敗；熟五斗米頃，大敗。則風復起，有雲，其稼復起。各以其時用雲色占種所宜〔二九〕。其雨雪若寒，歲惡。

【一】集解 孟康曰：「人姓名，作占候者。」

【二】集解 孟康曰：「戎菽，胡豆也。爲，成也。」索隱 戎叔爲。韋昭云「戎叔，大豆也。爲，成也」。又郭璞注爾雅亦云戎叔，胡豆。孟康同也。

【三】集解 徐廣曰：「一無此上兩字。」

【四】索隱 趣音促。謂風從西北來，則戎叔成。而又有小雨，則國兵趣起也。

【五】集解韋昭曰：「歲大穰〔三〇〕。」

【六】正義正月旦，欲其終一日有風有日，則一歲之中五穀豐熟，無災害也。

是日光明，聽都邑人民之聲。聲宮，則歲善，吉；商，則有兵；徵，旱；羽，水；角，歲惡。

或從正月旦比數雨。【一】率日食一升，至七升而極；【二】過之，不占。數至十二日，日直其月，占水旱。【三】爲其環域千里内占，則爲天下候〔三一〕，竟正月。【四】月所離列宿，【五】日、風、雲，占其國。然必察太歲所在。在金，穰；水，毁；木，饑；火，旱。此其大經也。

【一】索隱比音鼻律反。數音疏矩反。謂以次數日以候一歲之雨，以知豐穰也。

【二】集解孟康曰：「正月一日雨，民有一升之食；二日雨，民有二升之食；如此至七日。」

【三】集解孟康曰：「月一日雨，正月水。」

【四】集解孟康曰：「月三十日周天，歷二十八宿，然後可占天下。」正義案：月列宿，日、風、雲有變，占其國，并太歲所在，則知其歲豐稔、水旱、饑饉也。

【五】索隱月離于畢。案：韋昭云「離，歷也」。

正月上甲，風從東方，宜蠶；風從西方，若旦黄雲，惡。

冬至短極，縣土炭，【一】炭動，鹿解角〔三二〕，蘭根出，泉水躍，略以知日至，要决晷景。歲

星所在，五穀逢昌。其對爲衡，歲乃有殃。〔二〕

〔一〕集解孟康曰：「先冬至三日，縣土炭於衡兩端，輕重適均，冬至日陽氣至則炭重，夏至日陰氣至則土重。」晉灼曰：「蔡邕律曆記『候鍾律權土炭，冬至陽氣應黄鍾通，土炭輕而衡仰，夏至陰氣應蕤賓通，土炭重而衡低。進退先後，五日之中』。」

〔二〕正義言晷景歲星行不失次，則無災異，五穀逢其昌盛；若晷景歲星行而失舍有所衝，則歲乃有殃禍災變也。

太史公曰：自初生民以來，世主曷嘗不曆日月星辰？及至五家、〔一〕三代，紹而明之，〔二〕内冠帶，外夷狄，分中國爲十有二州，仰則觀象於天，俯則法類於地。天則有日月，地則有陰陽。天有五星，地有五行。天則有列宿，地則有州域。三光者，陰陽之精，氣本在地，而聖人統理之。

〔一〕索隱案：謂五紀，歲、月、日、星辰、曆數，各有一家顓學習之，故曰「五家」也。

〔二〕正義五家，黄帝、高陽、高辛、唐虞、堯舜也。三代，夏、殷、周也。言生民以來，何曾不曆日、月、星辰，及至五帝、三王，亦於紹繼而明天數陰陽也。

幽厲以往，尚矣。所見天變，皆國殊窟穴，家占物怪，以合時應，其文圖籍機祥不

法。【一】是以孔子論六經，紀異而説不書。至天道命，不傳；傳其人，不待告；【二】告非其人，雖言不著。【三】

【一】正義機音機。顧野王云「機祥，吉凶之先見也」。案：自古以來所見天變，國皆異具，所説不同，及家占物怪，用合時應者書，其文并圖籍，凶吉並不可法則。故孔子論六經，記異事而説其所應，不書變見之蹤也。

【二】正義待，須也。言天道性命，忽有志事，可傳授之則傳，其大指微妙，自在天性，不須深告語也。

【三】正義著，作慮反。著，明也。言天道性命，告非其人，雖爲言説，不得著明微妙，曉其意也。

昔之傳天數者：高辛之前，重、黎；【一】於唐、虞，羲、和；【二】有夏，昆吾；【三】殷商，巫咸；【四】周室，史佚、萇弘；【五】於宋，子韋；鄭則裨竈；【六】在齊，甘公；【七】楚，唐眛；【八】趙，尹臯；魏，石申〔三三〕」。【九】

【一】正義左傳云蔡墨曰「少昊氏之子曰黎，爲火正，號祝融〔三四〕」，即火行之官，知天數。

【二】正義羲氏，和氏，掌天地四時之官也。

【三】正義昆吾，陸終之子。虞翻云「昆吾名樊，爲己姓，封昆吾」。世本云昆吾衛者也〔三五〕。

【四】正義巫咸，殷賢臣也，本吴人，冢在蘇州常熟海隅山上。子賢，亦在此也。

【五】正義史佚，周武王時太史尹佚也。萇弘，周靈王時大夫也。

【六】正義裨竈，鄭大夫也。

【七】集解徐廣曰：「或曰甘公名德也，本是魯人。」正義七録云楚人，戰國時作天文星占八卷。

【八】正義莫葛反。

【九】正義七録云石申，魏人，戰國時作天文八卷也。

夫天運，三十歲一小變，百年中變，五百載大變；三大變一紀，三紀而大備：此其大數也。爲國者必貴三五。【一】上下各千歲，然後天人之際續備。

【一】索隱三五謂三十歲一小變，五百歲一大變。

太史公推古天變，未有可考于今者。蓋略以春秋二百四十二年之閒，【一】日蝕三十六，【二】彗星三見，【三】宋襄公時星隕如雨。【四】天子微，諸侯力政，【五】五伯代興，【六】更爲主命。自是之後，衆暴寡，大并小。秦、楚、吴、越，夷狄也，爲彊伯。【七】田氏簒齊，【八】三家分晉，【九】並爲戰國。爭於攻取，兵革更起，城邑數屠，因以饑饉疾疫焦苦，臣主共憂患，其察禨祥候星氣尤急。近世十二諸侯七國相王，【一〇】言從衡者繼踵，而皋、唐、甘、石因時務論其書傳，故其占驗淩雜米鹽。【一一】

【一】正義謂從隱公元年至哀公十四年獲麟也。隱公十一年，桓公十八年，莊公三十二年，閔公二年，僖公三十三年，文公十八年，宣公十八年，成公十八年，襄公三十一年，昭公三十二年，定公十五年，哀公十四年：凡二百四十二年也。

【二】正義謂隱公三年二月乙巳[三六]，桓公三年七月壬辰朔，十七年十月朔；莊公十八年三月朔，二十五年六月辛未朔，二十六年十二月癸亥朔，三十年九月庚午朔；僖公五年九月戊申朔，十二年三月庚午朔，十五年五月朔；文公元年二月癸亥朔，十五年六月辛卯朔[三七]；宣公八年七月庚子朔[三八]，十年四月丙辰朔，十七年六月癸卯朔；成公十六年六月丙辰朔[三九]，十七年七月丁巳朔[四〇]；襄公十四年二月乙未朔，十五年八月丁巳朔，二十年十月丙辰朔，二十一年九月庚戌朔，十月庚辰朔，二十三年二月癸酉朔，二十四年七月甲子朔，八月癸巳朔，二十七年十二月乙亥朔；昭公七年四月甲辰朔，十五年六月丁巳朔，十七年六月甲戌朔，二十一年七月壬午朔，二十二年十二月癸酉朔，二十四年五月乙未朔，三十年十二月辛亥朔[四一]；定公五年三月辛亥朔，十二年十一月丙寅朔，十五年八月庚辰朔：凡蝕三十六也。

【三】正義謂文公十四年七月有星入于北斗[四二]，昭公十七年冬有星孛于大辰，哀公十三年有星孛于東方。

【四】正義謂僖公十六年正月戊申朔，隕石于宋五也。

【五】集解徐廣曰：「一作『征』。」

【六】正義趙岐注孟子云齊桓、晉文、秦穆、宋襄、楚莊也。

【七】正義秦祖非子初邑於秦，地在西戎。楚子熊繹始封丹陽，荆蠻。吴太伯居吴，周章因封吴，號句吴。越祖少康之子初封於越，以守禹祀，地稱東越。皆戎夷之地，故言夷狄也。後秦穆、楚莊、吴闔閭、越句踐皆得封爲伯也。

【八】正義周安王二十三年，齊康公卒，田和并齊而立爲齊侯。

【九】正義周安王二十六年，魏武侯、韓文侯、趙敬侯共滅晉靜而三分其地。

【一〇】正義王，于放反。謂漢孝景帝三年，吴王濞、楚王戊、趙王遂、濟南王辟光、淄川王賢、膠東王雄渠也。

【一一】正義淩雜，交亂也。米鹽，細碎也。言皋、唐、甘、石等因時務論其書傳中災異所記録者，故其占驗交亂細碎。其語在漢書五行志中也。

二十八舍主十二州，【一】斗秉兼之，所從來久矣。【二】秦之疆也，候在太白，占於狼、弧。【三】吴、楚之疆，候在熒惑，占於鳥衡。【四】燕、齊之疆，候在辰星，占於虚、危。【五】宋、鄭之疆，候在歲星，占於房、心。【六】晉之疆，亦候在辰星，占於參罰。【七】

【一】正義二十八舍，謂東方角、亢、氐、房、心、尾、箕；北方斗、牛、女、虚、危、室、壁；西方奎、婁、胃、昴、畢、觜、參；南方井、鬼、柳、星、張、翼、軫。星經云：「角、亢，鄭之分野，兖州；氐、房、心，宋之分野，豫州；尾、箕，燕之分野，幽州；南斗、牽牛，吴、越之分野，揚州；須女、虚，齊之分野，青州；危、室、壁，衛之分野，并州；奎、婁，魯之分野，徐州；胃、昴，趙之分野，冀州；畢、觜、參，魏之分野，益州；東井、輿鬼，秦之分野，雍州；柳、星、張，周之分野，三河；翼、軫，楚之分野，荆州也。」

【二】正義 言北斗所建秉十二辰，兼十二州，二十八宿，自古所用，從來久遠矣。

【三】正義 太白、狼、弧，皆西方之星，故秦占候也。

【四】正義 熒惑、鳥衡，皆南方之星，故吳、楚之占候也。鳥衡，柳星也。一本作「注張」也。

【五】正義 辰星、虚、危，皆北方之星，故燕、齊占候也。

【六】正義 歲星、房、心，皆東方之星，故宋、鄭占候也。

【七】正義 辰星、參、罰，皆北方西方之星，故晉占候也。

及秦并吞三晉、燕、代，自河山以南者中國。【一】中國於四海内則在東南，爲陽；【二】陽則日、歲星、熒惑、填星；【三】占於街南，畢主之。【四】其西北則胡、貉、月氏諸衣旃裘引弓之民，爲陰；【五】陰則月、太白、辰星；【六】占於街北，昴主之。【七】故中國山川東北流，其維，首在隴、蜀，尾没于勃、碣。【八】是以秦、晉好用兵，【九】復占太白，太白主中國；而胡、貉數侵掠，【一〇】獨占辰星，辰星出入躁疾，常主夷狄：其大經也。此更爲客主人。【一一】熒惑爲孛，外則理兵，内則理政。故曰「雖有明天子，必視熒惑所在」。【一二】諸侯更彊，時菑異記，無可録者。

【一】正義河，黄河也。山，華山也。從華山及黄河以南爲中國也。
【二】正義爾雅云：「九夷、八狄、七戎、六蠻，謂之四海之内〔四三〕」。中國，從河山東南爲陽也。
【三】正義日，人質反。填音鎮。日，陽也。歲星屬東方，熒惑屬南方，填星屬中央，皆在南及東，爲陽也。
【四】正義天街二星，主畢、昴，主國界也。街南爲華夏之國，街北爲夷狄之國，則畢星主陽。
【五】正義貉音陌。氐音支。從河山西北及秦、晉爲陰也。
【六】正義月，陰也。太白屬西方，辰星屬北方，皆在北及西，爲陰也。
【七】正義天街星北爲夷狄之國，則昴星主之，陰也。
【八】正義言中國山及川東北流行，若南山首在崑崙蔥嶺，東北行，連隴山至南山、華山，渡河東北盡碣石山。黄河首起崑崙山；渭水、岷江發源出隴山：皆東北東入渤海也。
【九】集解韋昭曰：「秦晉西南維之北爲陰，猶與胡、貉引弓之民同，故好用兵。」
【一〇】正義主猶領也，入也。星經云「太白在北，月在南，中國敗；太白在南，月在北，中國不敗也」。是胡貉數侵掠之也。
【一一】正義更，格行反，下同。星經云：「辰星不出，太白爲客；辰星出，太白爲主人。辰星、太白不相從，雖有軍不戰。辰星出東方，太白出西方，若辰星出西方，太白出東方，爲格，野雖有兵，不戰；合宿乃戰。辰星入太白中五日，及入而上出，破軍殺將，客勝；不出，客亡地。視旗所指。」

【三】索隱必視熒惑之所在。此據春秋緯文耀鉤，故言「故曰」。

秦始皇之時，十五年彗星四見，久者八十日，長或竟天。其後秦遂以兵滅六王，并中國，外攘四夷，死人如亂麻，因以張楚並起，三十年之閒【一】兵相駘藉，【二】不可勝數。自蚩尤以來，未嘗若斯也。

【一】正義謂從秦始皇十六年起兵滅韓，至漢高祖五年滅項羽，則三十六年矣。

【二】集解蘇林曰：「駘音臺，登躡也。」

項羽救鉅鹿，枉矢西流，山東遂合從諸侯，西坑秦人，誅屠咸陽。

漢之興，五星聚于東井。平城之圍，【一】月暈參、畢七重〔二四〕。【二】諸呂作亂，日蝕，晝晦。吳楚七國叛逆，彗星數丈，天狗過梁野；及兵起，遂伏尸流血其下。元光、元狩，蚩尤之旗再見，長則半天。其後京師師四出，【三】誅夷狄者數十年，而伐胡尤甚。越之亡，熒惑守斗；【四】朝鮮之拔，星茀【五】于河戍；【六】兵征大宛，星茀招搖；【七】此其犖犖【八】大者。若至委曲小變，不可勝道。由是觀之，未有不先形見而應隨之者也。

【一】索隱漢高祖之七年。

【二】索隱案：天文志「其占者〔二五〕：『畢、昴閒天街也。街北，胡也。街南，中國也。昴爲匈奴；參爲趙；畢爲邊兵。』是歲高祖自將兵擊匈奴，至平城，爲冒頓所圍，七日乃解」。則天象有若符契。七重，主七日也。

【三】正義元光元年，太中大夫衛青等伐匈奴；元狩二年，冠軍侯霍去病等擊胡；元鼎五年，衛尉路博德等破南越；及韓説破東越，并破西南夷，開十餘郡；元年，樓船將軍楊僕擊朝鮮也。

【四】正義南斗爲吴、越之分野。

【五】索隱音佩，即孛星也。

【六】索隱案：天文志「武帝元封之中，星孛于河戍，其占曰『南戍爲越門，北戍爲胡門』。其後漢兵擊拔朝鮮，以爲樂浪、玄菟郡。朝鮮在海中，越之象，居北方，胡之域也」。其河戍即南河、北河也。

【七】正義招摇一星，次北斗杓端，主胡兵也。占：角變，則兵革大行。

【八】索隱力角反。犖犖，大事分明也。

夫自漢之爲天數者，星則唐都，氣則王朔，占歲則魏鮮。故甘、石曆五星法，唯獨熒惑有反逆行；逆行所守，及他星逆行，日月薄蝕，【一】皆以爲占。

【一】集解孟康曰：「日月無光曰薄。京房易傳曰『日赤黄爲薄〔四六〕。或曰不交而蝕曰薄』。」韋昭曰：「氣往迫之爲薄，虧毀爲蝕。」

余觀史記，考行事，百年之中，五星無出而不反逆行，反逆行，嘗盛大而變色；日月薄蝕，行南北有時：此其大度也。故紫宮、【一】房心、【二】權衡、【三】咸池、【四】虛危【五】列宿部星，【六】此天之五官坐位也，爲經，不移徙，大小有差，闊狹有常。【七】水、火、金、木、填星，【八】此五星者，天之五佐，【九】爲緯〔四七〕，見伏有時，【一〇】所過行贏縮有度。

【一】正義 中宮也。

【二】正義 東宮也。

【三】正義 南宮也。

【四】正義 西宮也。

【五】正義 北宮也。

【六】正義 五官列宿部內之星也。

【七】集解 孟康曰：「闊狹，若三台星相去遠近。」

【八】集解 徐廣曰：「木、火、土三星若合，是謂驚位絶行。」

【九】正義 言水、火、金、木、土五星佐天行德也。

【一〇】正義 五星行南北爲經，東西爲緯也。

日變脩德，月變省刑，星變結和。凡天變，過度乃占。國君彊大有德者昌，弱小飾詐者亡。太上脩德，其次脩政，其次脩救，其次脩禳，正下無之。夫常星之變希見，而三光之占亟用。日月暈適，〔一〕雲風，此天之客氣，其發見亦有大運。然其與政事俯仰，最近天人之符〔四八〕。此五者，天之感動。爲天數者，必通三五。〔二〕終始古今，深觀時變，察其精粗，則天官備矣。

【一】集解徐廣曰：「適者，災變咎徵也。」李斐曰：「適，見災于天。劉向以爲日、月蝕及星逆行，非太平之常。自周衰以來，人事多亂，故天文應之遂變耳。」駰案：孟康曰「暈，日旁氣也。適，日之將食，先有黑氣之變」。

【二】索隱案：三謂三辰，五謂五星。

蒼帝行德，天門爲之開。〔一〕赤帝行德，天牢爲之空。〔二〕黃帝行德，天夭爲之起。〔三〕風從西北來，必以庚、辛。一秋中，五至，大赦；三至，小赦。白帝行德，以正月二十日、二十一日，月暈圍，常大赦載，謂有太陽也。一曰：〔四〕白帝行德，畢、昴爲之圍。圍三暮，德乃成；〔五〕不三暮，及圍不合，德不成。二曰：以辰圍，不出其旬。黑帝行德，天關爲之動。〔六〕天行德，天子更立年；〔七〕不德，風雨破石。三能、三衡者，天廷也。〔八〕客星出天廷，有奇令。

【一】索隱案：謂王者行春令，布德澤，被天下，應靈威仰之帝，而天門爲之開，以發德化也。天門，即左右角間也。正義爲，于僞反，下同。蒼帝，東方靈威仰之帝也。春，萬物開發，東作起，則天發其德化，天門爲之開也。

【二】索隱亦謂王者行德，以應火精之帝。謂舉大禮，封諸侯之地，則是赤帝行德。夏陽，主舒散，故天牢爲之空，則人主當赦宥也。正義赤帝，南方赤熛怒之帝也。夏萬物茂盛，功作大興，則天施德惠，天牢爲之空虛也。天牢六星，在北斗魁下，不對中台，主秉禁暴，亦貴人之牢也。

【三】正義黄帝，中央含樞紐之帝。季夏萬物盛大，則當大赦，含養羣品也。

【四】索隱一曰，二曰，案謂星家之異説，太史公兼記之耳。

【五】正義白帝，西方白招矩之帝也。秋萬物咸成，則暈圍畢、昴三暮，帝德乃成也。

【六】正義黑帝，北方叶光紀之帝也。冬萬物閉藏，爲之動，爲之開閉也。天關一星，在五車南，畢西北，爲天門，日、月、五星所道，主邊事，亦爲限隔内外，障絶往來，禁道之作違者。占：芒，角，有兵起；五星守之，主貴人多死也。

【七】索隱案：天，謂北極，紫微宫也。言王者當天心，則北辰有光耀，是行德也。北辰光耀，則天子更立年也。

【八】索隱上云「南宫朱鳥，權衡，衡，太微，三光之廷」，則三衡者即太微也。其謂之三者，爲日、月、五星也。然斗第六第五星亦名衡，又參三星亦名衡，然並不爲天廷也。正義晉書天文志云：「三台，主開德宣符也，所以和陰陽而理萬物也。三衡者，北斗魁四星爲璇璣，杓三星爲玉衡，人君之象，號令主也。又太微，天子宮庭也。太微爲衡。衡，主平也，爲天庭理法平辭理也〔一四九〕。」案：言三台、三衡者，皆天帝之庭，號令舒散平理也，故言三台、三衡。言若有客星出三台、三衡之廷，必有奇異教令也。

【索隱述贊】在天成象，有同影響。觀文察變，其來自往。天官既書，太史攸掌。雲物必記，星辰可仰。盈縮匪僭，應驗無爽。至哉玄監，云誰欲罔！

校勘記

〔一〕營室七星　張文虎札記卷三：「考證云營室止二星，此『七』字誤。」按：晉書卷一一天文志上、隋書卷二〇天文志中、宋史卷五〇天文志三皆云「營室二星」。參見下條。

〔二〕亦爲玄宮亦爲清廟　二「亦」字疑當作「一」。按：晉書卷一一天文志上、隋書卷二〇天文志中、宋史卷五〇天文志三皆云營室二星，「一曰玄宮，一曰清廟」。

〔三〕第五至第七爲標　「標」，殿本作「杓」。按：後漢書卷五二崔駰傳李賢注引春秋運斗樞作「杓」。晉書卷一一天文志上、隋書卷一九天文志上、宋史卷四九天文志二皆云「五至七爲杓」。

〔四〕第一曰主日法天　「主」，原作「正」，「法天」二字原無，據耿本、黄本、彭本、柯本、凌本、殿本改補。參見下條。

〔五〕第二曰主月法地　「地」字原無，據耿本、黄本、彭本、柯本、凌本、殿本補。

〔六〕杓北斗杓也　疑文有衍誤。按：漢書卷二六天文志顔師古注引孟康作「杓斗柄也」，後漢書卷五二崔駰傳「執斗柄」李賢注云「杓即柄」。

〔七〕五曰司中　漢書卷二六天文志作「五曰司禄」。

〔八〕六曰司禄　漢書卷二六天文志作「六曰司災」。

〔九〕司命主老幼司災主災咎也　耿本、黄本、彭本、柯本作「司命主災咎司災主左理也」。凌本、殿本「司災」作「司中」。

〔一〇〕天理理貴人牢　殿本無下「理」字。集解引孟康曰「貴人牢名曰天理」，與此同義。下文索隱引樂汁圖「連營，賤人牢」，文例同。

〔一一〕台星凡六星　漢書卷六五東方朔傳顔師古注引孟康作「每台二星凡六星」。

〔一二〕注更河三星　此五字原無，據索隱本補。

〔一三〕詩記曆樞　「記」，殿本作「氾」。後漢書卷三〇下郎顗傳：「詩氾歷樞曰：『卯酉爲革政，午亥爲革命，神在天門，出入候聽。』」隋書卷三二經籍志一作「氾曆樞」。

〔一四〕一曰連索　殿本此下有「一曰連營一曰天牢」八字。

〔一五〕房爲府　「府」上疑脱「天」字。按：梁玉繩志疑卷一五：「『府』上有『天』字，索隱本及御覽卷五並作『天府』也。」漢書卷二六天文志作「房爲天府」。

〔一六〕一音其炎反　「一」，耿本、黄本、彭本、柯本、凌本、殿本無。

〔一七〕兩相穿背　疑「相穿」二字誤倒。按：説文舛部：「舝，車軸耑鍵也，兩穿相背，從舛。」段玉裁注：「據許説則每耑爲兩穿，每穿鍵以一鐵，兩穿相對，故其字從舛。」

〔一八〕天市二十三星　「二十三星」，殿本、會注本作「二十二星」。

〔一九〕如鼎之句曲　「鼎」下疑脱「足」字。按：漢書卷二六天文志顔師古注引晉灼有「足」字，與正文合。

〔二〇〕人君恐　「恐」，殿本作「吉」。

〔二一〕調弄象　「象」上耿本、黄本、彭本、柯本、凌本、殿本有「爲」字。

〔二二〕諸侯五星在東井北河　張文虎札記卷三：「『河』字衍，晉志無。」按：殿本作「五諸侯五星在東井東北近北河」。

〔二三〕周之元士漢之光禄中散諫議此三署郎中　「此」，晉書卷一一天文志上、隋書卷一九天文志上作「議郎」。

〔二四〕又他果反　耿本、黄本、彭本、柯本、凌本、殿本無此四字。

〔二五〕其西曲星曰鉞鉞北北河南南河　漢書卷二六天文志：「東井西曲星曰戉；北，北河；南，南河。」李人鑒太史公書校讀記以爲下「鉞」字衍。

〔二六〕置而爲戒　「戒」，疑當作「戍」。參見下條。

〔二七〕南河南戒　「戒」，疑當作「戍」。按：晉書卷一一天文志上：「南河曰南戍，一曰南宮，一曰陽門，一曰越門，一曰權星。主火。北河曰北戍，一曰北宮，一曰陰門，一曰胡門，一曰衡星。主水。兩河戍間，日月五星之常道也。河戍動摇，中國兵起。」隋書卷一九天文志上同。本卷「星茀于河戍」索隱：「其河戍即南河、北河也。」漢書卷二六天文志：「元封中，星孛于河戍。占曰『南戍爲越門，北戍爲胡門』。」王念孫雜志史記第二：「上文『鉞北，北河；南，南河』正義曰：『南河三星，北河三星，分夾東井南北，置而爲戍。（今本正義『戍』作『戒』。後人所改也。戍可言置，戒不可言置。）南河南戍，一曰陽門，亦曰越門；北河北戍，一曰陰門，亦曰胡門。』置而爲戍者，謂置守邊之亭障也。」

〔二八〕北河北戒　「戒」，疑當作「戍」。參見上條。

〔二九〕兩戒閒　「戒」，疑當作「戍」。參見本卷校記〔二七〕引晉書卷一一天文志上。

〔三〇〕輿鬼五星　「五」，原作「四」，據殿本及集解改。

〔三一〕質欲其沒不明　「沒」，殿本作「曶曶」，晉書卷一一天文志上、隋書卷二〇天文志中作「忽忽」，皆昏暗之意。

〔三二〕員官　索隱本作「員宮」，漢書卷二六天文志同。

〔三三〕含秀含實主秋垂　張文虎札記卷三：「有脱誤，各本同。」按：御覽卷三五時序部引春秋元命苞作「含秀懷實至秋精垂」。

〔二四〕奎天之府庫　「府庫」，疑當作「武庫」。按：晉書卷十一天文志上、隋書卷二〇天文志中皆作「武庫」，後漢書志第十一天文志中云「奎主武庫兵」。

〔二五〕狼比地有大星　梁玉繩志疑卷一五：「『狼』字衍，漢志無之。」

〔二六〕禾野生曰旅　景祐本、紹興本、耿本、黃本、彭本、柯本、凌本、殿本無「禾」字，開元占經卷六二西方七宿占三觜觿占六引晉灼同。疑此衍。

〔二七〕金木火守亦如之　殿本史記考證：「星占木爲德星，守則爲休祥。『木』字乃衍文也。」

〔二八〕其宿二星南星主哭泣　疑文有脱誤。按：晉書卷一一天文志上：「虛南二星曰哭，哭東二星曰泣。」隋書卷二〇天文志中同。

〔二九〕水水患　「水」字原不重。王念孫雜志史記第二：「『水患』當作『水水患』。言水犯北落入軍，則有水患也。上文『火入，旱；金，兵；水，水』，即其證。」今據補。按：漢書卷二六天文志重「水」字。

〔四〇〕亦天宿衞之兵革出　張文虎札記卷三：「句有脱誤。」按：殿本「之」作「主」，無「出」字。

〔四一〕廣雅　原作「爾雅」。張文虎札記卷三：「文見廣雅，此誤。」今據改。按：索隱引文見廣雅釋天。

〔四二〕可以罰人　「罰」，漢書卷二六天文志作「伐」，與上文「所在國不可伐」相對。

〔四三〕其趨舍而前曰贏　「趨」，漢書卷二六天文志作「超」。

〔四四〕天官占云　「占」字原無。張文虎札記卷三：「御覽七引作『天官占』，此脱『占』字。」今據補。按：此篇索隱、正義屢引天官占。

〔四五〕其歲大水　此上原有「名曰降入」四字。梁玉繩志疑卷一五：「上文已言『婺女、虚、危晨出，曰降入』，則此四字爲誤重。」今據删。

〔四六〕與營室東壁晨出　「與」上原有「居」字。張文虎札記卷三：「何氏義門讀書記云『居』字疑衍。」按：依文例，「居」字當衍。開元占經卷二三歲星占一引天官書無「居」字。今據删。

〔四七〕有應見軫　此下原有「曰青章」三字。梁玉繩志疑卷一五以爲衍文，今據删。

〔四八〕敦舒　本書卷二六曆書「徒維執徐三年」正義引李巡作「敦舒」，開元占經卷二三歲星占一引李巡同。

〔四九〕以四月與奎婁晨出　「奎婁」下原有「胃昴」二字。梁玉繩志疑卷一五：「五月歲星與胃、昴、畢晨出，若四月安得與胃、昴出乎？二字衍，漢志、淮南子俱無之。」今據删。

〔五〇〕故曰協洽　「協洽」二字原無，據耿本、黄本、彭本、柯本、凌本、殿本補。按：本書卷二六曆書「昭陽汁洽二年」正義引李巡云：「言陰陽化生，萬物和合，故曰協洽也。」

〔五一〕曰長王　「曰」下原有「爲」字。梁玉繩志疑卷一五：「『爲』字衍。」今據删。

〔五二〕有應見危　此下原有「曰大章」三字。王元啓正譌卷三：「此大淵獻節語，錯衍於此。」今據删。

〔五三〕作鄂有芒　「鄂」，耿本、黄本、彭本、柯本、凌本、殿本作「作」，與正文合。

〔五四〕故曰闇茂　「闇茂」二字原無，據耿本、黃本、彭本、柯本、凌本、殿本補。按：本書卷二六曆書「焉逢淹茂三年」正義引李巡云：「言萬物皆蔽冒，故曰闇茂。」

〔五五〕有應見昴　「見」，原作「在」。張文虎札記卷三：「前後並作『見』，此獨作『在』，誤。占經引甘氏作『見』，正譌説同。」今據改。

〔五六〕及登　隋書卷二〇天文志中作「反登」。開元占經卷八五妖星占上反登七：「河圖曰：『歲星之精流爲反登。』春秋緯曰：『反登主夷分。』」

〔五七〕以廣凶災也　「廣」，黃本、彭本、柯本、凌本、殿本作「應」，疑是。

〔五八〕天槍主兵亂　「槍」，殿本作「欃」，疑是。按：漢書卷二六天文志：「孝文後二年正月壬寅，天欃夕出西南。占曰：『爲兵喪亂。』」

〔五九〕天槍夕出西南　「天槍」，漢書卷二六天文志作「天欃」。參見上條。

〔六〇〕熒惑爲勃亂　「熒惑」二字原重。張文虎札記卷三：「二字涉下而衍。」今據刪。

〔六一〕其南爲丈夫喪　「喪」字原無。漢書卷二六天文志有「喪」字，開元占經卷三〇引甘氏：「其南丈夫之喪，其北女子之喪。」今據補。

〔六二〕乍前乍後　晉書卷一二天文志中、隋書卷二〇天文志中此下有「乍左乍右」四字，與正文合，疑此脱。

〔六三〕惑童兒歌謡嬉戲也　疑文有脱誤。按：晉書卷一二天文志中、隋書卷二〇天文志中皆云「熒惑降爲童兒，歌謡嬉戲」。開元占經卷三〇：「夫熒惑主司非，其精下爲風伯之神。巫咸曰：熒惑下爲童男，止於都市。」

〔六四〕兵喪暴起　「暴」，下正文作「並」，疑是。按：此謂兵與喪並起。漢書卷二六天文志作「並」。

〔六五〕十三度　原作「十二度」。王元啓正譌卷三：「『十二度』，當作『十三度』。」今據改。按：朱桂昌曰：下文「歲行十三度百十二分度之五，日行二十八分度之一，二十八歲周天」。歲星一年運行$13\frac{5}{112}\times 28 = 365\frac{1}{4}$度，正爲三百六十五又四分之一度，是爲一周天。如作「十二」，則$12\frac{5}{112}\times 28 = 337\frac{1}{4}$度，不足一周天。

〔六六〕可以重致天下　「以」字原無。張文虎札記卷三：「雜志於『可』下補『以』字，與歲星、熒惑、太白、辰星句法一例。云開元占經引石氏曰『可以重德致天下』。」今據補。

〔六七〕金在南　「南」下疑當有「木在北」三字。按：張文虎札記卷三：「漢志：『太白在南，歲在北，名曰牝牡。』晉志文同。據索隱引晉灼及正義引星經，則史文『金在南』句或上或下當有『木在北』三字，今本失之。」

〔六八〕金在北　「北」下疑當有「木在南」三字。按：張文虎札記卷三：「漢志：『太白在北，歲在南，年或有或無。』晉志亦同。史文『金在北』句或上或下當有『木在南』三字，今本亦失。」

〔六九〕爲北軍　王念孫雜志史記第二：「『爲北軍』上當有『水』字，言火與水合，則爲北軍，軍困，舉事大敗也。漢書天文志熒惑『與辰合則爲北軍，用兵舉事大敗』，晉書天文志火『與水合，爲北軍，用兵舉事大敗』，皆其明證矣。」

〔七〇〕陵相冒占過也　「占」，漢書卷二六天文志顔師古注引孟康無。

〔七一〕曰西方秋　此下原有「司兵月行及天矢」七字。錢大昕三史拾遺卷一：「『司兵』以下七字疑衍。以木、火、土、水四星例之可見。」王元啓正譌卷三：「此（月行及天矢）即後文所謂『出蚤爲月蝕，晚爲天矢及彗』也。誤衍於此，又逸其半而加訛舛焉。」今據删。

〔七二〕星是古曆星若　殿本史記考證：「『星是古歷星若』六字乃『若星帚星若彗』之訛也。」按：考證説是。晉書卷一二天文志中：「若星、帚星、若彗、竹彗、牆星、榱星、白雚，皆太白之所生也。」

〔七三〕皆以示變也　「變」下原有「之」字，據殿本删。按：張文虎札記卷三：「『之』字非誤即衍。」

〔七四〕其始出西方　「方」字原無。王元啓正譌卷三：「『西』下脱一『方』字。」按：上文云「其始出東方」，文例與此同。今據補。

〔七五〕上元是古曆之名　此下原有「言用上元紀曆法則攝提歲而太白與營室晨出東方至角而入與營室夕出西方至角而入凡出入東西各五爲八歲二百三十日復與營室晨出東方大率歲一周天也」六十六字，據耿本、黄本、彭本、柯本、凌本、殿本移至正文「歲一周天」下。「凡」，原作「元」，據耿本、黄本、彭本、柯本、凌本、殿本改。

〔七六〕未當出而出當入而不入天下起兵　「天」字原無。漢書卷二六天文志有「天」字，王元啓正譌卷三補「天」字。今據補。按：上文云「當出不出，未當入而入，天下偃兵」，與此相對。

〔七七〕易其鄉凶　「易」，原作「疾」。王念孫雜志史記第二：「疾行而過謂之易，故蘇林訓『易』爲『疾過』。漢書天文志：『太白所居久，其國利；易，其鄉凶。』蘇林解『易』字曰『疾過也』。是其明證矣。開元占經太白占引石氏星經曰：『太白所居久，其鄉利；易，其鄉凶。』此即天官書所本。天官書又曰：『填星其居久，其國福厚；易，福薄。』徐廣曰：『易猶輕速也。』天文志又曰：『歲星出而易，所當之國是受其殃。』皆足與此易字互相證明矣。後人誤讀『疾過也』之注，遂改正文易字爲疾，不知蘇林自訓易爲疾過，非訓疾爲過也。」今據改。

〔七八〕出西至東　「出西」下原有「逆行」二字。王元啓正譌卷三：「出東至西爲逆行，出西至東乃順行也。『逆行』二字衍。」今據刪。

〔七九〕是謂耎　此下疑脱「而伏」二字。按：梁玉繩志疑卷一五：「漢志作『耎而伏』，晉灼曰『耎，退也；伏，不見也』。此亦缺。」

〔八〇〕耎退之不進　漢書卷二六天文志顏師古注引晉灼云「耎，退也。不進而伏，伏不見也」，疑此有脱誤。參見上條。

〔八一〕未盡其日　梁玉繩志疑卷一五：「（其日）漢、晉志作『期日』，是也。」

〔八二〕唯有色得位　「唯」，漢書卷二六天文志顏師古注引晉灼作「雖」。

〔八三〕凡五星所出所直之辰　晉書卷一二天文志中「所直」上有「所行」二字，疑是。

〔八四〕所直之辰　晉書卷一二天文志中「所直」上有「所行」二字，疑是。

〔八五〕居實有得居虛無得也　梁玉繩志疑卷一五：「晉志『得』作『德』，晉灼引星經亦作『德』。」

〔八六〕出桑榆上者餘二千里　「者」，疑當作「千」。按：下文曰「平望，在桑榆上千餘二千里」，是其證。

〔八七〕即正四時以治辰星之位是也　原作「下文正四時及星辰之會是也」，據耿本、黄本、彭本、柯本、凌本、殿本改。按：正文云「以治辰星之位」，下云「是正四時」。本書無「正四時及星辰之會」之文。

〔八八〕夕出郊奎婁胃東五舍爲齊仲夏夏至夕出郊東井輿鬼柳東七舍爲楚仲秋秋分夕出郊角亢氐房東四舍爲漢仲冬冬至晨出郊東方與尾箕斗牽牛俱西爲中國　錢大昕考異卷三：「四『郊』字皆『效』字之訛。淮南天文訓：『辰星正四時，常以二月春分効奎、婁，以五月夏至効東井、輿鬼，以十一月冬至効斗、牽牛。』高誘云：『効，見也。』予謂『効』、『見』聲相近，説文無『効』字，當爲『效』。」按：錢説是。下文「其時宜效，不效爲失」正義：「效，見也。」

〔八九〕外國用兵者利　「兵」字原無。漢書卷二六天文志云「夷狄用兵者利」，王元啓正譌卷三補「兵」字，今據補。

〔九〇〕水生於金　「於」字原無。張文虎札記卷三：「『水』、『金』當互易，或『生』下有『於』字。」今補「於」字。

〔九一〕故主有軍不戰　「主」，原作「上」。張文虎札記卷三：「『上』當爲『主』。」今據改。

〔九二〕廣雅云辰星謂之兔星則辰星之别名兔　二「兔」字，耿本、黄本、彭本、柯本、凌本、殿本作「免」。錢大昕十駕齋養新録卷一三：「古兔、免同文。」

〔九三〕械音函函容也言中閒可容一劍則函字本有咸音故字從咸　黄本、柯本、凌本、殿本作「案蘇所説則㨔字本有咸音故字從咸也」。

〔九四〕劍古作劒也　張文虎札記卷三：「五字疑衍，合刻本無。」

〔九五〕謂星凡有七名　耿本、黄本、彭本、柯本、凌本、殿本「星」上有「免」字。

〔九六〕背爲不和　「爲」字原無。張文虎札記卷三：「漢志『背』下亦有『爲』字，此脱。」今據補。

〔九七〕破軍　原作「指暈」。王元啓正譌卷三：「漢志作『破軍』，史本誤也。」今據改。

〔九八〕而食益盡爲主位　王念孫雜志史記第二：「『而』，讀曰『如』，『益』即『盡』字之誤而衍者也。漢書天文志引夏氏日月傳曰：『日食盡，主位也；不盡，臣位也。』」

〔九九〕去地可六丈　張文虎札記卷三：「御覽八百七十五引作『可五六七丈』。晉志作『可六七丈』。漢志『可六丈』下有『大而黄』三字。疑此有脱文。」

〔一〇〇〕大賊星　錢大昕考異卷三：「『大』當作『六』，字連下句讀。『六賊』，星名也。」按：漢書卷二六天文志作「六賊星」，開元占經卷八五妖星占上引天官書同。

〔一〇一〕下有三彗縱横　「三」，紹興本作「三」，漢書卷二六天文志顔師古注引孟康同。按：晉書卷一二天文志中、隋書卷二〇天文志中並作「三」。

〔一〇二〕地維咸光　「咸」，疑當作「臧」。按：漢書卷二六天文志作「臧」，隋書卷二〇天文志中同。晉書卷一二天文志中作「藏」。

〔一〇三〕其本曰火　「其」字原無。王元啓正譌卷三：「漢志曰『其本曰人』，史本脱去句首一『其』字。」今據補。

〔一〇四〕水生於金　「於」字原無，據殿本補。按：張文虎札記卷三：「『水』、『金』當互易，或『生』下脱『於』字。」

〔一〇五〕其所往者　張文虎札記卷三：「『往』字吳校元板作『住』，與漢志合。御覽十三引師曠占文略同，亦作『住』。」

〔一〇六〕其下圜如數頃田處上兑者則有黄色千里破軍殺將　疑文有脱誤。按：南齊書卷一三天文志下：「天官云：『天狗狀如大鏡星。』又云：『如大流星，色黄，有聲。其止地，類狗。所墜，望之如火光，炎炎衝天。其上鋭，其下圓，如數頃田。見則流血千里，破軍殺將。』」晉書卷一二天文志中略同。

〔一〇七〕必有大害　「害」，疑當作「客」。按：開元占經卷八六引史記天官書：「格澤星者，如炎火之狀。黄白，起地而下大上鋭。其見也，不種而穫；不有土功，必有大客。」漢書卷二六天文志亦作「客」。

〔一八〕毛羽　王念孫雜志史記第二：「『毛羽』本作『毛目』，後人以意改之耳。漢書、晉書竝作『毛目』。又開元占經妖星占引巫咸及海中占亦作『毛目』。又引春秋合誠圖曰：枉矢者，射星也，水流蛇行含明，故有毛目。考工記輈人注：妖星有枉矢者，蛇行，有毛目。疏引考異郵曰：枉矢狀如流星，蛇行，有毛目。（今本『毛目』二字竝誤作『尾』。因據宋本、嘉靖本、十行本改。）此皆其明證矣。太平御覽咎徵部二引史記正作『毛目』。」

〔一九〕千餘二千里　「餘」下原有「里」字，據景祐本、毛本删。

〔二〇〕雲猶云衆盛也氣猶饋然也有聲即無形也　疑「云」字當重。按：釋名釋天作「雲猶云云，衆盛意也。氣，饋也，饋然有聲而無形也」。張文虎札記卷三：「此正義有脱誤，文不成義。」莊子在宥：「萬物云云，各復其根。」成玄英疏：「云云，衆多也。」呂氏春秋季春紀圜道：「雲氣西行，云云然冬夏不輟。」

〔二一〕去之十餘里見　「里」上殿本有「二十」二字，疑此脱。按：漢書卷二六天文志亦有此二字。

〔二二〕杼雲類杼軸雲　晉書卷一二天文志中、隋書卷二一天文志下並作「杼軸雲類軸」。

〔二三〕以五色合占　梁玉繩志疑卷一五：「以漢晉諸志校之，『合占』之『合』字衍，即『占』之誤文複出者。」按：隋書卷二一天文志下亦無「合」字。

〔二四〕易飛候　原作「易兆候」，據殿本改。按：初學記卷一天部上、御覽卷五〇一逸民部一引並作「易飛候」。後漢書卷三〇下郎顗傳「臣伏案飛候，參察衆政」李賢注：「京房作易飛候。」隋書卷三四經籍志三著録「周易飛候九卷」、「周易飛候六卷」，皆題京房撰。

〔一五〕五色具　本書卷八高祖本紀「季所居上常有雲氣」正義引京房説下有「而不雨」三字，水經注卷二四睢水引同。

〔一六〕山氣多男　「男」，原作「勇」，據黄本、彭本、柯本改。按：淮南子墬形訓亦作「男」。參見下條。

〔一七〕澤氣多瘖　「多」下疑脱「女障氣多」四字。按：淮南子墬形訓：「澤氣多女，障氣多瘖。」博物志五方人民：「山氣多男，澤氣多女。」

〔一八〕木氣多傴　淮南子墬形訓此下有「岸下氣多腫」五字。

〔一九〕險阻氣多壽　疑文有脱誤。按：淮南子墬形訓作「險阻氣多癭暑氣多夭寒氣多壽」。

〔二〇〕湍水人重　疑文有脱誤。按：淮南子墬形訓作「湍水人輕遲水人重」。

〔二一〕卿雲喜氣也　「雲」下原有「見」字。王念孫雜志史記第二：「『卿雲』下本無『見』字，此涉下文『見』字而誤衍也。凡言某星見、某氣見者，其下文必有吉凶之事。此是以喜氣釋卿雲，猶言卿雲者喜氣也。若加一『見』字，則隔斷上下文義。藝文類聚祥瑞部引此有『見』字，漢書天文志有『見』字，皆後人依誤本史記加之。初學記天部，太平御覽天部、人事部、休徵部引史記皆無『見』字。」今據删。

〔二二〕夫雷電蝦虹　「夫」，原作「天」。漢書卷二六天文志作「夫」，王元啓正譌卷三：「『天』字誤，當從漢志作『夫』。」今據改。

〔二三〕水澹地長澤竭見象　原作「水澹澤竭地長見象」。錢大昕考異卷三：「漢志云『水澹地長，澤竭見象』，蓋以長、象爲韻，與上下文同例。『澹』，古『贍』字，『水澹』與『澤竭』意亦相對，此傎倒兩字，蓋傳寫之譌。」今據乙。

〔二四〕潤息稾枯　原作「閨臬枯稾」。錢大昕考異卷三：「『枯稾』當作『稾枯』，『枯』與『閭』韻也。『閨臬』，漢志作『潤息』，於義爲長。」今據改。

〔二五〕谿谷也垘崩也　疑文有譌誤。按：漢書卷二六天文志顏師古注引孟康云「垘，音羅菔，謂谿垘崩也」。

〔二六〕四時之始也　「始」上原有「卒」字。漢書卷二六天文志無。王元啓正譌卷三：「漢志無『卒』字，係衍字。」今據刪。

〔二七〕欲終日　此下原有「有雨」二字。梁玉繩志疑卷一五：「正月旦有雲、有風、有日，至今農占謂之三有。若雨，則爲歲惡也。漢志無『有雨』二字，此宜衍。」今據刪。

〔二八〕淺而多實　「多」，漢書卷二六天文志作「少」。

〔二九〕各以其時用雲色占種所宜　「種」下原有「其」字。王念孫雜志史記第二：「顧子明曰：下『其』字因上『其』字而衍，漢志無。」今據刪。

〔三〇〕歲大穰　「歲」，疑當作「上歲」。按：漢書卷二六天文志顏師古注引韋昭作「上歲大穰」。

〔二一〕爲其環域千里内占則爲天下候　「域」，原作「城」；「則」下原有「其」字。梁玉繩志疑卷一五：「案漢志『城』作『域』，無下『其』字蓋是也。」今據删改。

〔二二〕鹿解角　「鹿」，御覽卷二八時序部引史記作「麋」。王念孫雜志史記第二：「『鹿』，當從天文志作『麋』，字之誤也。夏至鹿解角，冬至麋解角。諸書皆然。太平御覽時序部引史記亦作『麋解角』。」按：王説是。禮記月令云仲夏之月「鹿角解」，仲冬之月「麋角解」。説文鹿部：「麋，鹿屬，从鹿，米聲。麋冬至解角。」

〔二三〕石申　疑當作「石申夫」。按：漢書卷三〇藝文志、後漢書志第十天文志、晉書卷一一天文志並作「石申夫」，後漢書志第十天文志劉昭注作「石申父」，舊唐書卷四七經籍志作「石申甫」。參酌下文「夫」字，疑「夫」下原有重文符號，傳寫脱之。

〔二四〕蔡墨曰少昊氏之子曰黎爲火正號祝融　疑文有脱誤。按：左傳昭公二十九年：「少皡氏有四叔，曰重、曰該、曰脩、曰熙，實能金、木及水。使重爲句芒，該爲蓐收，脩及熙爲玄冥。顓頊氏有子曰犂，爲祝融。」據左傳，少皡氏有子曰重，顓頊氏之子乃爲犂，且正義引左傳釋重、黎，不應單言犂也。

〔二五〕昆吾衛者也　「者」，疑當作「是」。按：本書卷四〇楚世家「一曰昆吾」集解引世本：「昆吾者，衛是也。」

〔二六〕隱公三年二月乙巳　「乙巳」，疑當作「己巳」。按：春秋經隱公三年作「己巳」，漢書卷二七下之下五行志下之下、漢書卷三六楚元王傳顏師古注同。

〔三七〕十五年六月辛卯朔　「辛卯」，本書卷一四十二諸侯年表作「辛丑」，與春秋經、左傳文公十五年合。漢書卷二七下之下五行志下之下、漢書卷三六楚元王傳顏師古注皆作「辛丑」。

〔三八〕宣公八年七月庚子朔　「庚子」，疑當作「甲子」。按：春秋經宣公八年作「甲子」，漢書卷二七下之下五行志下之下、漢書卷三六楚元王傳顏師古注同。

〔三九〕成公十六年六月丙辰朔　「丙辰」，疑當作「丙寅」。按：春秋經成公十六年作「丙寅」，漢書卷二七下之下五行志下之下、漢書卷三六楚元王傳顏師古注同。

〔四〇〕十七年七月丁巳朔　「七月」，疑當作「十二月」。按：春秋經成公十七年作「十有二月」，漢書卷二七下之下五行志下之下、漢書卷三六楚元王傳顏師古注同。

〔四一〕三十年　疑當作「三十一年」。按：本書卷一四十二諸侯年表在三十一年，與春秋經及左傳合，漢書卷二七下之下五行志下之下、漢書卷三六楚元王傳顏師古注同。

〔四二〕有星入于北斗　「星」下疑脱「孛」字。按：春秋經文公十四年：「秋七月，有星孛入于北斗。」杜預注：「孛，彗也。」

〔四三〕九夷八狄七戎六蠻謂之四海之内　「之内」二字疑衍。按：本書卷一五帝本紀「四海之内」、卷二夏本紀「外薄四海」正義引爾雅皆無「之内」二字。

〔四四〕月暈參畢七重　漢書卷二六天文志「暈」下有「圍」字。

〔四五〕其占者　「者」，漢書卷二六天文志作「曰」，疑是。

〔四六〕日赤黄爲薄　「日」，漢書卷二六天文志顔師古注引孟康作「日月」。

〔四七〕爲緯　「緯」上原有「經」字。王元啓正譌卷三：「『經』字衍。」今據删。

〔四八〕天人之符　「天」，原作「大」。王元啓正譌卷三：「『大』字誤，當作『天』。」今據改。

〔四九〕爲天庭理法平辭理也　下「理」字疑衍。按：晉書卷一一天文志上：「一曰太微爲衡。衡，主平也。又爲天庭，理法平辭。」隋書卷一九天文志上同。

史記卷二十八

封禪書第六

正義此泰山上築土爲壇以祭天，報天之功，故曰封。此泰山下小山上除地，報地之功，故曰禪。言禪者，神之也。白虎通云：「或曰封者，金泥銀繩，或曰石泥金繩，封之印璽也。」五經通義云：「易姓而王，致太平，必封泰山，禪梁父何〔一〕？天命以爲王，使理羣生，告太平於天，報羣神之功。」

自古受命帝王，曷嘗不封禪？蓋有無其應而用事者矣，未有睹符瑞見而不臻乎泰山者也。雖受命而功不至，至梁父矣而德不洽〔二〕，洽矣而日有不暇給，是以即事用希。傳曰：「三年不爲禮，禮必廢；三年不爲樂，樂必壞。」每世之隆，則封禪答焉，及衰而息。厥曠遠者千有餘載，近者數百載，故其儀闕然堙滅，其詳不可得而記聞云。

尚書曰，舜在璇璣玉衡，以齊七政。遂類于上帝，禋于六宗，望山川，徧羣神。輯五瑞，擇吉月日，見四嶽諸牧，還瑞。【一】歲二月，東巡狩，至于岱宗。岱宗，泰山也。【二】柴，望秩于山川。遂覲東后。東后者，諸侯也。合時月正日，同律度量衡，修五禮，五玉三帛二生一死贄。五月，巡狩至南嶽。南嶽，衡山也。【三】八月，巡狩至西嶽。西嶽，華山也。【四】十一月，巡狩至北嶽。北嶽，恒山也。【五】皆如岱宗之禮。中嶽，嵩高也。【六】五載一巡狩。

【一】集解徐廣曰：「還，一作『班』。」

【二】正義括地志云：「泰山，一曰岱宗，東岳也，在兗州博城縣西北三十里。周禮云兗州鎮曰岱宗。」

【三】正義括地志云：「衡山，一名岣嶁山，在衡州湘潭縣西四十一里〔三〕。」

【四】正義括地志云：「華山在華州華陰縣南八里，古文以爲敦物。周禮云豫州鎮曰華山。」

【五】正義括地志云：「恒山在定州恒陽縣西北百四十里。周禮云并州鎮曰恒山。」

【六】索隱獨不言「至」者，蓋以天子所都也。正義括地志云：「嵩山，亦名曰太室，亦名曰外方也。在洛州陽城縣西北二十三里。」

禹遵之。後十四世，至帝孔甲，淫德好神，神瀆，二龍去之。【一】其後三世，湯伐桀，欲遷夏社，不可，作夏社。後八世，至帝太戊，有桑穀生於廷，一暮大拱，懼。伊陟曰：【二】「妖不勝德。」太戊修德，桑穀死。伊陟贊巫咸，巫咸之興自此始。【三】後十四世，帝武丁得傅說爲相，殷復興焉，稱高宗。有雉【四】登鼎耳雊，武丁懼。祖己曰：「修德。」武丁從之，位以永寧。後五世，帝武乙慢神而震死。【五】後三世，帝紂淫亂，武王伐之。由此觀之，始未嘗不肅祇，後稍怠慢也。

【一】索隱如淳按：國語二龍漦于夏庭是也。

【二】集解徐廣曰：「陟，古作『敕』。」

【三】索隱案尚書，巫咸，殷臣名，伊陟贊告巫咸【四】。今此云「巫咸之興自此始」，則以巫咸爲巫覡。然楚詞亦以巫咸主神。蓋太史公以巫咸是殷臣，以巫接神事，太戊使禳桑穀之災，所以伊陟贊巫咸，故云巫咸之興自此始也。

【四】集解徐廣曰：「一作『鷮』」，音嬌。」

【五】索隱謂武乙射天，後獵於河渭而震死也。

周官曰，冬日至，祀天於南郊，迎長日之至；夏日至，祭地祇。皆用樂舞，而神乃可得而禮也。天子祭天下名山大川，五嶽視三公，四瀆視諸侯，諸侯祭其疆内名山大川。四瀆

者，江、河、淮、濟也。天子曰明堂、辟雍，【一】諸侯曰泮宮。【二】

【一】集解韋昭曰：「水外四周圓如辟雍，蓋以節觀者也。」

【二】集解張晏曰：「制度半於天子之辟雍。」索隱按：服虔云「天子水帀，爲辟雍。諸侯水不帀，至半，爲泮宮」。禮統又云「半有水，半有宮」是也。

周公既相成王，郊祀后稷以配天，【一】宗祀文王於明堂以配上帝。【二】自禹興而修社祀，后稷稼穡，故有稷祠，郊社所從來尚矣。

【一】集解王肅曰：「配天，於南郊祀之。」

【二】集解鄭玄曰：「上帝者，天之別名也。神無二主，故異其處，避后稷也。」

自周克殷後十四世，世益衰，禮樂廢，諸侯恣行，而幽王爲犬戎所敗，【一】周東徙雒邑。秦襄公攻戎救周，始列爲諸侯。【二】秦襄公既侯，居西垂，【三】自以爲主少暤之神，作西畤，祠白帝，其牲用騮駒、【四】黃牛、羝羊各一云。【五】其後十六年，秦文公東獵汧渭之閒，卜居之而吉。【六】文公夢黃蛇自天下屬地，其口止於鄜衍。【七】文公問史敦，敦曰：「此上帝之徵，君其祠之。」於是作鄜畤，用三牲郊祭白帝焉。

【一】集解徐廣曰：「犬，一作『畎』。」

【二】正義秦襄公，周平王元年封也。

【三】正義漢隴西郡西縣也。今在秦州上邽縣西南九十里也。

【四】索隱毛詩傳云：「赤馬黑鬣曰騮也〔五〕。」

【五】索隱詩傳云：「羝，牡羊。」

【六】索隱按：地理志汧水出汧縣西北，入渭。皇甫謐云「文公徙都汧」者也。正義括地志云：「郿縣故城在岐州郿縣東北十五里，即此城也。」

【七】集解李奇曰：「鄜音孚。山阪曰衍。」索隱鄜，地名，後爲縣，屬馮翊。衍者，鄭衆注周禮云「下平曰衍」；又李奇三輔記云〔六〕「三輔謂山阪閒爲衍」也。

自未作鄜畤也，而雍旁故有吴陽武畤，【一】雍東有好畤，皆廢無祠。或曰：「自古以雍州積高，神明之隩，故立畤郊上帝，諸神祠皆聚云。蓋黄帝時嘗用事，雖晚周亦郊焉。」其語不經見，縉紳者【二】不道。

【一】集解李奇曰：「於旁有吴陽地。」

【二】集解李奇曰：「縉，插也。插笏於紳。紳，大帶。」索隱姚氏云「縉，當作『搢』」。鄭衆注周禮云「縉讀爲『薦』」，謂薦之於紳帶之閒」。今按：鄭意以縉爲薦，則薦亦是進，進而置於紳帶之閒，故史記亦多作「薦」字也。

作鄜畤後九年，文公獲若石云，【一】于陳倉北阪城祠之。【二】其神或歲不至，或歲數

來。來也常以夜，光輝若流星，從東南來，集于祠城，則若雄雞，其聲殷云，野鷄夜雊。〔三〕以一牢祠，命曰陳寶。〔四〕

〔一〕集解蘇林曰：「質如石也。」服虔曰：「在北，或曰在陳倉北。」索隱蘇林云：「質如石，似肺〔七〕。」

〔二〕正義三秦記云：「太白山西有陳倉山，山有石雞，與山雞不別。趙高燒山，山雞飛去，而石雞不去，晨鳴山頭，聲聞三里。或言是玉雞。」括地志云：「陳倉山在今岐州陳倉縣南。」又云：「寶雞神祠在漢陳倉縣故城中，今陳倉縣東。石雞在陳倉山上。祠在陳倉城，故言獲若石于陳倉北阪城祠之。」

〔三〕集解如淳曰：「野雞，雉也。呂后名雉，故曰野雞。」瓚曰：「殷，聲也。云，足句之詞。」

〔四〕集解瓚曰：「陳倉縣有寶夫人祠，或一歲二歲與葉君合。葉君神來時，天爲之殷殷雷鳴，雉爲之雊也。在長安正西五百里。」韋昭曰：「在陳倉縣。寶而祠之，故曰陳寶。」索隱案：列異傳云「陳倉人得異物以獻之，道遇二童子，云：『此名爲媦，在地下，食死人腦。』媦乃言云：『彼二童子名陳寶，得雄者王，得雌者伯。』乃逐童子，化爲雉。秦穆公大獵，果獲其雌，爲立祠。祭，有光，雷電之聲。雄止南陽，有赤光長十餘丈，來入陳倉祠中」。所以代俗謂之寶夫人祠，抑有由也。葉，縣名，在南陽。葉君即雄雉之神，故時與寶夫人神合也。

作鄜時後七十八年，秦德公既立，卜居雍，「後子孫飲馬於河」，遂都雍。雍之諸祠自

此與。用三百牢於鄜畤。【一】作伏祠。【二】磔狗邑四門，以禦蠱菑。【三】

【一】索隱案秦本紀，德公元年以犧三百牢祠鄜畤〔八〕。今案：百，當爲「白」，秦君西祀少昊時牲尚白。秦，諸侯也，雖奢侈，祭郊本特牲，不可用三百牢以祭天，蓋字誤耳。

【二】索隱案：服虔云「周時無伏，磔犬以禦災，秦始作之」。漢舊儀云「伏者，萬鬼行日，故閉不干求也〔九〕」，故東觀漢記「和帝初令伏閉晝日〔一〇〕」是也。又曆忌釋曰「伏者何？金氣伏藏之名〔一一〕。四時代謝，皆以相生。而春木代水，水生木也。夏火代木，木生火也。冬水代金，金生水也。至秋，則以金代火，金畏於火，故至庚日必伏。庚者，金也〔一二〕」。

【三】索隱案：左傳云「皿蟲爲蠱」，梟磔之鬼亦爲蠱。故月令云「大儺，旁磔」，注云「磔，禳也。厲鬼爲蠱，將出害人，旁磔於四方之門」。故此亦磔狗邑四門也。風俗通云「殺犬磔禳也」。

德公立二年卒。其後四年〔一三〕，秦宣公作密畤於渭南，祭青帝。

其後十四年〔一四〕，秦繆公立，病卧五日不寤；寤，乃言夢見上帝，上帝命繆公平晉亂。史書而記藏之府。而後世皆曰秦繆公上天。

秦繆公即位九年，齊桓公既霸，會諸侯於葵丘，【一】而欲封禪。管仲曰：【二】「古者封泰山禪梁父者【三】七十二家，【四】而夷吾所記者十有二焉。昔無懷氏【五】封泰山，禪云云；【六】虙羲封泰山，禪云云；神農封泰山，禪云云；炎帝【七】封泰山，禪云云；黃帝封泰山，禪亭亭。【八】顓頊封泰山，禪云云；帝告封泰山，禪云云；堯封泰山，禪云云；舜封泰山，禪云云；禹封泰山，禪會稽；【九】湯封泰山，禪云云；周成王封泰山，禪社首：【一〇】皆受命然後得封禪。」桓公曰：「寡人北伐山戎，【一一】過孤竹；【一二】西伐大夏，涉流沙，束馬懸車，上卑耳之山；【一三】南伐至召陵，【一四】登熊耳山【一五】以望江漢。兵車之會三，【一六】而乘車之會六，【一七】九合諸侯，一匡天下，諸侯莫違我。昔三代受命，亦何以異乎？」於是管仲睹桓公不可窮以辭，因設之以事，曰：「古之封禪，鄗上之黍，北里之禾，【一八】所以爲盛；江淮之閒，一茅三脊，【一九】所以爲藉也。東海致比目之魚，【二〇】西海致比翼之鳥，【二一】然後物有不召而自至者十有五焉。今鳳皇麒麟不來，嘉穀不生，而蓬蒿藜莠茂，鴟梟數至，而欲封禪，毋乃不可乎？」於是桓公乃止。是歲，秦繆公内晉君夷吾。其後三置晉國之君，【二二】平其亂，繆公立三十九年而卒。

【一】正義括地志云：「葵丘在曹州考城縣東南一里五十步郭内，即桓公所會處也。」

【二】索隱案：今管子書其封禪篇亡。

【三】正義括地志云：「梁父山在兗州泗水縣北八十里。」

【四】正義韓詩外傳云：「孔子升泰山，觀易姓而王可得而數者七十餘人，不得而數者萬數也。」案：管仲所記自無懷氏以下十二家，其六十家無紀録也。

【五】集解服虔曰：「古之王者，在伏羲前，見莊子。」

【六】集解李奇曰：「云云山在梁父東。」 索隱晉灼云：「山在蒙陰縣故城東北，下有云云亭也。」 正義括地志云：「云云山在兗州博城縣西南三十里也。」

【七】索隱鄧展云「神農後子孫亦稱炎帝而登封者」，律曆志「黃帝與炎帝戰於阪泉」，豈黃帝與神農身戰乎？皇甫謐云炎帝傳位八代也。

【八】集解徐廣曰：「在鉅平。」駰案：服虔曰「亭亭山在牟陰」。 索隱應劭云「在鉅平北十餘里」。服虔云「在牟陰」，非也。 正義括地志云：「亭亭山在兗州博城縣西南三十里也。」

【九】索隱晉灼云「本名茅山」。吳越春秋云「禹巡天下，登茅山，以朝羣臣乃大會計〔一五〕，更名茅山爲會稽」。亦曰苗山也。 正義括地志云：「會稽山一名衡山，在越州會稽縣東南一十二里也。」

【一〇】集解應劭曰：「山名，在博縣。」晉灼曰：「在鉅平南十三里。」

【一一】索隱服虔云：「蓋今鮮卑是。」

【一二】正義括地志云：「孤竹故城在平州盧龍縣南一十里〔一六〕，殷時孤竹國也。」

【一三】集解韋昭曰：「將上山，纏東其馬，懸鉤其車也。卑耳即齊語所謂『辟耳』。」 索隱案：山名，在河東大陽。卑讀如字也。齊語，即春秋外傳國語之書也。辟音僻。賈逵云「山險也」。

【一四】正義召音邵。括地志云：「召陵故城在豫州郊城縣東四十五里也。」

【一五】索隱 登熊耳。案：荆州記耒陽、益陽二縣東北有熊耳，東西各一峯，狀如熊耳，因以爲名。齊桓公並登之。或云弘農熊耳，下云「望江漢」，知非也。

【一六】索隱 案左傳，三，謂魯莊十三年會北杏，平宋亂；僖四年侵蔡，遂伐楚；六年伐鄭，圍新城是也。

【一七】索隱 據左氏傳云，謂莊十四年會于鄄，十五年又會鄄，十六年盟于幽，僖五年會于首止，八年盟于洮，九年會葵丘也。

【一八】集解 應劭曰：「鄗上，山也。鄗音臛。」蘇林曰：「鄗上、北里皆地名。」索隱 韋昭云：「設以不可得之物。」鄗音霍。應劭云：「光武改高邑曰鄗〔一七〕。」姚氏云：「鄗縣屬常山。」一云鄗上，山名。

【一九】集解 孟康曰：「所謂靈茅也。」

【二〇】集解 韋昭曰：「各有一目，不比不行，其名曰鰈。」索隱 鰈音荅。郭璞云：「如牛脾，身薄，細鱗，紫黑色，只一眼，兩片合乃得行，今江東呼爲王餘，亦曰版魚。」

【二一】集解 韋昭曰：「各有一翼，不比不飛，其名曰鶼鶼。」索隱 注「名曰鶼鶼」〔一八〕。案：山海經云「崇吾之山有鳥，狀如鳧，一翼一目，相得乃飛，名云蠻」。郭璞注爾雅亦作「鶼鶼」。

【二二】索隱 三置晉君。案：謂惠公、懷公、文公也。

其後百有餘年，而孔子論述六蓺，傳略言易姓而王，封泰山禪乎梁父者七十餘王矣，其俎豆之禮不章，蓋難言之。或問禘之説，孔子曰：「不知。知禘之説，其於天下也視其掌。」【一】詩云紂在位，文王受命，政不及泰山。武王克殷二年，天下未寧而崩。爰周德之洽維成王，成王之封禪則近之矣。及後陪臣執政，季氏旅於泰山，仲尼譏之。【二】

【一】集解孔安國曰：「爲魯諱也。」包氏曰：「孔子謂或人言知禘之説者，於天下之事如指視以掌中之物，言其易了。」

【二】集解馬融曰：「旅，祭名。禮，諸侯祭山川在封内者。陪臣祭泰山，非禮也。」

是時萇弘以方事周靈王，諸侯莫朝周，周力少，萇弘乃明鬼神事，設射貍首。貍首者，諸侯之不來者。【一】依物怪欲以致諸侯。諸侯不從，而晉人執殺萇弘。【二】周人之言方怪者自萇弘。

【一】集解徐廣曰：「貍，一名『不來』。」

【二】集解皇覽曰：「萇弘冢在河南洛陽東北山上。」

其後百餘年，秦靈公作吴陽上時，【一】祭黄帝；【二】作下時，祭炎帝。

【一】索隱吴陽，地名，蓋在岳之南。又上云「雍旁有故吴陽武時」，今蓋因武時又作上、下時，以祭黄帝、炎帝。

【二】集解徐廣曰：「凡距作密時二百五十年。」

後四十八年，周太史儋【一】見秦獻公曰：「秦始與周合，合而離，五百歲當復合〔一九〕，【二】合十七年而霸王出焉。」【三】櫟陽雨金，秦獻公自以爲得金瑞，故作畦時櫟陽而祀白帝。【四】

【一】索隱音丁甘反。孟康云即老子也。韋昭案年表，儋在孔子後百餘年，非老耼也。

【二】索隱案：大顏歷評諸家，而云周平王封襄公爲諸侯，至昭王五十二年西周君獻邑，凡五百一十六年爲合，亦舉全數〔二〇〕。

【三】索隱合十七年伯王出。自昭王滅周之後至始皇元年誅嫪毐，正一十七年。孟康云：「謂周封秦爲別，秦并周爲合。此襄公爲霸，始皇爲王也。」正義王，于放反。秦周俱黃帝之後，至非子末別封，是合也。合而離者，謂非子末年，周封非子爲附庸，邑之秦，是離也。五百歲當復合者，謂從非子邑秦後二十九君，至秦孝公二年五百歲，周顯王致文武胙於秦孝公，復與之親，是復合也。十七年霸王出焉者，謂從秦孝公三年至十九年，周顯王致伯於秦孝公，是霸出也；至惠王稱王，王者出焉。然五百歲者，非子生秦侯已下二十八君，至孝公二年，合四百八十六年，兼非子邑秦之後十四年，則五百歲矣。諸家解皆非也。

【四】集解晉灼曰：「漢注在隴西西縣人先祠山下，形如種韭畦，畦各一土封。」索隱漢舊儀云：「祭人先於隴西西縣人先山，山上皆有土人，山下有時，如種韭畦〔二一〕，時中各有一土封，故云畦時〔二二〕。」三蒼云：「時，埒也。」

其後百二十歲而秦滅周，【一】周之九鼎入于秦。或曰宋太丘社亡，【二】而鼎沒于泗水彭城下。

【一】集解徐廣曰：「去太史儋言時百二十年。」

【二】集解爾雅曰：「右陵太丘。」索隱應劭云「亡，淪入地」，非也〔三〕。案：亡，社主亡也。爾雅云「右陵太丘」。郭璞云「宋有太丘社〔四〕」。

其後百一十五年而秦并天下。

秦始皇既并天下而帝，或曰：「黃帝得土德，黃龍地螾見。【一】夏得木德，青龍止於郊，草木暢茂。殷得金德，銀自山溢。【二】周得火德，有赤烏之符。【三】今秦變周，水德之時。昔秦文公出獵，獲黑龍，此其水德之瑞。」於是秦更命河曰德水，以冬十月爲年首，色上黑，度以六爲名，【四】音上大呂，事統上法。【五】

【一】集解應劭曰：「螾，丘蚓也。黃帝土德，故地見其神。蚓大五六圍，長十餘丈。」韋昭曰：「黃者地色，螾亦地物，故以爲瑞。」索隱出呂氏春秋。音引。

【二】集解蘇林曰：「流出也。」

【三】索隱中候及呂氏春秋皆云「有火自天止于王屋，流爲赤烏，五至，以穀俱來」。

【四】正義張晏云：「水，北方，黑。水終數六，故以方六寸爲符，六尺爲步。」

【五】集解服虔曰：「政尚法令也。」瓚曰：「水陰，陰主刑殺，故尚法。」

即帝位三年，東巡郡縣，祠騶嶧山，【一】頌秦功業。於是徵從齊魯之儒生博士七十人，至乎泰山下。諸儒生或議曰：「古者封禪爲蒲車，【二】惡傷山之土石草木；埽地而祭，席用葅稭，【三】言其易遵也。」始皇聞此議各乖異，難施用，由此絀儒生。而遂除車道，上自泰山陽至巔，立石頌秦始皇帝德，明其得封也。從陰道下，禪於梁父。其禮頗采太祝之祀雍上帝所用，而封藏皆祕之，世不得而記也。

【一】索隱騶縣之嶧山。騶縣本邾國，魯穆公改作「鄒」。從征記北巖有秦始皇所勒銘。

【二】索隱謂蒲裹車輪，惡傷草木。

【三】集解應劭曰：「稭，禾稾也。去其皮以爲席。」如淳曰：「葅讀曰租。稭讀曰戛。」晉灼曰：「葅，藉也。」索隱上音租，下音戛。周禮「祭祀供茅葅」。説文云：「葅，茅藉也。」「稭，禾稾去其皮，祭天以此。」

始皇之上泰山，中阪遇暴風雨，休於大樹下。諸儒生既絀，不得與用於封事之禮，聞始皇遇風雨，則譏之。

於是始皇遂東遊海上，行禮祠名山大川及八神，求僊人羨門之屬。八神將自古而有之，或曰太公以來作之。齊所以爲齊，以天齊也。【一】其祀絶，莫知起時。八神：一曰天主，【二】祠天齊。天齊淵【三】水，居臨菑南郊山下者〔二五〕。【四】二曰地主，祠泰山梁父。蓋天好陰，祠之必於高山之下，小山之上，命曰「時」；【五】地貴陽，祭之必於澤中圜丘云。三曰兵主，祠蚩尤。蚩尤在東平陸監鄉，【六】齊之西境也。四曰陰主，祠三山。【七】五曰陽主，祠之罘。【八】六曰月主，祠之萊山。【九】皆在齊北，並勃海。七曰日主，祠成山。成山斗入海，【一〇】最居齊東北隅，以迎日出云。八曰四時主，祠琅邪。【一一】琅邪在齊東方，蓋歲之所始。皆各用一牢具祠，而巫祝所損益，珪幣雜異焉。

【一】集解蘇林曰：「當天中央齊。」

【二】索隱謂主祠天。

【三】索隱顧氏案：解道彪齊記云「臨菑城南有天齊泉，五泉並出，有異於常，言如天之腹齊也」。

【四】索隱下下者。小顏云：「下下，謂最下也。」

【五】集解徐廣曰：「一云『之下時命曰時〔二六〕』。」索隱注「一云之下上時」〔二七〕。此之「一云」，與漢書郊祀志文同也。

【六】集解徐廣曰：「屬東平郡。」索隱監音闞。韋昭云：「縣名，屬東平。」皇覽云：「蚩尤冢在東平郡壽張縣闞鄉城中。」

【七】索隱小顏以爲下所謂三神山。顧氏案：地理志東萊曲成有參山，即此三山也，非海中三神山也。

【八】正義括地志云：「之罘山在萊州文登縣西北九十里〔二八〕。」

【九】集解韋昭曰：「在東萊長廣縣。」

【一〇】集解韋昭曰：「成山在東萊不夜，斗入海。不夜，古縣名。」索隱不夜，縣名，屬東萊。案：解道彪齊記云「不夜城蓋古有日夜出見於境〔二九〕，故萊子立城以不夜爲名」。斗入海，謂斗絕曲入海也。

【一一】索隱案：山海經云「琅邪臺在勃海閒」。案：是山如臺。地理志琅邪縣有四時祠也。

自齊威、宣【一】之時，騶子之徒【二】論著終始五德之運，【三】及秦帝而齊人奏之，故始皇采用之。而宋毋忌、【四】正伯僑、【五】充尚、【六】羨門高【七】最後皆燕人，【八】爲方僊道，【九】形解銷化，【一〇】依於鬼神之事。騶衍以陰陽主運【一一】顯於諸侯，而燕齊海上之方士傳其術不能通，然則怪迂阿諛苟合之徒自此興，不可勝數也。

【一】索隱威王、宣王也。

【二】集解韋昭曰：「名衍。」

【三】集解如淳曰：「今其書有五德終始。五德各以所勝爲行。秦謂周爲火德，滅火者水，故自謂水德。」

【四】索隱案：樂産引老子戒經云「月中仙人宋無忌〔三〇〕」。白澤圖云「火之精曰宋無忌」。蓋其人火仙也。

【五】索隱樂産案：司馬相如云〔三一〕「正伯僑」，古仙人。顧氏案：裴秀冀州記云「緱山仙人廟者，昔有王喬，犍爲武陽人，爲柏人令，於此得仙，非王子喬也」。

【六】索隱無別所見。

【七】索隱案：秦始皇使盧生求羨門子高是也〔三二〕。

【八】索隱案：最後猶言甚後也。服虔説止有四人，是也。小顏云「自宋無忌至最後，凡五人」，劉伯莊亦同此説，非也。

【九】集解韋昭曰：「皆慕古人名效神仙者。」

【一〇】集解服虔曰：「尸解也。」張晏曰：「人老而解去，故骨如變化也。今山中有龍骨，世人謂之龍解骨化去也。」

【一一】集解如淳曰：「今其書有主運。五行相次轉用事，隨方面爲服。」索隱案：主運是鄒子書篇名也。

自威、宣、燕昭使人入海求蓬萊、方丈、瀛洲。此三神山者，其傅在勃海中〔三三〕，【一】去人不遠；患且至，則船風引而去。蓋嘗有至者，諸僊人及不死之藥皆在焉。其物禽獸盡白，而黃金銀爲宮闕。未至，望之如雲；及到，三神山反居水下。臨之，風輒引去，終莫能至云。世主莫不甘心焉。〔一〕及至秦始皇并天下，至海上，則方士言之不可勝數。始皇自以爲至海上而恐不及矣，使人乃齎童男女入海求之。船交海中，皆以風爲解，〔二〕曰未能至，望見之焉。其明年，始皇復游海上，至琅邪，過恒山，從上黨歸。後三年，游碣石，考入海方士，〔三〕從上郡歸。後五年，始皇南至湘山，遂登會稽，並海上，冀遇海中三神山之奇藥。不得，還至沙丘崩。〔四〕〔五〕

〔一〕集解服虔曰：「傅音附。或曰其傳書云爾。」瓚曰：「世人相傳之。」

〔二〕索隱謂心甘羨也。

〔三〕索隱顧野王云：「皆自解說，遇風不至也。」

〔四〕集解服虔曰：「疑詐，故考之。」瓚曰：「考校其虛實也。」

〔五〕正義括地志云：「沙丘臺在邢州平鄉東北三十里〔三四〕。」

二世元年，東巡碣石，並海南，歷泰山，至會稽，皆禮祠之，而刻勒始皇所立石書旁，以章始皇之功德。〔一〕其秋，諸侯畔秦。三年而二世弒死。

〔一〕索隱小顏云：「今諸山皆有始皇所刻石及胡亥重刻，其文具存也。」

始皇封禪之後十二歲，秦亡。諸儒生疾秦焚詩書，誅僇文學，百姓怨其法，天下畔之，皆譌曰：「始皇上泰山，爲暴風雨所擊，不得封禪。」此豈所謂無其德而用事者邪？【一】

【一】索隱 即封禪書序云「蓋有無其應而用事者矣」。此當有所本，太史公再引以爲說。

昔三代之居皆在河洛之閒〔三五〕，【一】故嵩高爲中嶽，而四嶽各如其方，四瀆咸在山東。至秦稱帝，都咸陽，則五嶽、四瀆皆并在東方。自五帝以至秦，軼興軼衰，名山大川或在諸侯，或在天子，其禮損益世殊，不可勝記。及秦并天下，令祠官所常奉天地名山大川鬼神可得而序也。

【一】正義 世本云：「夏禹都陽城，避商均也。又都平陽，或在安邑，或在晉陽。」帝王世紀云：「殷湯都亳，在梁，又都偃師，至盤庚徙河北，又徙偃師也。周文、武都豐、鄗，至平王徙都河南。」案：三代之居皆在河洛之閒也。

於是自殽以東，【一】名山五，大川祠二。曰太室。太室，嵩高也。恒山，泰山，會稽，湘山。【二】水曰濟，曰淮。【三】春以脯酒爲歲【四】祠，因泮凍，【五】秋涸凍，【六】冬塞【七】禱祠。其牲用牛犢各一，牢具珪幣各異。

【一】索隱 案：殽即崤山。杜預云「崤在弘農澠池縣西南」，即今之崤山是也。亦音豪。

【二】索隱湘山，地理志在長沙。

【三】索隱案：風俗通云「濟廟在臨邑，淮廟在平氏也」。

【四】索隱爲，于僞反。

【五】集解服虔曰：「解凍。」

【六】索隱案：字林「涸，竭也，下各反」。小顏云「涸，讀與『沍』同。沍，凝也，下故反。春則解，秋則凝」。

【七】索隱先代反，與「賽」同。賽，今報神福也。

自華以西，名山七，名川四。曰華山，【一】薄山。薄山者，衰山也。【二】岳山〔三六〕，【三】岐山，【四】吳岳，【五】鴻冢，【六】瀆山。瀆山，蜀之汶山。【七】水曰河，祠臨晉；【八】沔，祠漢中；【九】湫淵，祠朝那；【一〇】江水，祠蜀。【一一】亦春秋泮涸禱塞，如東方名山川；而牲牛犢牢具珪幣各異。而四大冢【一二】鴻、岐、吳、岳，皆有嘗禾。【一三】

【一】正義括地志云：「華山在華州華陰縣南八里，古文以爲敦物也。注云〔三七〕『華、嶽本一山，當河水過而行〔三八〕，河神巨靈手盪脚蹋，開而爲兩，今脚跡在東首陽下，手掌在華山，今呼爲仙掌，河流於二山之間也。開山圖云巨靈胡者，偏得神仙之道，能造山川，出江河也』。」

【二】集解徐廣曰：「蒲阪縣有襄山，或字誤也。」索隱薄山者，襄山也。應劭云「在潼關北十餘里」。穆天子傳云「自河首襄山」。酈元注水經云〔三九〕「薄山統目與襄山不殊，在今芮城北，與中條山相連」。是薄、襄一山也。正義薄音白落反。衰音色眉反。括地志云：「薄山亦名衰山，一名寸棘山，一名渠山，一名雷首山，一名獨頭山，一名首陽山，一名吴山，一名條山，在陝州芮縣城北十里〔四〇〕。此山西起雷山，東至吴阪，凡十名，以州縣分之，多在蒲州。」今史文云「自華以西」，未詳也。

【三】集解徐廣曰：「武功縣有大壺山〔四一〕，又有岳山。」

【四】索隱地理志在美陽縣西北也。

【五】集解徐廣曰：「在汧也。」索隱徐廣云在汧。

【六】索隱黄帝臣大鴻葬雍，鴻冢蓋因大鴻葬爲名也。

【七】索隱地理志蜀郡湔氏道，湣山在西。郭璞注云「山在汶陽郡廣陽縣，一名瀆山也」。

【八】索隱韋昭云：「馮翊縣。」地理志臨晉有河水祠。正義即同州馮翊縣，本漢臨晉縣，故大荔，秦獲之更名。括地志云：「大河祠在同州朝邑縣南三十里。山海經云『冰夷，人面，乘兩龍也』。太公金匱云『馮脩也』。龍魚河圖云『河伯姓吕，名公子，夫人姓馮名夷。河伯，字也。華陰潼鄉隄首人水死，化爲河伯』。應劭云『夷，馮夷，乃水仙也』。」

【九】索隱水經云「沔水出武都沮縣」，注云「東南注漢。謂漢水〔四二〕」，故祠之漢中。樂産云「漢女，漢神也」。

【一〇】集解蘇林曰：「湫淵在安定朝那縣，方四十里，停不流，冬夏不增減，不生草木。音將蓼反。」索隱湫音子小反，又子由反，即龍之所處也。正義括地志云：「朝那湫祠在原州平高縣東南二十里。湫谷水源出寧州安定縣。」

【一一】索隱案：風俗通云「江出岷山，岷山廟在江都」。地理志江都有江水祠。蓋漢初祠之於源，後祠之於委也。又廣雅云「江神謂之奇相」。江記云「帝女也，卒爲江神」。華陽國志云「蜀守李冰於彭門闕立江神祠三所」。漢舊儀云「祭四瀆用三正牲〔四三〕，沈圭，有車馬紺蓋也」。正義括地志云：「江瀆祠在益州成都縣南八里。秦并天下，江水祠蜀。」

【一二】索隱案：謂四山爲大冢也。又爾雅云「山頂曰冢」，蓋亦因鴻冢而爲號也。

【一三】集解孟康曰：「以新穀祭。」

陳寶節來祠。【一】其河加有嘗醪。此皆在雍州之域，近天子之都，故加車一乘，駵駒四。

【一】集解服虔曰：「陳寶神應節來也。」

霸、産、【一】長水、【二】灃、【三】澇、【四】涇、渭皆非大川，以近咸陽，盡得比山川祠，而無諸加。【五】

【一】正義括地志云：「灞水，古滋水也，亦名藍谷水，即秦嶺水之下流，在雍州藍田縣。滻水即荊溪狗枷之下流也，在雍州萬年縣。」

【二】索隱 案：百官表有長水校尉。沈約宋書云「營近長水，因以爲名」。水經云「長水出白鹿原」，今之荆溪水是也。

【三】索隱 十三州記：「灃水出鄠縣南。」正義 括地志云：「灃水源在雍州長安縣西南山灃谷。」

【四】集解 徐廣曰：「音勞。」駰案：漢書音義「水名，在鄠縣界」。

【五】集解 韋昭曰：「無車騎之屬。」

汧、洛【一】二淵，【二】鳴澤、【三】蒲山、嶽㟭山之屬，【四】爲小山川，亦皆歲禱塞泮涸祠，禮不必同。

【一】正義 括地志云：「汧水源出隴州汧源縣西南汧山，東入渭。洛水源出慶州洛源縣白於山，南流入渭。」又云：「洛水商州洛南縣西冢嶺山〔四四〕，東北流入河。」案：有二洛水，未知祠何者。

【二】正義 地理志云二川源在慶州華池縣西子午嶺東，二川合，因名也。

【三】索隱 案：服虔云「鳴澤，澤名，在涿郡遒縣也」。正義 括地志云：「鳴澤在幽州范陽縣西十五里。」案：遒縣在易州淶水縣北一里，故遒城是也。澤在遒南。

【四】集解 徐廣曰：「㟭音先許反。」

而雍有日、月、參、辰、【一】南北斗、熒惑、太白、歲星、填星、辰星〔四五〕、二十八宿、風伯、雨師、四海、九臣、十四臣、【二】諸布、【三】諸嚴、諸逑【四】之屬，百有餘廟。西亦有數十祠。【五】於湖【六】有周天子祠。於下邽有天神。灃、滈有昭明、【七】天子辟池。【八】於杜、亳【九】有三杜主之祠〔四六〕、壽星祠；【一〇】而雍菅廟亦有杜主。【一一】杜主，故周之右將軍，【一二】其在秦中，最小鬼之神者。【一三】各以歲時奉祠。

【一】索隱 案：漢舊儀云「祭參、辰星於池陽谷口，夾道左右爲壇也」。

【二】集解 晉灼曰：「自此以下星至天淵玉女〔四七〕，凡二十六，小神不說。」 索隱 九臣、十四臣，並不見其名數所出，故昔賢不論之也。

【三】索隱 案：爾雅「祭星曰布」，或諸布是祭星之處。

【四】索隱 逑亦未詳，漢書作「逐」。

【五】索隱 西即隴西之西縣，秦之舊都，故有祠焉。

【六】索隱 地理志湖縣屬京兆，有周天子祠二所。

【七】索隱 案：樂產引河圖云「熒惑星散爲昭明」。

【八】索隱 樂產云未聞。顧氏以爲璧池即滈池，所謂「華陰平舒道逢使者，持璧以遺滈池君」，故曰璧池。今謂天子辟池，即周天子辟雍之地。故周文王都酆，武王都滈，既立靈臺，則亦有辟雍耳。張衡亦以辟池爲雍。

【九】集解 韋昭曰：「亳，音薄，湯所都。」瓚曰：「濟陰薄縣是。」 索隱 徐廣云：「京兆杜縣有亳亭，則『社』字誤，合作『於杜亳』。且據文列『於』下皆是地邑，則杜是縣。」案：秦寧公與亳王戰〔四八〕，亳王奔戎，遂滅湯社。皇甫謐亦云「周桓王時自有亳王號湯，非殷也」。而臣瓚以亳爲成湯之邑，故云在濟陰，非也。案：謂杜、亳二邑有三杜主之祠也〔四九〕。

【一〇】索隱 壽星，蓋南極老人星也，見則天下理安，故祠之以祈福壽。正義 角、亢在辰爲壽星。三月之時，萬物始生建，於春氣布養，各盡其性，不罹災夭，故壽。

【一一】集解 李奇曰：「菅，茅也。」

【一二】索隱 案：地理志杜陵，故杜伯國，有杜主祠四。墨子云：周宣王殺杜伯不以罪，後宣王田於圃，見杜伯執弓矢射，宣王伏弢而死也。正義 括地志云：「杜祠，雍州長安縣西南二十五里。」

【一三】索隱 謂其鬼雖小，而有神靈。

唯雍四時【一】上帝爲尊，其光景動人民唯陳寶。故雍四時，春以爲歲禱，因泮凍，秋涸凍，冬塞祠，五月嘗駒，及四仲之月，祠若月祠陳寶節來一祠〔五〇〕。春夏用騂，秋冬用駵。時駒四匹，木禺龍【二】欒車【三】一駟，木禺車馬一駟，各如其帝色。黄犢羔各四，珪幣各有數，皆生瘗埋，無俎豆之具。【四】三年一郊。秦以冬十月爲歲首，故常以十月上宿郊見，【五】通權火，【六】拜於咸陽之旁，而衣上白，其用如經祠云。【七】西畤、畦畤，祠如其故，上不親往。

【一】索隱雍有五時而言四者，顧氏以爲兼下文「上帝」爲五，非也。案：四時，據秦舊而言也〔五一〕。正義括地志云：「鄜時、吴陽上、下時是。言秦用四時祠上帝，青、黄、赤、白最尊貴之也。」

【二】集解漢書音義曰：「禺，寄也。寄生龍形於木也〔五二〕。」索隱禺，一音寓〔五三〕，寄也。寄龍形於木，禺馬亦然〔五四〕。一音偶，亦謂偶其形於木也〔五五〕。

【三】索隱謂車有鈴，鈴乃有鑾和之節，故取名也。

【四】正義豆以木爲之，受四升，高尺二寸，漆其中。大夫以上赤雲氣畫，諸侯加象飾口足，天子以玉飾之也。

【五】集解李奇曰：「宿猶齋戒也。」

【六】集解張晏曰：「權火，烽火也，狀若井絜皋矣。其法類稱，故謂之權。欲令光明遠照通祀所也。漢祠五時於雍，五里一烽火。」如淳曰：「權，舉也。」索隱權，如字，解如張晏。一音爟，周禮有司爟。爟，火官，非也。

【七】集解服虔曰：「經，常也。」

諸此祠皆太祝常主，以歲時奉祠之。至如他名山川諸鬼及八神之屬，上過則祠，去則已。郡縣遠方神祠者，民各自奉祠，不領於天子之祝官。祝官有祕祝，即有菑祥，輒祝祠

移過於下。〔一〕

〔一〕正義謂有災祥，輒令祝官祠祭，移其咎惡於衆官及百姓也。

漢興，高祖之微時，嘗殺大蛇。有物曰：「蛇，白帝子也，而殺者赤帝子。」高祖初起，禱豐枌榆社。〔一〕徇沛，爲沛公，則祠蚩尤，釁鼓旗。遂以十月至灞上，與諸侯平咸陽，立爲漢王。因以十月爲年首，而色上赤。

〔一〕集解張晏曰：「枌，白榆也。社在豐東北十五里。或曰枌榆，鄉名，高祖里社也。」

二年，東擊項籍而還入關，問：「故秦時上帝祠何帝也？」對曰：「四帝，有白、青、黄、赤帝之祠。」高祖曰：「吾聞天有五帝，而有四，何也？」莫知其説。於是高祖曰：「吾知之矣，乃待我而具五也。」乃立黑帝祠，命曰北畤。有司進祠，上不親往。悉召故秦祝官，復置太祝、太宰，如其故儀禮。因令縣爲公社。〔一〕下詔曰：「吾甚重祠而敬祭。今上帝之祭及山川諸神當祠者，各以其時禮祠之如故。」〔二〕

〔一〕集解李奇曰：「猶官社。」

〔二〕集解徐廣曰：「高祖本紀曰『二年六月，令祠官祀天地四方上帝山川，以時祀也』。」

後四歲，天下已定，詔御史令豐謹治枌榆社，常以四時，春以羊彘祠之。令祝官立蚩尤之祠於長安。長安置祠祝官〔五六〕、女巫。其梁巫祠天、地、天社、天水、房中、堂上〔一〕之屬，晉巫祠五帝、東君、雲中〔五七〕、〔二〕司命、巫社、巫祠、族人、先炊之屬，〔三〕秦巫祠社主〔五八〕、〔四〕巫保、族纍〔五〕之屬，荆巫祠堂下、巫先、〔六〕司命、〔七〕施糜〔八〕之屬，九天巫祠九天：〔九〕皆以歲時祠宮中。其河巫祠河於臨晉，而南山巫祠南山秦中。秦中者，二世皇帝。〔一〇〕各有時月〔五九〕。

〔一〕索隱案：禮樂志有安世房中歌。皆謂祭時室中、堂上歌先祖功德也。

〔二〕索隱廣雅曰：「東君，日也。」王逸注楚詞「雲中，雲也〔六〇〕」。東君、雲中亦見歸藏易也。

〔三〕正義先炊，古炊母神也。

〔四〕索隱社主，即上文三社主也〔六一〕。

〔五〕索隱二神名。纍，力追反。

〔六〕集解應劭曰：「先人所在之國，及有靈施化民人，又貴，悉置祠巫祝，博求神靈之意。」文穎曰：「巫，掌神之位次者也。范氏世仕於晉，故祠祝有晉巫。范會支庶留秦爲劉氏，故有秦巫。劉氏隨魏都大梁，故有梁巫。後徙豐，豐屬荆，故有荆巫。」索隱巫先謂古巫之先有靈者，蓋巫咸之類也。

【七】索隱案：周禮「以槱燎祠司命」。鄭衆云「司命，文昌四星也」。

【八】索隱鄭氏云：「主施糜粥之神。」

【九】索隱案：孝武本紀云「立九天廟於甘泉」。三輔故事云「胡巫事九天於神明臺」。淮南子云「中央曰鈞天，東方曰蒼天，東北旻天，北方玄天，西北幽天，西方皓天，西南朱天，南方炎天，東南陽天」也。正義太玄經云一中天，二羡天，三徒天〔六二〕，四罰更天〔六三〕，五晬天，六郭天，七咸天，八治天〔六四〕，九成天也。

【一〇】集解張晏曰：「子產云匹夫匹婦强死者，魂魄能依人爲厲也。」

其後二歲，或曰周興而邑邰，立后稷之祠，至今血食天下。【一一】於是高祖制詔御史：「其令郡國縣立靈星祠，【一二】常以歲時祠以牛。」

【一一】正義顏師古云：「祭有牲牢，故言血食遍於天下。」

【一二】集解張晏曰：「龍星左角曰天田，則農祥也，晨見而祭。」正義漢舊儀云：「五年，脩復周家舊祠，祀后稷於東南，爲民祈農報厥功。夏則龍星見而始雩。龍星左角爲天田，右角爲天庭。天田爲司馬，教人種百穀爲稷。靈者，神也。辰之神爲靈星，故以壬辰日祠靈星於東南，金勝爲土相也。」廟記云：「靈星祠在長安城東十里。」

高祖十年春，有司請令縣常以春三月及時臘祠社稷以羊豕〔六五〕，民里社各自財以祠。

制曰：「可。」

其後十八年，孝文帝即位。即位十三年，下詔曰：「今祕祝移過于下，朕甚不取。自今除之。」

始名山大川在諸侯，諸侯祝各自奉祠，天子官不領。及齊、淮南國廢，【一】令太祝盡以歲時致禮如故。

【一】正義齊有泰山，淮南有天柱山，二山初天子祝官不領，遂廢其祀，令諸侯奉祠。今令太祝盡以歲時致禮，如秦故儀。

是歲，制曰：「朕即位十三年于今，賴宗廟之靈，社稷之福，方內艾安，民人靡疾。閒者比年登，朕之不德，何以饗此？皆上帝諸神之賜也。蓋聞古者饗其德必報其功，欲有增諸神祠。有司議增雍五時路車各一乘，駕被具；【一】西時畦時禺車各一乘，禺馬四匹，駕被具；其河、湫、漢水【二】加玉各二；【三】及諸祠各增廣壇場，珪幣俎豆以差加之。而祝釐者歸福於朕，百姓不與焉。自今祝致敬，毋有所祈。」

【一】正義顏師古云：「駕車被馬之飾皆具。」

【二】正義河、湫，黄河及湫泉。

【三】正義言二水祭時各加玉璧二枚。

魯人公孫臣上書曰：「始秦得水德，今漢受之，推終始傳，則漢當土德，土德之應黃龍見。宜改正朔，易服色，色上黃。」是時丞相張蒼好律曆，以爲漢乃水德之始，故河決金隄，【一】其符也。【二】年始冬十月，色外黑内赤，【三】與德相應。如公孫臣言，非也。罷之。後三歲，黃龍見成紀。【四】文帝乃召公孫臣，拜爲博士，與諸生草改曆服色事。其夏，下詔曰：「異物之神見于成紀，無害於民，歲以有年。朕祈郊上帝諸神，禮官議，無諱以勞朕。」有司皆曰「古者天子夏親郊，祀上帝於郊，故曰郊」。於是夏四月，文帝始郊見雍五畤，祠衣皆上赤。

【一】集解漢書音義曰：「在東郡界。」

【二】索隱謂河決乃水德之符應也。

【三】集解服虔曰：「十月陰氣在外，故外黑；陽氣尚伏在地，故内赤。」

【四】集解徐廣曰：「在文帝十五年春。」　正義案：成紀今秦州縣也。

其明年〔六六〕，趙人新垣平以望氣見上，言「長安東北有神氣，成五采，若人冠絻焉。或曰東北神明之舍，西方神明之墓也。【一】天瑞下，宜立祠上帝，以合符應」。於是作渭陽五帝廟，同宇，【二】帝一殿，面各五門，各如其帝色。祠所用及儀亦如雍五畤。

【一】集解張晏曰：「神明，日也。日出東北，舍謂陽谷；日没於西，墓謂濛谷也。」

【二】集解韋昭曰：「宇謂上同下異，禮所謂『複廟重屋』也。」瓚曰：「一營宇之中立五廟。」正義括地志云：「渭陽五帝廟在雍州咸陽縣東三十里。宮殿疏云『五帝廟一宇五殿也』。」按：一宇之内而設五帝，各依其方帝别爲一殿，而門各如帝色也。

夏四月，文帝親拜霸渭之會，【一】以郊見渭陽五帝。五帝廟南臨渭，北穿蒲池溝水，【二】權火舉而祠，若光煇然屬天焉。於是貴平上大夫，賜累千金。而使博士諸生刺六經中作王制，【三】謀議巡狩封禪事。

【一】集解如淳曰：「二水之會。」正義渭陽五廟在二水之合北岸。

【二】正義顔師古云「蒲池，爲池而種蒲也。蒲字或作『滿』，言其水滿」，恐顔説非。按：括地志云「渭北咸陽縣有蘭池，始皇逢盜蘭池者也」。言穿溝引渭水入蘭池也。疑「蘭」字誤作「蒲」，重更錯失。

【三】索隱小顔云「刺謂采取之也」。劉向七録云文帝所造書有本制、兵制、服制篇。刺音七賜反。

文帝出長門，【一】若見五人於道北，遂因其直北立五帝壇，【二】祠以五牢具。

【一】集解徐廣曰：「在霸陵。」駰按：如淳曰「亭名」。索隱徐云「在霸陵」也。正義括地志云：「久長門故亭在雍州萬年縣東北苑中〔六七〕，後館陶公主長門園，武帝以長門名宮，即此。」

【二】集解孟康曰：「直，值也。值其立處以作壇。」

其明年，新垣平使人持玉杯，上書闕下獻之。平言上曰：「闕下有寶玉氣來者。」已視之，果有獻玉杯者，刻曰「人主延壽」。平又言「臣候日再中」。【一】居頃之，日卻復中。於是始更以十七年爲元年，令天下大酺。

【一】索隱晉灼云：「淮南子云『魯陽公與韓構，戰酣日暮，援戈麾之，日爲卻三舍』。豈其然乎？」

平言曰：「周鼎亡在泗水中，今河溢通泗，臣望東北汾陰直有金寶氣，意周鼎其出乎？兆見不迎則不至。」於是上使使治廟汾陰南，臨河，欲祠出周鼎。【一】

【一】集解徐廣曰：「後三十七年，鼎出汾陰。」

人有上書告新垣平所言氣神事皆詐也。下平吏治，誅夷新垣平。自是之後，文帝怠於改正朔服色神明之事，而渭陽、長門五帝使祠官領，以時致禮，不往焉。

明年，匈奴數入邊，興兵守禦。後歲少不登。

數年而孝景即位。十六年，祠官各以歲時祠如故，無有所興，至今天子。【一】

【一】集解自此後武帝事，褚先生取爲武帝本紀，注解已在第十二卷，今直載徐義。

今天子初即位，尤敬鬼神之祀。

元年，漢興已六十餘歲矣，天下艾安，搢紳之屬皆望天子封禪改正度也，而上鄉儒術，招賢良，趙綰、王臧等以文學爲公卿，欲議古立明堂城南，以朝諸侯。草巡狩封禪改曆服色事未就。會竇太后治黄老言，不好儒術，使人微伺得趙綰等姦利事，召案綰、臧，綰、臧自殺，諸所興爲皆廢。

後六年，竇太后崩。其明年，徵文學之士公孫弘等。

明年，今上初至雍，郊見五畤。後常三歲一郊。【一】是時上求神君，舍之上林中蹏氏觀。神君者，長陵女子，以子死，見神於先後宛若。宛若祠之其室，民多往祠。平原君往祠，其後子孫以尊顯。及今上即位，則厚禮置祠之内中。聞其言，不見其人云。

【一】索隱案：漢舊儀云「元年祭天，二年祭地，三年祭五畤。三歲一遍，皇帝自行也」。

是時李少君亦以祠竈、穀道、卻老方見上，上尊之。少君者，故深澤侯【一】舍人，主方。匿其年及其生長，常自謂七十，能使物，卻老。其游以方徧諸侯。無妻子。人聞其能使物及不死，更饋遺之，常餘金錢衣食。人皆以爲不治生業而饒給，又不知其何所人，愈信，爭事之。少君資好方，善爲巧發奇中。嘗從武安侯【二】飲，坐中有九十餘老人〔六八〕，少君乃言與其大父游射處，老人爲兒時從其大父，識其處，一坐盡驚。少君見上，上有故銅器，問少君。少君曰：「此器齊桓公十年陳於柏寢。」【三】已而案其刻，果齊桓公器。一宮盡駭，以爲少君神，數百歲人也。

【一】索隱案表，深澤侯趙將夕，孫夷侯胡紹封〔六九〕。

【二】索隱案：是田蚡也。

【三】索隱案：韓子云「齊景公與晏子遊於少海，登柏寢之臺而望其國」。

少君言上曰：「祠竈則致物，致物而丹沙可化爲黃金，黃金成以爲飲食器則益壽，益壽而海中蓬萊僊者乃可見，見之以封禪則不死，黃帝是也。臣嘗游海上，見安期生，安期生食巨棗〔七〇〕，【一】大如瓜。安期生僊者，通蓬萊中，合則見人，不合則隱。」於是天子始親祠竈，遣方士入海求蓬萊安期生之屬，而事化丹沙諸藥齊爲黃金矣。

【一】索隱案：包愷云「巨，或作『臣』」。

居久之，李少君病死。天子以爲化去不死，而使黃錘【一】史寬舒受其方。求蓬萊安期生莫能得，而海上燕齊怪迂之方士多更來言神事矣。

【一】集解徐廣曰：「錘音才恚反。錘縣、黃縣皆在東萊。」

亳人謬忌奏祠太一方，曰：「天神貴者太一，【一】太一佐曰五帝。古者天子以春秋祭太一東南郊，用太牢，七日，爲壇開八通之鬼道。」【二】於是天子令太祝立其祠長安東南郊，常奉祠如忌方。其後人有上書，言「古者天子三年壹用太牢祠神三一：天一、地一、太一」。天子許之，令太祝領祠之於忌太一壇上，如其方。後人復有上書，言「古者天子常以春解祠，【三】祠黃帝用一梟破鏡；冥羊用羊；祠馬行用一青牡馬；太一、澤山君地長【四】用牛；武夷君用乾魚；【五】陰陽使者以一牛」。令祠官領之如其方，而祠於忌太一壇旁。

【一】索隱樂汁徵圖曰：「天宮紫微北極，天一，太一。」宋均云：「天一、太一，北極神之別名。」春秋佐助期曰：「紫宮，天皇曜魄寶之所理也。」石氏云：「天一、太一各一星，在紫宮門外，立承事天皇大帝。」

【二】索隱開八通鬼道。案：司馬彪續漢書祭祀志云「壇有八陛，通道以爲門」。又三輔黃圖云「上帝壇八觚，神道八通，廣三十步」。

【三】索隱謂祠祭以解殃咎，求福祥也。

【四】集解徐廣曰：「澤，一作『皋』。」索隱此則人上書言古天子祭太一。太一，天神也。澤山，本紀作「皋山」。皋山君地長。謂祭地於皋山。同用太牢，故云「用牛」。蓋是異代之法也。

【五】索隱顧氏案：地理志云建安有武夷山，溪有仙人葬處，即漢書所謂武夷君。是時既用越巫勇之，疑即此神。今案：其祀用乾魚，不饗牲牢，或如顧説也。

其後，天子苑有白鹿，以其皮爲幣，以發瑞應，造白金【一】焉。

【一】索隱案：樂産云「謂龍、馬、龜」。

其明年，郊雍，【一】獲一角獸，若麃然。有司曰：「陛下肅祗郊祀，上帝報享，錫一角獸，蓋麟云。」於是以薦五畤，畤加一牛以燎。錫諸侯白金，風符應合于天也。

【一】集解徐廣曰：「武帝立已十九年。」

於是濟北王以爲天子且封禪，乃上書獻太山及其旁邑，天子以他縣償之。常山王有罪，遷，天子封其弟於真定，以續先王祀，【一】而以常山爲郡，然後五岳皆在天子之邦〔七〕。

【一】集解徐廣曰：「元鼎四年時。」

其明年，齊人少翁以鬼神方見上。上有所幸王夫人，【一】夫人卒，少翁以方蓋夜致王夫人及竈鬼之貌云〔七二〕，天子自帷中望見焉。於是乃拜少翁爲文成將軍，賞賜甚多，以客禮禮之。文成言曰：「上即欲與神通，宮室被服非象神，神物不至。」乃作畫雲氣車，及各以勝日【二】駕車辟惡鬼。又作甘泉宮，中爲臺室，畫天、地、太一諸鬼神，而置祭具以致天神。居歲餘，其方益衰，神不至。乃爲帛書以飯牛，詳不知，言曰此牛腹中有奇。殺視得書，書言甚怪。天子識其手書，問其人，果是僞書，於是誅文成將軍，隱之。

【一】集解徐廣曰：「外戚傳曰趙之王夫人幸，有子，封爲齊王。」

【二】索隱案：樂産云「謂畫青車以甲乙，畫赤車丙丁，畫玄車壬癸，畫白車庚辛，畫黄車戊己。將有水事則乘黄車，故下云『駕車辟惡鬼』是也」。

其後則又作柏梁、銅柱、【一】承露仙人掌之屬矣。

【一】集解徐廣曰：「元鼎二年時。」

文成死明年，天子病鼎湖【一】甚，巫醫無所不致，不愈。游水發根言上郡有巫，病而鬼神下之。上召置祠之甘泉。及病，使人問神君。神君言曰：「天子無憂病。病少愈，彊與我會甘泉。」於是病愈，遂起，幸甘泉，病良已。大赦，置壽宮神君。壽宮神君最貴者太一，其佐曰大禁、司命之屬，皆從之。非可得見，聞其言，言與人音等。時去時來，來則風肅然。居室帷中。時晝言，然常以夜。天子祓，然後入。因巫爲主人，關飲食。所以言，行下。又置壽宮、北宮，張羽旗，設供具，以禮神君。神君所言，上使人受書其言，命之曰「畫法」。其所語，世俗之所知也，無絶殊者，而天子心獨喜。其事祕，世莫知也。

【一】索隱案：三輔黄圖「鼎湖，宫名，在藍田」。韋昭云「地名，近宜春」。案：湖本屬京兆，後分屬弘農，恐非鼎湖之處也。

其後三年，有司言元宜以天瑞命，不宜以一二數。一元曰「建」，二元以長星曰「光」，三元以郊得一角獸曰「狩」云〔七三〕。

其明年冬，天子郊雍，議曰：「今上帝朕親郊，而后土無祀，則禮不答也。」有司與太史公、祠官寬舒議：「天地牲角繭栗。今陛下親祠后土，后土宜於澤中圜丘爲五壇，壇一黄犢太牢具，已祠盡瘞，而從祠衣上黄。」於是天子遂東，始立后土【一】祠汾陰脽丘〔七四〕，如寬舒等議。上親望拜，如上帝禮。禮畢，天子遂至滎陽而還。過雒陽，下詔曰：「三代邈絶，遠矣難存。其以三十里地封周後爲周子南君，以奉其先祀焉。」是歲，天子始巡郡縣，侵尋於泰山矣。

【一】集解徐廣曰：「元鼎四年。」

其春，樂成侯上書言欒大。欒大，膠東宮人，故嘗與文成將軍同師，已而爲膠東王尚方。而樂成侯姊爲康王后，【二】無子。康王死，他姬子立爲王。【三】而康后有淫行，與王不相中，【三】相危以法。康后聞文成已死，而欲自媚於上，乃遣欒大因樂成侯求見言方。天子既誅文成，後悔其蚤死，惜其方不盡，及見欒大，大說。大爲人長美，言多方略，而敢爲大言，處之不疑。大言曰：「臣常往來海中，見安期、羨門之屬。顧以臣爲賤，不信臣。又以爲康王諸侯耳，不足與方。臣數言康王，康王又不用臣。臣之師曰：『黃金可成，而河決可塞，不死之藥可得，僊人可致也。』然臣恐效文成，則方士皆奄口，惡敢言方哉！」上曰：「文成食馬肝死耳。【四】子誠能脩其方，我何愛乎！」【五】大曰：「臣師非有求人，人者求之。陛下必欲致之，則貴其使者，令有親屬，以客禮待之，勿卑，使各佩其信印，乃可使通言於神人。神人尚肯邪不邪。致尊其使，然後可致也。」於是上使驗小方，鬭棊，棊自相觸擊。【六】

【一】索隱康王名寄也。

【二】集解徐廣曰：「以元狩二年薨。」

【三】索隱案：三蒼云「中，得也」。

【四】索隱案：論衡云「氣熱而毒盛，故食走馬肝殺人」。儒林傳云「食肉無食馬肝」是也。

【五】索隱上語欒大，言子誠能脩文成方，我更何所愛惜乎！謂不悋金寶及禄位也。

【六】索隱顧氏案：萬畢術云「取雞血雜磨鍼鐵杵〔七五〕，和磁石棊頭〔七六〕，置局上，即自相抵擊也」。

是時上方憂河決，而黃金不就，乃拜大爲五利將軍。居月餘，得四印，【一】佩天士將軍、地士將軍、大通將軍印。制詔御史：「昔禹疏九江，決四瀆。閒者河溢皋陸，隄繇不息。朕臨天下二十有八年，【二】天若遺朕士而大通焉。乾稱『蜚龍』，『鴻漸于般』，朕意庶幾與焉。其以二千户封地士將軍大爲樂通侯。」賜列侯甲第，僮千人。乘轝斥車馬帷幄器物以充其家。又以衛長公主妻之，【三】齎金萬斤，更命其邑曰當利公主。【四】天子親如五利之第。使者存問，供給相屬於道。自大主【五】將相以下，皆置酒其家，獻遺之。於是天子又刻玉印曰「天道將軍」，使使衣羽衣，夜立白茅上，五利將軍亦衣羽衣，夜立白茅上受印，以示不臣也。而佩「天道」者，且爲天子道天神也。於是五利常夜祠其家，欲以下神。神未至而百鬼集矣，然頗能使之。其後裝治行，東入海，求其師云。大見數月，佩六印，【六】貴震天下，而海上燕齊之閒，莫不搤捥而自言有禁方，能神僊矣。

【一】索隱謂五利將軍、天士將軍、地士將軍、大通將軍爲四也。

【二】集解徐廣曰：「元鼎四年也。」

【三】索隱案：衞子夫之子曰衞太子，女曰衞長公主。是衞后長女，故曰長公主，非如帝姊曰長公主之例。

【四】索隱案：地理志東萊有當利縣。

【五】集解徐廣曰：「武帝姑。」

【六】索隱更加樂通侯及天道將軍印，爲六印。

其夏六月中，汾陰巫錦爲民祠魏脽后土營旁，見地如鉤狀，掊視得鼎。鼎大異於衆鼎，文鏤無款識，怪之，言吏。吏告河東太守勝，勝以聞。天子使使驗問巫得鼎無姦詐，乃以禮祠，迎鼎至甘泉，從行，上薦之。至中山，【一】曣𥇣，有黄雲蓋焉。有麃過，上自射之，因以祭云。【二】至長安，公卿大夫皆議請尊寶鼎。天子曰：「閒者河溢，歲數不登，故巡祭后土，祈爲百姓育穀。今歲豐廡未報，鼎曷爲出哉？」有司皆曰：「聞昔泰帝【三】興神鼎一，一者壹統，天地萬物所繫終也。黄帝作寶鼎三，象天地人。禹收九牧之金，鑄九鼎。皆嘗亨鬺【四】上帝鬼神。遭聖則興，鼎遷于夏商。周德衰，宋之社亡，鼎乃淪没，伏而不見。頌云『自堂徂基，自羊徂牛；鼐鼎及鼒，不吳不驁，胡考之休』。今鼎至甘泉，光潤龍變，承休無疆。合茲中山，【五】有黃白雲降蓋，若獸爲符，路弓乘矢，集獲壇下，報祠大享。【六】唯受命而帝者心知其意而合德焉。鼎宜見於祖禰，藏於帝廷，以合明應。」制曰：「可。」

【一】集解徐廣曰：「河渠書曰鑿涇水自中山西。」

【二】集解徐廣曰：「上言『從行，上薦之』，或者祭鼎也。」

【三】索隱案：孔文祥云「泰帝，太昊也」。

【四】集解徐廣曰：「亨，煮也。鬺音殤（七七）。皆嘗以亨牲牢而祭祀。」

【五】集解徐廣曰：「關中亦復有中山也，非魯中山（七八）。」

【六】集解徐廣曰：「一云『大報祠享』。」

入海求蓬萊者，言蓬萊不遠，而不能至者，殆不見其氣。上乃遣望氣佐候其氣云。

其秋，上幸雍，且郊。或曰「五帝，太一之佐也，宜立太一而上親郊之」。上疑未定。

齊人公孫卿曰：「今年得寶鼎，其冬辛巳朔旦冬至，與黃帝時等。」卿有札書曰：「黃帝得寶鼎宛朐，問於鬼臾區。鬼臾區對曰：『黃帝得寶鼎神策，是歲己酉朔旦冬至，得天之紀，終而復始。』於是黃帝迎日推策，後率二十歲復朔旦冬至，凡二十推，三百八十年，黃帝僊登于天。」卿因所忠欲奏之。所忠視其書不經，疑其妄書，謝曰：「寶鼎事已決矣，尚何以爲！」卿因嬖人奏之。上大説，乃召問卿。對曰：「受此書申公，申公已死。」上曰：「申公何人也？」卿曰：「申公，齊人。與安期生通，受黃帝言，無書，獨有此鼎書。曰『漢興復當黃帝之時』。曰『漢之聖者在高祖之孫且曾孫也。寶鼎出而與神通，封禪。封禪七十二王，唯黃帝得上泰山封』。申公曰：『漢主亦當上封，上封則能僊登天矣。黃帝時萬諸侯，而神靈之封居七千。【一】天下名山八，而三在蠻夷，五在中國。中國華山、首山、太室、泰山、東萊，此五山黃帝之所常游，與神會。黃帝且戰且學僊。患百姓非其道者，乃斷斬非鬼神者。【二】百餘歲然後得與神通。黃帝郊雍上帝，宿三月。鬼臾區號大鴻，死葬雍，故鴻冢是也。其後黃帝接萬靈明廷。明廷者，甘泉也。所謂寒【三】門者，谷口也。黃帝采首山銅，鑄鼎於荆山下。鼎既成，有龍垂胡頿【四】下迎黃帝。黃帝上騎，羣臣後宮從上者七十餘人，龍乃上去。餘小臣不得上，乃悉持龍頿，龍頿拔，墮，墮黃帝之弓。百姓仰望黃帝既上天，乃抱其弓與胡頿號，故後世因名其處曰鼎湖，其弓曰烏號。』」於是天子曰：「嗟乎！吾誠得如黃帝，吾視去妻子如脱躧耳。」乃拜卿爲郎，東使候神於太室。

【一】索隱韋昭云：「黃帝時萬國，其以脩神靈得封者七千國，或爲七十國。」樂產云：「以舜爲神明之後，封嬀滿於陳之類是也。」顧氏案：國語仲尼云「山川之守，足以紀綱天下者，其守爲神。

汪芒氏之君，守封、禺之山也」。

【二】索隱 謂有非毁鬼神之人，乃斷理而誅斬之。

【三】集解 徐廣曰：「一作『塞』。」

【四】索隱 説文曰：「胡，牛垂頷也〔七九〕。」釋名云「胡，在咽下垂」者，即所謂嚨胡也。

上遂郊雍，至隴西，西登崆峒，幸甘泉。令祠官寬舒等具太一祠壇，祠壇放薄忌太一壇，壇三垓。【一】五帝壇環居其下，各如其方，黄帝西南，除八通鬼道。太一，其所用如雍一時物，而加醴棗脯之屬，殺一貍牛以爲俎豆牢具。而五帝獨有俎豆醴進。其下四方地，爲醊食羣神從者及北斗云。已祠，胙餘皆燎之。其牛色白，鹿居其中，彘在鹿中，水而洎之。【二】祭日以牛，祭月以羊彘特。【三】太一祝宰則衣紫及繡。五帝各如其色，日赤，月白。

【一】集解 徐廣曰：「垓，次也〔八〇〕。」

【二】集解 徐廣曰：「洎，一作『酒』。灌水於釜中曰洎，音冀。」

【三】索隱 案：樂産云「祭日以太牢，月以少牢。特，不用牝也」。小顔云「牛、羊若彘，止一牲」，故云特也。

十一月辛巳朔旦冬至，昧爽，天子始郊拜太一。朝朝日，夕夕月，則揖；而見太一如雍郊禮。其贊饗曰：【一】「天始以寶鼎神策授皇帝，朔而又朔，終而復始，皇帝敬拜見焉。」而衣上黄。其祠列火滿壇，壇旁亨炊具。有司云「祠上有光焉」。公卿言「皇帝始郊見太一雲陽，有司奉瑄玉嘉牲薦饗。是夜有美光，及晝，黄氣上屬天」。太史公、祠官寬舒等曰：「神靈之休，祐福兆祥，宜因此地光域立太畤壇以明應。令太祝領，秋及臘閒祠。三歲天子一郊見。」

【一】索隱案：顧氏云「饗，祀祠也」。漢舊儀云「贊饗一人，秩六百石」也。

其秋，爲伐南越，告禱太一。以牡荆畫幡日月北斗登龍，以象太一三星，爲太一鋒，【一】命曰「靈旗」。爲兵禱，則太史奉以指所伐國。而五利將軍使不敢入海，之泰山祠。上使人隨驗，實毋所見。五利妄言見其師，其方盡，多不讎。【二】上乃誅五利。

【一】集解徐廣曰：「天官書曰天極星明者，太一常居也。斗口三星曰天一。」

【二】索隱案：鄭德云「相應爲讎，謂其言語不相應，無驗也」。

其冬，公孫卿候神河南，言見僊人跡緱氏城上，有物如雉，往來城上。天子親幸緱氏城視跡。問卿：「得毋效文成、五利乎？」卿曰：「僊者非有求人主，人主者求之。其道非少寬假，神不來。言神事，事如迂誕，積以歲乃可致也。」於是郡國各除道，繕治宮觀名山神祠所，以望幸也。

其春，既滅南越，上有嬖臣李延年以好音見。上善之，下公卿議，曰：「民閒祠尚有鼓舞樂，今郊祀而無樂，豈稱乎？」公卿曰：「古者祠天地皆有樂，而神祇可得而禮。」或曰：「太帝使素女鼓五十弦瑟，悲，帝禁不止，故破其瑟爲二十五弦。」於是塞南越，禱祠太一、后土，始用樂舞，益召歌兒，作二十五弦〔一〕及空侯〔二〕琴瑟自此起。

〔一〕集解徐廣曰：「瑟。」

〔二〕集解徐廣曰：「應劭云武帝令樂人侯調始造此器。」

其來年冬，上議曰：「古者先振兵澤旅，〔一〕然后封禪。」乃遂北巡朔方，勒兵十餘萬，還祭黃帝冢橋山，釋兵須如。〔二〕上曰：「吾聞黃帝不死，今有冢，何也？」或對曰：「黃帝已僊上天，羣臣葬其衣冠。」既至甘泉，爲且用事泰山，先類祠太一。

〔一〕集解徐廣曰：「古釋字作『澤』。」

〔二〕集解徐廣曰：「須，一作『涼』。」

自得寶鼎，上與公卿諸生議封禪。封禪用希，曠絶莫知其儀禮，而羣儒采封禪尚書、周官、王制之望祀射牛事。齊人丁公年九十餘，曰：「封禪者，合不死之名也。秦皇帝不得上封。陛下必欲上，稍上即無風雨，遂上封矣。」上於是乃令諸儒習射牛，草封禪儀。數年，至且行。天子既聞公孫卿及方士之言，黄帝以上封禪，皆致怪物與神通，欲放黄帝以上接神僊人蓬萊士，高世比德於九皇，而頗采儒術以文之。羣儒既已不能辨明封禪事，又牽拘於詩書古文而不能騁。上爲封禪祠器示羣儒，羣儒或曰「不與古同」，徐偃又曰「太常諸生行禮不如魯善」，周霸屬圖封禪事，於是上絀偃、霸，而盡罷諸儒不用。

三月，遂東幸緱氏，禮登中嶽太室。從官在山下聞若有言「萬歲」云。問上，上不言；問下，下不言。於是以三百户封太室奉祠，命曰崇高邑。東上泰山，泰山之草木葉未生，乃令人上石立之泰山巔。

上遂東巡海上，行禮祠八神。齊人之上疏言神怪奇方者以萬數，然無驗者。乃益發船，令言海中神山者數千人求蓬萊神人。公孫卿持節常先行候名山，至東萊，言夜見大人，長數丈，就之則不見，見其跡甚大，類禽獸云。羣臣有言見一老父牽狗，言「吾欲見巨公」，已忽不見。上即見大跡，未信，及羣臣有言老父，則大以爲僊人也。宿留海上，予方士傳車及閒使求僊人以千數。

四月，還至奉高。上念諸儒及方士言封禪人人殊，不經，難施行。天子至梁父，禮祠地主。乙卯，令侍中儒者皮弁薦紳，射牛行事。封泰山下東方，如郊祠太一之禮。封廣丈二尺，高九尺，其下則有玉牒書，書祕。禮畢，天子獨與侍中奉車子侯上泰山，亦有封。其事皆禁。明日，下陰道。丙辰，禪泰山下阯東北肅然山，如祭后土禮。天子皆親拜見，衣上黄而盡用樂焉。江淮閒一茅三脊爲神藉。五色土益雜封。縱遠方奇獸蜚禽及白雉諸物，頗以加禮〔八二〕。兕牛犀象之屬不用。皆至泰山祭后土。封禪祠；其夜若有光，晝有白雲起封中。

天子從禪還，坐明堂，羣臣更上壽。於是制詔御史：「朕以眇眇之身承至尊，兢兢焉懼不任。維德菲薄，不明于禮樂。脩祠太一，若有象景光，屑如有望，震於怪物，欲止不敢，遂登封太山，至于梁父，而後禪肅然。自新，嘉與士大夫更始，賜民百户牛一、酒十石，加年八十孤寡布帛二匹。復博、奉高、蛇丘、歷城，無出今年租税。其大赦天下，如乙卯赦令。行所過毋有復作。事在二年前，皆勿聽治。」又下詔曰：「古者天子五載一巡狩，用事泰山，諸侯有朝宿地。其令諸侯各治邸泰山下。」

天子既已封泰山，無風雨災，而方士更言蓬萊諸神若將可得，於是上欣然庶幾遇之，乃復東至海上望，冀遇蓬萊焉。奉車子侯暴病，一日死。〔二〕上乃遂去，並海上，北至碣石，巡自遼西，歷北邊至九原。五月，反至甘泉。有司言寶鼎出爲元鼎，以今年爲元封元年。

【一】索隱新論云：「武帝出璽印石，財有朕兆，子侯則没印，帝畏惡，故殺之。」風俗通亦云然。顧胤按：武帝集帝與子侯家語云「道士皆言子侯得仙，不足悲」。此説是也。

其秋，有星茀于東井。後十餘日，有星茀于三能。望氣王朔言：「候獨見填星【二】出如瓜，食頃復入焉。」有司皆曰：「陛下建漢家封禪，天其報德星云。」

【二】索隱樂産、包愷並作「旗星」。旗星即德星也。符瑞圖云「旗星之極，芒驢如旗」。本亦作「旗」也。

其來年冬，郊雍五帝。還，拜祝祠太一。贊饗曰：「德星昭衍，厥維休祥。壽星仍出，淵耀光明。信星昭見，皇帝敬拜太祝之享。」

其春，公孫卿言見神人東萊山，若云「欲見天子」。天子於是幸緱氏城，拜卿爲中大夫。遂至東萊，宿留之數日，無所見，見大人跡云。復遣方士求神怪采芝藥以千數。是歲旱。於是天子既出無名，乃禱萬里沙，過祠泰山。還至瓠子，自臨塞決河，留二日，沈祠而去。使二卿將卒塞決河，徙二渠，復禹之故跡焉。

是時既滅兩越，越人勇之乃言「越人俗鬼，而其祠皆見鬼，數有效。昔東甌王敬鬼，壽百六十歲。後世怠慢，故衰耗」。乃令越巫立越祝祠，安臺無壇，亦祠天神上帝百鬼，而以雞卜。上信之，越祠雞卜始用。

公孫卿曰：「仙人可見，而上往常遽，以故不見。今陛下可爲觀，如緱城，【一】置脯棗，神人宜可致也。且僊人好樓居。」於是上令長安則作蜚廉、桂觀，甘泉則作益延壽觀，【二】使卿持節設具而候神人。乃作通天莖臺，【三】置祠具其下，將招來僊神人之屬。於是甘泉更置前殿，始廣諸宮室。夏，有芝生殿房內中。【四】天子爲塞河，興通天臺，若見有光云，乃下詔：「甘泉房中生芝九莖，赦天下，毋有復作。」

【一】集解徐廣曰：「一云『如緱氏城』。」

【二】索隱小顏以爲作益壽、延壽二館。案：漢武故事云「作延壽觀，高三十丈」。

【三】集解徐廣曰：「在甘泉。」索隱案：漢書並無「莖」字，疑衍也。

【四】集解徐廣曰：「元封二年。」

其明年，伐朝鮮。夏，旱。公孫卿曰：「黄帝時封則天旱，乾封三年。」上乃下詔曰：「天旱，意乾封乎？其令天下尊祠靈星焉。」

其明年，上郊雍，通回中道，巡之。春，至鳴澤，從西河歸。

其明年冬，上巡南郡，【一】至江陵而東。登禮灊之天柱山，號曰南岳。浮江，自尋陽出樅陽，過彭蠡，禮其名山川。北至琅邪，並海上。四月中，至奉高脩封焉。

【一】集解徐廣曰：「元封五年。」

初，天子封泰山，泰山東北阯古時有明堂處，處險不敞。上欲治明堂奉高旁，未曉其制度。濟南人公玉帶上黄帝時明堂圖。明堂圖中有一殿，四面無壁，以茅蓋，通水，圜宫垣，爲複道，上有樓，從西南入，命曰昆侖，天子從之入，以拜祠上帝焉。於是上令奉高作明堂汶上，【一】如帶圖。及五年脩封，則祠太一、五帝於明堂上坐，令高皇帝祠坐對之。祠后土於下房，以二十太牢。天子從昆侖道入，始拜明堂如郊禮。禮畢，燎堂下。而上又上泰山，自有祕祠其巔。而泰山下祠五帝，各如其方，黄帝并赤帝，而有司侍祠焉。山上舉火，下悉應之。

【一】集解徐廣曰：「在元封二年秋。」

其後二歲，十一月甲子朔旦冬至，推曆者以本統。天子親至泰山，以十一月甲子朔旦冬至日祠上帝明堂，毋脩封禪。【一】其贊饗曰：「天增授皇帝太元神策，周而復始。皇帝敬拜太一。」東至海上，考入海及方士求神者，莫驗，然益遣，冀遇之。

【一】集解徐廣曰：「常五年一脩耳，今適二年，故但祠於明堂。」

十一月乙酉，柏梁烖。十二月甲午朔，上親禪高里，祠后土。臨勃海，將以望祀蓬萊之屬，冀至殊廷焉。

上還，以柏梁烖故，朝受計甘泉。公孫卿曰：「黄帝就青靈臺，十二日燒，黄帝乃治明廷。明廷，甘泉也。」方士多言古帝王有都甘泉者。其後天子又朝諸侯甘泉，甘泉作諸侯邸。勇之乃曰：「越俗有火烖，復起屋必以大，用勝服之。」於是作建章宫，度爲千門萬户。前殿度高未央。其東則鳳闕，高二十餘丈。其西則唐中，數十里虎圈。其北治大池，漸臺高二十餘丈，命曰太液池，中有蓬萊、方丈、瀛洲、壺梁，象海中神山龜魚之屬。其南有玉堂、璧門、大鳥之屬。乃立神明臺、井幹樓，度五十丈，輦道相屬焉。

夏，漢改曆，以正月爲歲首，而色上黄，官名更印章以五字，爲太初元年。是歲，西伐大宛。蝗大起。丁夫人、雒陽虞初等以方祠詛匈奴、大宛焉。

其明年，有司上言雍五畤無牢熟具，芬芳不備。乃令祠官進畤犢牢具，色食所勝，而以木禺馬代駒焉。獨五月嘗駒，行親郊用駒。及諸名山川用駒者，悉以木禺馬代。行過，乃用駒。他禮如故。

其明年，東巡海上，考神僊之屬，未有驗者。方士有言「黄帝時爲五城十二樓，以候神人於執期，命曰迎年」。上許作之如方，命曰明年。上親禮祠上帝焉。

公玊帶曰：「黃帝時雖封泰山，然風后、封巨、岐伯令黃帝封東泰山，禪凡山，【一】合符，然后不死焉。」天子既令設祠具，至東泰山，東泰山卑小〔八三〕，不稱其聲，乃令祠官禮之，而不封禪焉。其後令帶奉祠候神物。夏，遂還泰山，脩五年之禮如前，而加以禪祠石閭。石閭者，在泰山下阯南方，方士多言此僊人之閭也，故上親禪焉。

【一】集解徐廣曰：「一作『丸』。」

其後五年，復至泰山脩封。【一】還過祭恒山。

【一】集解徐廣曰：「天漢三年。」

今天子所興祠，太一、后土，三年親郊祠，建漢家封禪，五年一脩封。薄忌太一及三一、冥羊、馬行、赤星，五，寬舒之祠官【一】以歲時致禮。凡六祠，皆太祝領之。至如八神諸神，明年、凡山他名祠，行過則祠，行去則已。方士所興祠，各自主，其人終則已，祠官不主。他祠皆如其故。今上封禪，其後十二歲而還，徧於五岳、四瀆矣。而方士之候祠神人，入海求蓬萊，終無有驗。而公孫卿之候神者，猶以大人之跡爲解，無有效。天子益怠厭方士之怪迂語矣，然羈縻不絕，冀遇其真。自此之後，方士言神祠者彌衆，然其效可睹矣。

【二】索隱案：郊祀志云祠官寬舒議祠后土爲五壇，故謂之「五寬舒祠官」也。

太史公曰：余從巡祭天地諸神名山川而封禪焉。入壽宮侍祠神語，究觀方士祠官之意，於是退而論次自古以來用事於鬼神者，具見其表裏。後有君子，得以覽焉。若至俎豆珪幣之詳，獻酬之禮，則有司存。

【索隱述贊】禮載「升中」，書稱「肆類」。古今盛典，皇王能事。登封報天，降禪除地。飛英騰實，金泥石記。漢承遺緒，斯道不墜。仙閭、肅然，揚休勒誌。

校勘記

〔一〕禪梁父何　「何」，原作「荷」。御覽卷五三六引五經通義作「何」。今據改。

〔二〕至梁父矣而德不洽　殿本無「梁父」二字，疑是。

〔三〕四十一里　原作「四十里」，據黃本、彭本、殿本改。按：本書卷二夏本紀、卷六秦始皇本紀「衡山」正義引括地志皆作「四十一里」。

〔四〕案尚書巫咸殷臣名伊陟贊告巫咸　耿本、黄本、彭本、殿本作「尚書伊陟贊于巫咸孔安國云贊告也巫咸臣名」，疑此有脱誤。按：尚書咸有一德：「伊陟贊于巫咸，作咸乂四篇。」又曰：「太戊贊于伊陟，作伊陟、原命。」

〔五〕毛詩傳云赤馬黑鬣曰騮也　「毛詩傳云」四字原無，據耿本、黄本、彭本、柯本、凌本、殿本補。按：詩魯頌駉「有騮有雒」毛傳：「赤身黑鬣曰騮。」

〔六〕李奇三輔記云　耿本、黄本、彭本、柯本、凌本、殿本無「三輔記」三字。按：漢書卷二五上郊祀志上顏師古注引李奇曰：「鄜音孚。三輔謂山阪間爲衍。」

〔七〕似肺　「肺」，本書卷五秦本紀「得陳寶」索隱引蘇林作「肝」，漢書卷二五上郊祀志上顏師古注引蘇林同。

〔八〕德公元年以犧三百祠鄜畤　本書卷五秦本紀「三百」下有「牢」字，疑此脱。

〔九〕伏者萬鬼行日故閉不干求也　疑文有譌誤。按：後漢書卷四孝和帝紀「六月己酉，初令伏閉盡日」李賢注：「漢官舊儀曰：『伏日萬鬼行，故盡日閉，不干它事。』」

〔一〇〕伏閉晝日　「晝日」，疑當作「盡日」。按：玉海卷一〇二、册府卷六〇皆作「盡日」。

〔一一〕金氣伏藏之名　「名」，本書卷五秦本紀「初伏」正義引曆忌釋作「日」，後漢書卷二孝明帝紀李賢注引歷忌、文選卷一六閑居賦李善注引厤忌釋並同。

〔一二〕庚者金也　「金」下原有「日」字，據耿本、黄本、彭本、柯本、凌本、殿本删。按：本書卷五秦本紀「初伏」正義引曆忌釋亦無「日」字。

〔一三〕其後四年　「四年」，原作「六年」。漢書卷二五上郊祀志上作「四年」。今據改。按：本書卷五秦本紀：「（宣公）四年，作密畤。」卷一四十二諸侯年表亦在四年。

〔一四〕其後十四年　「十四年」，漢書卷二五上郊祀志上作「十三年」，與本書卷一四十二諸侯年表合。

〔一五〕以朝羣臣　「以朝」二字原無，據耿本、黃本、彭本、柯本、凌本、殿本補。按：本書卷四一越王句踐世家「其先禹之苗裔」正義引吳越春秋云「登茅山以朝四方羣臣」。

〔一六〕盧龍縣南一十里　「一十里」，本書卷四周本紀、卷五秦本紀、卷六一伯夷列傳正義引括地志皆作「十二里」。

〔一七〕光武改高邑曰鄗　疑文有譌誤。按：漢書卷二八上地理志上常山郡：「鄗，世祖即位，更名高邑。」後漢書志第二十郡國志二常山國：「高邑，故鄗，光武更名。」

〔一八〕注名曰鷫鷞　此五字原無，據索隱本補。

〔一九〕合而離五百歲當復合　「離」字疑當重。按：本書卷四周本紀云「始周與秦國合而別，別五百載復合，合十七歲而霸王者出焉」，卷五秦本紀云「周故與秦國合而別，別五百歲復合，合十七歲而霸王出」。

〔二〇〕亦舉全數　「亦」，耿本、黃本、彭本、柯本、凌本、殿本作「此言五百年」。

〔二一〕如種韭畦　原作「埒如菜畦」，據耿本、黄本、彭本、柯本、凌本、殿本改。按：漢書卷二五上郊祀志上顔師古注：「畦時者，如種韭畦之形，而時於畦中各爲一土封也。」

〔二二〕故云畦時　「畦」字原無，據耿本、黄本、彭本、柯本、凌本、殿本補。參見上條。

〔二三〕亡淪入地非也　「非」字原無，據耿本、黄本、彭本、柯本、凌本、殿本補。

〔二四〕宋有太丘社　「社」字原無，據耿本、黄本、彭本、柯本、凌本、殿本補。按：爾雅釋丘「右陵，泰丘」郭璞注：「宋有泰丘社，亡。見史記。」又，黄本、彭本、柯本、凌本、殿本「宋有太丘社」下有「以社名此地也」六字，漢書卷二五上郊祀志上顔師古注作「以丘名此地也」。

〔二五〕居臨菑南郊山下者　張文虎札記卷三：「索隱本重『下』字，與郊祀志合，各本脱。」

〔二六〕一云之下時命曰時　「下」下原有「上」字。索隱謂徐廣「一云」與漢志同，漢書卷二五上郊祀志上云「蓋天好陰，祠之必於高山之下時，命曰『時』」，無「上」字。今據删。

〔二七〕注一云之下上時　此七字原無，據索隱本補。

〔二八〕之罘山在萊州文登縣西北九十里　「九十里」，本書卷一一七司馬相如列傳「射乎之罘」正義引括地志作「百九十里」，元和志卷一一河南道七登州同。

〔二九〕蓋古有日夜出見於境　「境」，耿本、黄本、彭本、柯本、凌本、殿本作「東境」。

〔三〇〕欒産　耿本、黄本、彭本、柯本、凌本、殿本作「欒彦」。

〔三一〕司馬相如　原作「馬相如」，據耿本、黄本、彭本、柯本、凌本、殿本補「司」字。按：本書卷一一七司馬相如列傳載大人賦：「廝征伯僑而役羨門兮，屬岐伯使尚方。」

〔三二〕秦始皇使盧生求羨門子高　「使盧生」三字原無，據耿本、黄本、彭本、索隱本、柯本、凌本、殿本補。按：本書卷六秦始皇本紀：「三十二年，始皇之碣石，使燕人盧生求羨門、高誓。」

〔三三〕其傳在勃海中　「傳」，黄本、彭本、柯本、凌本、殿本作「傅」。按：漢書卷二五上郊祀志上作「傅」，顔師古注引臣瓚曰「世人相傳云爾」。

〔三四〕平鄉東北三十里　「三十里」，本書卷三殷本紀「益廣沙丘苑臺」正義引括地志作「二十里」。卷六秦始皇本紀「始皇崩於沙丘平臺」正義引括地志：「沙丘臺在邢州平鄉縣東北二十里。又云平鄉縣東北四十里。」

〔三五〕三代之居　「居」，原作「君」。張文虎札記卷三：「志疑云：『君乃居之譌。漢志作居。』案：正義、王本亦作『居』。」今據改。

〔三六〕岳山　梁玉繩志疑卷一六：「『岳』乃『垂』字之誤。今史、漢本誤作『岳山』。」按：「岳山」疑當作「垂山」。漢書卷二八上地理志上右扶風：「武功，垂山，古文以爲敦物。」

〔三七〕注云　張文虎札記卷三：「官本『注』，各本作『謂』。」案：文選西京賦注引作「古語云」，文略同，水經河水注引作「左丘明國語云」，不知何字之誤。」按：「注」字前後疑脱「水經」二字。參見下條。

〔三八〕當河水過而行　「河」字疑當重。按：水經注卷四河水：「華、嶽本一山，當河，河水過而曲行，河神巨靈手盪脚蹋，開而爲兩，今掌足之迹仍存。」

〔三九〕酈元注水經　「注」字原無。正義引水經注多云「酈元注水經」，今據補。

〔四〇〕芮縣城　疑當作「芮城縣」。按：元和志卷六河南道二陜州有芮城縣，無芮縣。

〔四一〕大壺山　疑當作「大壹山」。按：漢書卷二八上地理志上右扶風：「武功，太壹山，古文以爲終南。」

〔四二〕謂漢水　耿本、黄本、彭本、柯本、凌本、殿本作「所謂漢水」。疑當作「所謂沔漢」。按：水經注卷二七沔水：「沔水又東南，逕沮水戍而東南流，注漢，曰沮口。所謂沔漢者也。」

〔四三〕祭四瀆用三正牲　耿本、黄本、彭本、柯本、凌本、殿本無「正」字，疑此衍。

〔四四〕洛水商州洛南縣西冢嶺山　殿本史記考證：「推尋文義，『洛水』下脱『出』字。」按：考證説是。本書卷二夏本紀「伊雒瀍澗既入于河」、「道雒自熊耳」正義引括地志皆有「出」字。

〔四五〕填星辰星　「辰星」二字原無。王念孫雜志史記第二：「案『填星』下脱『辰星』二字，當依郊祀志補。」今據補。

〔四六〕於杜亳有三杜主之祠　二「杜」字原作「社」。漢書卷二五上郊祀志上作「杜」，梁玉繩志疑卷一六以爲作「社」誤。按：下「社」字，景祐本作「杜」不誤，今並改正。又，「三」，疑當作「五」。漢書卷二八上地理志上京兆尹：「杜陵，故杜伯國，宣帝更名。有周右將軍杜主祠四所。」漢書卷二五下郊祀志下：「杜主有五祠，置其一。」

〔四七〕自此以下星　景祐本、紹興本、耿本、黄本、彭本、毛本、柯本、凌本無「星」字。

〔四八〕秦寧公　疑當作「秦憲公」。按：本書卷六秦始皇本紀「憲公享國十二年」索隱：「本紀憲公徙居平陽，葬西山。」參見本書卷五秦本紀校記〔二二〕。

〔四九〕杜主　原作「社主」。上文「而雍菅廟亦有杜主。杜主，故周之右將軍」索隱：「地理志杜陵，故杜伯國，有杜主祠四。墨子云：『周宣王殺杜伯不以罪，後宣王田於圃，見杜伯執弓矢射，宣王伏弢而死也。』」今據改。

〔五〇〕及四仲之月祠若月祠陳寶節來一祠　梁玉繩志疑卷一六：「漢志云：『四仲之月月祠，若陳寶節來一祠。』此當衍上『祠』字，而移『若』字於『陳寶』上。傳寫譌耳。」

〔五一〕據秦舊而言　耿本、黄本、彭本、柯本、凌本、殿本此下有「秦襄公始列爲諸侯而作西畤文公卜居汧渭之閒而作鄜畤皆非雍也至秦德公卜居雍而後宣公作密畤祠青帝靈公作上畤祠黄帝下畤祠炎帝獻公作畦畤祠白帝是爲四並高祖增黑帝而五」七十七字，疑此脱。

〔五二〕寄生龍形於木也　本書卷一二孝武本紀「木禺馬」索隱引孟康無「生」字，後漢書卷七四下袁紹劉表傳下「其猶木禺之於人也」李賢注引漢書音義同。

〔五三〕一音寓　耿本、黄本、彭本、柯本、凌本、殿本無「一」字。

〔五四〕禺馬亦然　原作「寓鳥馬亦然」，據耿本、黄本、彭本、柯本、凌本、殿本删改。

〔五五〕一音偶亦謂偶其形於木也　耿本、黄本、彭本、柯本、凌本、殿本無此十一字。

〔五六〕長安置祠祝官　「祠祝」，漢書卷二五上郊祀志上、漢書卷一下高帝紀下作「祠祀」。

〔五七〕雲中　張文虎札記卷三：「郊祀志下有『君』字，與楚詞合，此疑脱。」

〔五八〕祠社主　「社」，漢書卷二五上郊祀志上作「杜」。按：梁玉繩志疑卷一六：「『社』乃『杜』之誤，即上文杜主。」

〔五九〕時月　梁玉繩志疑卷一六：「漢志作『時日』，是。」

〔六〇〕雲中雲也　疑文有脱誤。按：楚辭九歌王逸注作「雲中雲神所居也」。

〔六一〕社主即上文三社主也　「社」字當爲「杜」之譌，正文上云「杜主，故周之右將軍」索隱：「地理志杜陵，故杜伯國，有杜主祠四。墨子云：『周宣王殺杜伯不以罪，後宣王田於圃，見杜伯執弓矢射，宣王伏弢而死也。』」

〔六二〕徒天　疑當作「從天」。本書卷一一七司馬相如列傳「捨九天而永逝」正義引太玄經作「從天」，太玄經玄數同。

〔六三〕罰更天　「罰」字疑衍。本書卷一一七司馬相如列傳正義引太玄經無「罰」字，太玄經玄數同。

〔六四〕治天　疑當作「沈天」。本書卷一一七司馬相如列傳正義引太玄經作「沈天」，太玄經玄數同。

〔六五〕常以春三月及時臘祠社稷以羊豕　王念孫雜志史記第二：「『三月』當從郊祀志作『二月』，『臘』上不當有『時』字，此因上文『歲時』字而衍，郊祀志無『時』字。」

〔六六〕其明年　梁玉繩志疑卷一六：「『其明年』三字當依漢志移於下文『夏四月，文帝親拜霸、渭』

之上。」

〔六七〕久長門　「久」字疑衍。按：會注本作「長門」。漢書卷二五上郊祀志上：「文帝出長門。」顔師古注引如淳曰：「亭名也。」是亭名長門也。通鑑卷一五漢紀七文帝前十六年：「又於長門道北立五帝壇。」胡三省注引括地志：「長門故亭在雍州萬年縣東北苑中。」又下文明言「長門五帝」云云。

〔六八〕坐中有九十餘老人　漢書卷二五上郊祀志上「九十餘」上有「年」字，本書卷一二孝武本紀同。

〔六九〕夕孫夷侯胡紹封　耿本、黄本、彭本、殿本作「夜以高祖八年封侯至元朔五年夷侯胡薨無後國除」，本書卷一八高祖功臣侯者年表同。

〔七〇〕安期生食巨棗　「巨」，漢書卷二五上郊祀志上作「臣」，本書卷一二孝武本紀同。

〔七一〕天子之邦　梁玉繩志疑卷一六：「漢志及補今上紀並作『天子之郡』，疑『邦』字乃『郡』之譌。」

〔七二〕此下耿本、黄本、彭本、殿本、會注本有索隱「漢書作李夫人卒帝悼之李少翁致其形帝爲作賦此云王夫人新論亦同未詳」三十一字。黄本「同」誤作「固」。

〔七三〕三元以郊得一角獸曰狩云　本書卷一二孝武本紀集解引徐廣曰：「案諸紀元光後有元朔，元朔後得元狩。」另參見卷一二校記〔二五〕。

〔七四〕脽丘　本書卷一二孝武本紀、漢書卷二五上郊祀志上作「脽上」。

〔七五〕雜磨鍼鐵杵　「杵」，耿本、黄本、彭本、柯本、凌本、殿本作「擣」。按：本書卷一二孝武本紀「鬬旗」正義：「高誘注淮南子云：『取雞血與針磨擣之，以和磁石，用塗碁頭曝乾之，置局上，即相拒不止也。』」

〔七六〕和磁石棊頭　本書卷一二孝武本紀「鬬旗」正義「碁頭」上有「塗」字。按：殿本史記考證：「推尋文義，『棊頭』上脱『塗』字。」參見上條。

〔七七〕亨煮也鬺音殤　耿本、黄本、彭本、柯本、凌本、殿本作「鬺亨煮也音殤」，景祐本與諸本略同，唯「亨」作「享」。

〔七八〕非魯中山　水經注卷一六穀水：「徐廣史記音義曰：關中有中山，非冀州者也。」熊會貞曰：「魯爲冀之誤，當以此正之。」

〔七九〕牛垂頷也　「垂頷」二字疑倒。按：説文肉部：「胡，牛頷垂也。」段玉裁注：「頷，頤也，牛自頤至頸下垂肥者也。」

〔八〇〕垓次也　紹興本、耿本、黄本、彭本、殿本作「陔次也」。按：日藏原本玉篇阜部「陔」字條：「史記：『泰一壇，壇三陔。』徐廣曰：『陔次也。』或爲『垓』字也，土部也。」

〔八一〕頗以加禮　「禮」，本書卷一二孝武本紀、漢書卷二五上郊祀志上作「祠」。

〔八二〕東泰山卑小　「東」字原無。梁玉繩志疑卷一六：「『太山』上缺『東』字。」按：本書卷一二孝武本紀、漢書卷二五下郊祀志下皆有「東」字，今據補。

史記卷二十九

河渠書第七

夏書曰：禹抑洪水十三年，過家不入門。〔一〕陸行載車，水行載舟，泥行蹈毳，山行即橋。〔二〕以別九州，隨山浚川，任土作貢。通九道，陂九澤，〔三〕度九山。〔四〕然河菑衍溢，害中國也尤甚。唯是爲務。故道河自積石歷龍門，〔五〕南到華陰，〔六〕東下砥柱，〔七〕及孟津、〔八〕雒汭，至于大邳。〔九〕於是禹以爲河所從來者高，水湍悍，〔一〇〕難以行平地，數爲敗，乃廝二渠以引其河。〔一一〕北載之高地，過降水，〔一二〕至于大陸，〔一三〕播爲九河，〔一四〕同爲逆河，入于勃海。〔一五〕九川既疏，九澤既灑，諸夏艾安，功施于三代。

〔一〕索隱抑音憶。抑者，遏也。洪水滔天，故禹遏之，不令害人也。漢書溝洫志作「堙」。堙、抑，皆塞也。

〔二〕集解徐廣曰：「橋，近遙反〔一〕。一作『檋』。檋，直轅車也，音己足反。」尸子曰『山行乘樏』。

音力追反。又曰『行塗以楯，行險以檋，行沙以軌』。又曰『乘風車』。音去喬反。」索隱毳，字亦作「橇」，同音昌芮反。注以檋，子芮反，又子絶反，與蕝音同。

【三】正義顔師古云：「通九州之道，及障遏其澤也。」

【四】正義度，田洛反。釋名云「山者，産也」。治水以志九州山澤所生物産，言於地所宜，商而度之，以制貢賦也。

【五】正義在同州韓城縣北五十里，爲鑿廣八十步。

【六】正義華陰縣也。魏之陰晉，秦惠文王更名寧秦，漢高帝改曰華陰也。

【七】正義厎柱山俗名三門山，在硤石縣東北五十里，在河之中也。

【八】正義在洛州河陽縣南門外也。

【九】正義孔安國云：「山再成曰邳。」按：在衛州黎陽縣南七里是也。

【一〇】集解韋昭曰：「湍，疾；悍，强也。」

【一一】集解漢書音義曰：「廝，分也。二渠，其一出貝丘西南二折者也〔二〕，其一則漯川。」索隱廝，漢書作「釃」，史記舊本亦作「灑」，字從水。按：韋昭云「疏決爲釃」，字音疏跬反。廝，即分其流泄其怒是也。又按：二渠，其一即漯川，其二王莽時遂空也。

【一二】正義降水源出潞州屯留縣西南方山東北。

【一三】正義大陸澤在邢州及趙州界，一名廣河澤，一名鉅鹿澤也。

【一四】正義言過降水及大陸水之口，至冀州分爲九河。

【一五】集解瓚曰：「禹貢云『夾右碣石入于海』，然則河口之入海乃在碣石也。武帝元光二年，河徙東郡，更注勃海。禹之時不注勃海也。」

自是之後，滎陽下引河東南爲鴻溝，【一】以通宋、鄭、陳、蔡、曹、衞，與濟、汝、淮、泗會。于楚，西方則通渠漢水、雲夢之野，東方則通鴻溝江淮之閒〔三〕。於吴，則通渠三江、五湖。【二】於齊，則通菑濟之閒。於蜀，蜀守冰【三】鑿離碓，【四】辟沫水之害，【五】穿二江成都之中。【六】此渠皆可行舟，有餘則用溉浸，百姓饗其利。至于所過，往往引其水益用溉田疇之渠，以萬億計，然莫足數也。

【一】索隱楚漢中分之界，文穎云即今官渡水也。蓋爲二渠：一南經陽武，爲官渡水；一東經大梁城，即鴻溝〔四〕，今之汴河是也。

【二】集解韋昭曰：「五湖，湖名耳，實一湖，今太湖是也，在吴西南。」索隱三江，按地理志北江從會稽毗陵縣北東入海，中江從丹陽蕪湖縣東北至會稽陽羨縣東入海，南江從會稽吴縣南東入海，故禹貢有北江、中江也。五湖者，郭璞江賦云具區、洮滆、彭蠡、青草、洞庭是也。又云太湖周五百里，故曰五湖。

【三】集解漢書曰：「冰姓李。」

【四】集解晉灼曰：「古『堆』字也。」

【五】索隱辟音避。沫音末。按：説文云「沫水出蜀西南徼外，與青衣合，東南入江」也。

【六】正義括地志云：「大江一名汶江，一名管橋水，一名清江，亦名水江，西南自温江縣界流來。」又云：「郫江一名成都江，一名市橋江，亦名中日江，亦曰内江，西北自新繁縣界流來。二江並在益州成都縣界。任豫益州記云『二江者，郫江、流江也』。風俗通云『秦昭王使李冰爲蜀守，開成都縣兩江，溉田萬頃。神須取女二人以爲婦，冰自以女與神爲婚，徑至祠勸神酒，酒杯澹澹，因厲聲責之，因忽不見。良久，有兩蒼牛鬭於江岸，有閒，輒還，流汗謂官屬曰：「吾鬭疲極，不當相助耶？南向腰中正白者，我綬也。」主簿刺殺北面者，江神遂死』。華陽國志云『蜀時濯錦流江中，則鮮明也』。」

西門豹引漳水溉鄴，【一】以富魏之河内。

【一】正義括地志云：「漳水一名濁漳水，源出潞州長子縣西力黄山。地理志云濁漳水出長子鹿谷山，【五】東至鄴，入清漳。」按：力黄、鹿谷二山北鹿也。鄴，相州之縣也。

而韓聞秦之好興事，欲罷之，毋令東伐，【一】乃使水工鄭國【二】閒説秦，令鑿涇水自中山西邸瓠口爲渠，【三】並北山東注洛【四】三百餘里，欲以溉田。中作而覺，秦欲殺鄭國。鄭國曰：「始臣爲閒，然渠成亦秦之利也。」【五】秦以爲然，卒使就渠。渠就，用注填閼之水，溉澤鹵之地四萬餘頃，【六】收皆畝一鐘。於是關中爲沃野，無凶年，秦以富彊，卒并諸侯，因命曰鄭國渠。

【一】集解如淳曰：「欲罷勞之，息秦伐韓之計。」

【二】集解韋昭曰：「鄭國能治水，故曰水工。」

【三】索隱小顏云「中音仲。即今九嵏山之東仲山是也。邸，至也」。瓠口即谷口，乃郊祀志「所謂寒門，谷口」是也。與池陽相近，故曰「田於何所，池陽谷口」也。正義括地志云：「中山一名仲山，在雍州雲陽縣西十五里。」又云：「焦穫藪，亦名瓠，在涇陽北城外也。」邸，至也。至渠首起雲陽縣西南二十五里，今枯也。

【四】集解徐廣曰：「出馮翊懷德縣。」

【五】索隱溝洫志鄭國云「臣爲韓延數歲之命，爲秦建萬代之功」是也。

【六】索隱溉音古代反。澤，一作「舄」，音昔，又並音尺。本或作「斥」，則如字讀之。

漢興三十九年，孝文時河決酸棗，東潰金隄，【一】於是東郡大興卒塞之。

【一】正義括地志云：「金隄一名千里隄，在白馬縣東五里。」

其後四十有餘年，〔六〕今天子元光之中，而河決於瓠子，東南注鉅野，【二】通於淮、泗。

於是天子使汲黯、鄭當時興人徒塞之，輒復壞。是時武安侯田蚡爲丞相，其奉邑食鄃。【三】鄃居河北，河決而南則鄃無水菑，邑收多。蚡言於上曰：「江河之決皆天事，未易以人力爲彊塞，塞之未必應天。」而望氣用數者亦以爲然。於是天子久之不事復塞也。

【一】正義 括地志云：「鄆州鉅野縣東北大澤是〔七〕。」

【二】索隱 音輸。韋昭云「清河縣也」。正義 貝州縣也。

是時鄭當時爲大農，言曰：「異時關東漕粟從渭中上，度六月而罷，而漕水道九百餘里，時有難處。引渭穿渠起長安，並南山下，至河三百餘里，徑，易漕，度可令三月罷；而渠下民田萬餘頃，又可得以溉田：此損漕省卒，而益肥關中之地，得穀。」天子以爲然，令齊人水工徐伯表【一】悉發卒【二】數萬人穿漕渠，三歲而通。通，以漕，大便利。其後漕稍多，而渠下之民頗得以溉田矣。

【一】索隱 舊說，徐伯表，水工姓名也。小顏以爲：表者，「巡行穿渠之處而表記之，若今豎標」，表不是名也。

【二】集解 徐廣曰：「一云『悉衆』。」

其後河東守番係【一】言：「漕從山東西，【二】歲百餘萬石，更砥柱之限，敗亡甚多，而亦煩費。穿渠引汾【三】溉皮氏、汾陰下，【四】引河溉汾陰、蒲坂下，度可得五千頃。五千頃故盡河壖弃地，【五】民茭牧其中耳，【六】今溉田之，度可得穀二百萬石以上。穀從渭上，與關中無異，而砥柱之東可無復漕。」天子以爲然，發卒數萬人作渠田。數歲，河移徙，渠不利，則田者不能償種。久之，河東渠田廢，予越人，令少府以爲稍入。【七】

【一】索隱 上音婆，又音潘。按：詩小雅云「番維司徒」，番，氏也。下音系也。

【二】索隱 按：謂從山東運漕而西入關也。

【三】正義 括地志云：「汾水源出嵐州靜樂縣北百三十里管涔山北，東南流，入并州，即西南流，入至絳州、蒲州入河也。」

【四】正義 括地志云：「皮氏故城在絳州龍門縣西百三十步〔八〕。自秦、漢、魏、晉，皮氏縣皆治此。汾陰故城俗名殷湯城，在蒲州汾陰縣北九里〔九〕，漢汾陰縣是也。」

【五】集解 韋昭曰：「壖音而緣反。謂緣河邊地也。」索隱 又音人兗反。

【六】索隱 茭，乾草也。謂人收茭及牧畜於中也。

【七】集解 如淳曰：「時越人有徙者，以田與之，其租稅入少府。」索隱 其田既薄，越人徙居者習水利，故與之，而稍少其稅，入之于少府。

其後人有上書欲通褒斜道【一】及漕，事下御史大夫張湯。湯問其事，因言：「抵蜀從故道，【二】故道多阪，回遠。今穿褒斜道，少阪，近四百里；而褒水通沔，斜水通渭，皆可以行船漕。漕從南陽〔三〕上沔入褒，褒之絕水至斜，閒百餘里，以車轉，從斜下下渭〔一〇〕。如此，漢中之穀可致，山東從沔無限，〔四〕便於砥柱之漕。且褒斜材木竹箭之饒，擬於巴蜀。」天子以爲然，拜湯子卬爲漢中守，發數萬人作褒斜道五百餘里。道果便近，而水湍石，〔五〕不可漕。

〔一〕集解韋昭曰：「褒中縣也。斜，谷名，音邪。」瓚曰：「褒，斜，二水名。」正義括地志云：「褒谷在梁州褒城縣北五十里。斜水源出褒城縣西北九十八里衙嶺山，與褒水同源而派流，漢書溝洫志云『褒水通沔，斜水通渭，皆以行船』是也。」按：褒城即褒中縣也。

〔二〕正義括地志云：「鳳州兩當縣，本漢故道縣也，在州西五十里。」

〔三〕正義南陽郡即今鄧州也〔一一〕。

〔四〕正義無限，言多也。山東，謂河南之東，山南之東及江南、淮南，皆經砥柱上運〔一二〕，今並從沔，便於三門之漕也。

〔五〕集解徐廣曰：「湍，一本作『湲』。」

其後莊熊羆言：「臨晉〔一〕民願穿洛以溉重泉〔二〕以東萬餘頃故鹵地。誠得水，可令畝十石。」於是爲發卒萬餘人穿渠，自徵〔三〕引洛水至商顏下〔一三〕。〔四〕岸善崩，〔五〕乃鑿井，深者四十餘丈。往往爲井，井下相通行水。水穨以絕商顏，〔六〕東至山嶺十餘里閒。井渠之生自此始。穿渠得龍骨，〔七〕故名曰龍首渠。作之十餘歲，渠頗通，猶未得其饒。

【一】正義括地志云："同州本臨晉城也。一名大荔城，亦曰馮翊城。"

【二】正義洛，漆沮水也。括地志云："重泉故城在同州蒲城縣東南四十五里，在同州西北亦四十五里。"

【三】集解應劭曰："徵在馮翊。" 索隱音懲，縣名也。小顏云即今之澄城也。

【四】集解服虔曰："顔音崖。"或曰商顔，山名也〔一四〕。 索隱顔音崖，又如字。商顔，山名也。

【五】集解如淳曰："洛水岸。" 正義言商原之崖岸，土性疏，故善崩毁也。

【六】集解瓚曰："下流曰穨。"

【七】正義括地志云："伏龍祠在同州馮翊縣西北四十里。故老云漢時自徵穿渠引洛，得龍骨，其後立祠，因以伏龍爲名。今祠頗有靈驗也。"

自河決瓠子後二十餘歲，歲因以數不登，而梁楚之地尤甚。天子既封禪巡祭山川，其明年，旱，乾封少雨。天子乃使汲仁、郭昌發卒數萬人塞瓠子決。於是天子已用事萬里沙，【一】則還自臨決河，沈白馬玉璧于河，令羣臣從官自將軍已下皆負薪寘決河。是時東郡燒草，以故薪柴少，而下淇園之竹【二】以爲楗。【三】

【一】正義括地志云："萬里沙在華州鄭縣東北二十里也〔一五〕。"

【二】集解晉灼曰："衞之苑也。多竹篠。"

【三】集解如淳曰：「樹竹塞水決之口，稍稍布插接樹之〔一六〕，水稍弱，補令密，謂之楗。以草塞其裹，乃以土填之；有石，以石爲之。音建〔一七〕。」索隱楗音其免反。楗者，樹於水中，稍下竹及土石也。

天子既臨河決，悼功之不成，乃作歌曰：「瓠子決兮將柰何？皓皓旰旰兮閭殫爲河！【一】殫爲河兮地不得寧，功無已時兮吾山平。【二】吾山平兮鉅野溢，【三】魚沸鬱兮柏冬日。【四】延道弛兮離常流，【五】蛟龍騁兮方遠遊。歸舊川兮神哉沛，【六】不封禪兮安知外！爲我謂河伯兮何不仁，泛濫不止兮愁吾人？齧桑浮兮淮、泗滿，【七】久不反兮水維緩。」一曰：「河湯湯兮激潺湲，北渡迂兮浚流難。搴長茭兮沈美玉，【八】河伯許兮薪不屬。【九】薪不屬兮衞人罪，燒蕭條兮噫乎何以禦水！穨林竹兮楗石菑，【一〇】宣房塞兮萬福來。」於是卒塞瓠子，築宮其上，名曰宣房宮。而道河北行二渠，復禹舊迹，而梁、楚之地復寧，無水災。

【一】集解如淳曰：「殫，盡也。」駰謂州閭盡爲河。

【二】集解徐廣曰：「東郡東阿有魚山，或者是乎？」駰按：如淳曰「恐水漸山使平也」。韋昭曰「鑿山以填河也」。

【三】集解如淳曰：「瓠子決，灌鉅野澤使溢也。」

【四】集解徐廣曰：「柏猶迫也。冬日行天邊，若與水相連矣。」駰按：漢書音義曰「鉅野滿溢，則衆魚沸鬱而滋長也。迫冬日乃止」。

【五】集解徐廣曰：「延，一作『正』。」駰按：晉灼曰「言河道皆弛壞也」。索隱言河之決，由其源道延長弛溢，故使其道皆離常流。故晉灼云「言河道皆弛壞」。

【六】集解瓚曰：「水還舊道，則羣害消除，神祐滂沛。」

【七】集解張晏曰：「齧桑，地名也。」如淳曰：「邑名，爲水所浮漂。」

【八】集解如淳曰：「搴，取也。茭，草也，音郊。一曰茭，竿也。取長竿樹之，用著石閒，以塞決河。」瓚曰：「竹葦絙謂之茭，下所以引致土石者也。」索隱搴音己免反。茭音交，竹葦絙也。一作「茇」，音廢，鄒氏又音紼也。

【九】集解如淳曰：「旱燒，故薪不足。」

【一〇】集解如淳曰：「河決，楗不能禁，故言菑。」韋昭曰：「楗，柱也。木立死曰菑。」

自是之後，用事者爭言水利。朔方、西河、河西、酒泉皆引河及川谷以溉田；而關中輔渠、靈軹【一】引堵水；【二】汝南、九江引淮；東海引鉅定；【三】泰山下引汶水：皆穿渠爲溉田，各萬餘頃。佗小渠披山通道者，不可勝言。然其著者在宣房。

【一】集解如淳曰：「地理志盩厔有靈軹渠。」索隱按：溝洫志：「兒寬爲左內史，奏請穿六輔渠。」小顏云：「今尚謂之輔渠，亦曰六渠也。」

【二】集解徐廣曰：「一作『諸川』。」

【三】集解瓚曰：「鉅定，澤名。」

太史公曰：余南登廬山，觀禹疏九江，遂至于會稽太湟，【一】上姑蘇，望五湖；東闚洛汭、大邳，迎河，行淮、泗、濟、漯洛渠；西瞻蜀之岷山及離碓；北自龍門至于朔方。曰：甚哉，水之爲利害也！余從負薪塞宣房，悲瓠子之詩而作河渠書。【二】

【一】集解徐廣曰：「一作『濕』。」

【二】集解徐廣曰：「溝洫志行田二百畝〔一八〕，分賦田與一夫二百畝，以田惡，故更歲耕之。」

【索隱述贊】水之利害，自古而然。禹疏溝洫，隨山濬川。爰洎後世，非無聖賢。鴻溝既劃，龍骨斯穿。填閼攸墾，黎蒸有年。宣房在詠，梁楚獲全。

校勘記

〔一〕橋近遥反　本書卷二夏本紀「山行乘欙」集解引徐廣曰：「欙，一作橋，音丘遥反。」按：張文虎札記卷三：「益稷疏及釋文引作『丘遥反』，『近』字疑誤。」

〔二〕其一出貝丘西南二折者也　「二」，漢書卷二九溝洫志顔師古注引孟康作「南」。

〔三〕通鴻溝江淮之閒　漢書卷二九溝洫志作「通溝江淮之閒」。梁玉繩志疑卷一六：「『鴻』字因上文有鴻溝而誤增之。漢志無『鴻』字也。蓋此溝即邗溝，吴所以掘以通江、淮者，不得指爲滎陽之鴻溝。」

〔四〕鴻溝　耿本、黄本、彭本、索隱本、柯本、凌本、殿本作「河溝」。

〔五〕濁漳水出長子鹿谷山　「出」，原作「在」，據殿本改。按：漢書卷二八上地理志上：「長子，周史辛甲所封。鹿谷山，濁漳水所出，東至鄴入清漳。」本書卷二夏本紀「至於衡漳」索隱、卷六九蘇秦列傳「南有河漳」正義引地理志並作「出」。

〔六〕其後四十有餘年　「四十」，疑當作「三十」。按：漢書卷二九溝洫志作「其後三十六歲」。文帝十二年河決東郡，至武帝元光三年河水決濮陽正三十六年。

〔七〕鄆州　原作「鄲州」，據黄本、彭本、柯本、殿本改。按：本書卷四七孔子世家「狩大野」、卷一二九貨殖列傳「屬巨野」正義引括地志皆云鉅野在鄆州。

〔八〕百三十步　本書卷五秦本紀正義引括地志作「一里八十步」，卷四四魏世家正義引作「一百八十步」。

〔九〕在蒲州汾陰縣　「州」字原無，據殿本補。按：本書卷五秦本紀、卷四四魏世家正義引括地志並有「州」字。

〔一〇〕從斜下下渭　漢書卷二九溝洫志不重「下」字。

〔一一〕南陽郡即今鄧州也　「南陽郡」，原作「南陽縣」，據黄本、彭本、殿本改。按：本書卷四一越王句踐世家「北聚魯、齊、南陽」正義：「南陽，鄧州也。」卷六九蘇秦列傳「則以南陽委於楚」正義：「南陽，鄧州地，本韓地也。」漢書卷二八上地理志上：「南陽郡，秦置。」據元和志卷二一山南道二：鄧州，秦之南陽郡，隋開皇七年，置鄧州。大業三年改爲南陽郡，武德二年復爲鄧州。

〔一二〕皆經砥柱上運　「上」，原作「主」。張文虎札記卷三：「『主』疑當作『上』。」今據改。

〔一三〕至商顔下　「商顔」下原有「山」字，據唐鈔本、景祐本、紹興本、耿本、黄本、彭本、索隱本、柯本、凌本、殿本删。按：集解、索隱皆云「商顔，山名也」，知裴駰、司馬貞所見本亦無「山」字。

〔一四〕服虔曰顔音崖或曰商顔山名也　景祐本、紹興本、耿本、黄本、彭本、柯本、凌本、殿本「或曰」上有「應劭曰徵在馮翊」七字，與漢書卷二九溝洫志顔師古注合。按：唐鈔本「或曰」以下亦爲應劭語。

〔一五〕華州鄭縣　疑當作「萊州掖縣」。玉海卷二一引括地志作「策州掖縣」，按：「策」當爲「萊」字之誤。本書卷一二孝武本紀「乃禱萬里沙」集解引應劭曰：「萬里沙，神祠也，在東萊曲城。」

漢之曲城，後齊併入掖縣。元和志卷一一河南道七萊州掖縣：「萬里沙，在縣東北三十里。郊祀志武帝元封元年，大旱，禱萬里沙。」

〔一六〕稍稍布插接樹之　「接」，唐鈔本作「按」，漢書卷二九溝洫志顔師古注引如淳同。

〔一七〕以石爲之音建　唐鈔本、景祐本、紹興本、耿本、黄本、彭本、柯本、凌本、殿本無「音建」二字，漢書卷二九溝洫志顔師古注引如淳同。

〔一八〕溝洫志行田二百畝　張文虎札記卷三：「考證云：『此注與本文全不比附，乃他處錯簡。』案：溝洫志史起進曰『魏氏之行田也以百畝，鄴獨以二百畝，是田惡也』，是譏西門豹語，當在前文『引漳水灌鄴』下，疑史文傳本已闕，後人漫附集解於篇末耳。然此注亦自有脱誤。」

史記卷三十

平準書第八

集解漢書百官表曰大司農屬官有平準令。索隱大司農屬官有平準令丞者〔一〕，以均天下郡國轉販，貴則賣之，賤則買之，貴賤相權輸〔二〕，歸于京都，故命曰「平準」。

漢興，接秦之弊，丈夫從軍旅，老弱轉糧饟，作業劇而財匱，自天子不能具鈞駟，【一】而將相或乘牛車，齊民無藏蓋。【二】於是爲秦錢重難用，【三】更令民鑄錢，【四】一黃金一斤〔三〕，【五】約法省禁。而不軌逐利之民，蓄積餘業以稽市物，物踊騰糶〔四〕，【六】米至石萬錢，馬一匹則百金。【七】

【一】索隱天子駕駟馬，其色宜齊同。今言國家貧，天子不能具鈞色之駟馬。漢書作「醇駟」，「醇」與「純」同，純一色也。或作「騂」，非也。

【二】集解如淳曰：「齊，等。無有貴賤，故謂之齊民，若今言平民矣。」晉灼曰：「中國被教之民也〔五〕。」蘇林曰：「無物可蓋藏也。」

【三】索隱顧氏按：古今注云「秦錢半兩，徑一寸二分，重十二銖」。

【四】集解漢書食貨志曰：鑄榆莢錢。索隱食貨志云「鑄莢錢」。按：古今注云榆莢錢重三銖，錢譜云文爲「漢興」也。

【五】索隱按：如淳云「時以錢爲貨，黄金一斤直萬錢」，非也。又臣瓚下注云「秦以一溢爲一金，漢以一斤爲一金」，是其義也。

【六】集解李奇曰：「稽，貯滯也。」如淳曰：「稽，考也。考校市物價，貴賤有時。」晉灼曰：「踊，甚也。言計市物賤而豫益稸之也。物貴而出賣，故使物甚騰也。」漢書「糶」字作「躍」。索隱李奇云「稽，貯滯」。韋昭云「稽，留待也」。稽字當如李韋二釋。晉灼及馬融訓稽爲計及考，於義爲疏。如淳云「踊騰猶低昂也。低昂者，乍賤乍貴也」。今按：漢書「糶」字作「躍」者，謂物踊貴而價起，有如物之騰躍而起也。然糶者出賣之名，故食貨志云「大熟則上糴三而舍一〔六〕」是也。

【七】集解瓚曰：「秦以一溢爲一金，漢以一斤爲一金。」

天下已平，高祖乃令賈人不得衣絲乘車，重租税以困辱之。孝惠、高后時，爲天下初定，復弛商賈之律，然市井之子孫亦不得仕宦爲吏。量吏禄，度官用，以賦於民。而山川園池市井【一】租税之入，自天子以至于封君湯沐邑，皆各爲私奉養焉，不領於天下之經費。【三】漕轉山東粟，以給中都官，【三】歲不過數十萬石。

【一】正義古人未有市，若朝聚井汲水〔七〕，便將貨物於井邊貨賣，故言市井也。

【二】索隱按：經訓常。言封君已下皆以湯沐邑爲私奉養，故不領入天子之常稅，爲一年之費也。

【三】索隱按〔八〕：中都猶都内也，皆天子之倉府。以給中都官者，即今太倉以畜官儲是也。

至孝文時，莢錢益多，輕，【一】乃更鑄四銖錢，其文爲「半兩」，令民縱得自鑄錢。故吴，諸侯也，以即山鑄錢，【二】富埒天子，【三】其後卒以叛逆。鄧通，大夫也，以鑄錢財過王者。故吴、鄧氏錢布天下，而鑄錢之禁生焉。

【一】集解如淳曰：「如榆莢也。」

【二】索隱按：即訓就。就山鑄錢〔九〕，故下文云「銅山」是也。一解，即山，山名也。

【三】集解徐廣曰：「埒者，際畔。言鄰接相次也。」駰按：孟康曰「富與天子等而微減也。或曰埒，等也」。

匈奴數侵盜北邊，屯戍者多，邊粟不足給食當食者。於是募民能輸及轉粟於邊者拜爵，爵得至大庶長。【一】

【一】索隱按：漢書食貨志云文帝用晁錯言，「令人入粟邊，六百石，爵上造；稍增至四千石，爲五大夫；萬二千石，爲大庶長：各以多少爲差」。

孝景時，上郡以西旱，亦復脩賣爵令，而賤其價以招民；及徒復作得輸粟縣官以除罪。益造苑馬以廣用，【一】而宮室列觀輿馬益增脩矣。

【一】索隱謂增益苑囿，造廄而養馬以廣用，則馬是軍國之用也。

至今上即位數歲，漢興七十餘年之閒，國家無事，非遇水旱之災，民則人給家足，都鄙廩庾皆滿，而府庫餘貨財。京師之錢累巨萬，【一】貫朽而不可校。【二】太倉之粟陳陳相因，充溢露積於外，至腐敗不可食。衆庶街巷有馬，阡陌之閒成羣，而乘字牝者儐而不得聚會。【三】守閭閻者食粱肉，爲吏者長子孫，【四】居官者以爲姓號。【五】故人人自愛而重犯法，先行義而後絀恥辱焉。當此之時，網疏而民富，役財驕溢，或至兼并豪黨之徒，以武斷於鄉曲。【六】宗室有土公卿大夫以下，爭于奢侈，室廬輿服僭于上，無限度。物盛而衰，固其變也。

【一】集解韋昭曰：「巨萬，今萬萬。」

【二】集解如淳曰：「校，數也。」

【三】集解漢書音義曰：「皆乘父馬，有牝馬閒其閒則相踶齧，故斥不得出會同。」

【四】集解如淳曰：「時無事，吏不數轉，至于子孫長大而不轉職任。」

【五】集解如淳曰：「倉氏、庾氏是也。」索隱注「倉氏庾氏」，按出食貨志。

【六】索隱謂鄉曲豪富無官位，而以威勢主斷曲直，故曰武斷也。

自是之後，嚴助、朱買臣等招來東甌，【一】事兩越，【二】江淮之閒蕭然煩費矣。唐蒙、司馬相如開路西南夷，鑿山通道千餘里，以廣巴蜀，巴蜀之民罷焉。彭吴【三】賈滅朝鮮，【四】置滄海之郡，則燕齊之閒靡然發動。及王恢設謀馬邑，匈奴絶和親，侵擾北邊，兵連而不解，天下苦其勞，而干戈日滋。行者齎，居者送，中外騷擾而相奉，百姓抏獘【五】以巧法，財賂衰秏而不贍。入物者補官，出貨者除罪，選舉陵遲，廉耻相冒，武力進用，法嚴令具。興利之臣自此始也。【六】

【一】正義烏侯反。今台州永寧是也。
【二】正義南越及閩越。南越，今廣州南海也。閩越，今建州建安也。
【三】索隱人姓名。
【四】索隱彭吴始開其道而滅之也。
【五】索隱按：抏音五官反。鄒氏又五亂反。按：抏者，秏也，消秏之名。言百姓貧獘，故行巧抵之法也。
【六】集解韋昭曰：「桑弘羊、孔僅之屬。」

其後，漢將歲以數萬騎出擊胡，及車騎將軍衛青取匈奴河南地，【一】築朔方。【二】當是時，漢通西南夷道，作者數萬人，千里負擔饋糧，率十餘鍾致一石，【三】散幣於邛僰【四】以集之。數歲道不通，蠻夷因以數攻，吏發兵誅之。【五】悉巴蜀租賦不足以更之，【六】乃募豪民田南夷，入粟縣官，而内受錢於都内。【七】東至滄海之郡，人徒之費擬於南夷。又興十萬餘人築衛朔方，轉漕【八】甚遼遠，自山東咸被其勞，費數十百巨萬，府庫益虚。乃募民能入奴婢得以終身復，爲郎增秩，及入羊爲郎，始於此。

【一】正義謂靈、夏三州地，取在元朔二年。

【二】正義今夏州也。括地志云：「夏州，秦上郡，漢分置朔方郡，魏不改，隋置夏州也。」

【三】集解漢書音義曰：「鍾六石四斗【一〇】。」

【四】索隱應劭云：「臨邛屬蜀，僰屬犍爲。」

【五】索隱吏發興誅之。謂發軍興以誅之也。

【六】集解韋昭曰：「更，續也。或曰更，償也。」

【七】集解服虔曰：「入穀於外縣，受錢於内府也。」

【八】索隱按：説文云「漕，水轉穀也」。一云車運曰轉，水運曰漕也。

其後四年，【一】而漢遣大將將六將軍、軍十餘萬擊右賢王，獲首虜萬五千級。明年，大將軍將六將軍仍再出擊胡，得首虜萬九千級。捕斬首虜之士受賜黄金二十餘萬斤，虜數萬人皆得厚賞，衣食仰給縣官，而漢軍之士馬死者十餘萬，兵甲之財轉漕之費不與焉。於是大農陳藏錢【一】經秏，賦稅既竭，猶不足以奉戰士。有司言：「天子曰『朕聞五帝之教不相復而治，禹湯之法不同道而王，所由殊路，而建德一也。北邊未安，朕甚悼之。日者，大將軍攻匈奴，斬首虜萬九千級，留蹛無所食。【二】議令民得買爵及贖禁錮免減罪』。請置賞官，命曰武功爵。【三】級十七萬，凡直三十餘萬金。【四】諸買武功爵官首者試補吏，先除；【五】千夫如五大夫；【六】其有罪又減二等；【七】爵得至樂卿：【八】以顯軍功。」軍功多用越等，大者封侯卿大夫，小者郎吏。吏道雜而多端，則官職秏廢。

【一】集解徐廣曰：「元朔五年也。」

【二】集解韋昭曰：「陳，久也。」

【三】索隱留蹛無所食。蹛音迭，謂貯也。韋昭音滯，謂積也。又按：古今字詁「蹛」今「滯」字，則蹛與滯同。按：謂富人貯滯積穀，則貧者無所食也。

【四】集解瓚曰：「茂陵中書有武功爵：一級曰造士，二級曰閑輿衞，三級曰良士，四級曰元戎士，五級曰官首，六級曰秉鐸，七級曰千夫，八級曰樂卿，九級曰執戎，十級曰左庶長，十一級曰軍衞。此武帝所制以寵軍功。」

【五】索隱大顏云「一金，萬錢也。計十一級，級十七萬，合百八十七萬金」。而此云「三十餘萬金」，其數必有誤者。顧氏按：或解云初一級十七萬〔二〕，自此已上每級加二萬，至十一級，合成三十七萬也。

【六】索隱官首，武功爵第五也，位稍高，故得試爲吏，先除用也。

【七】索隱千夫，武功爵第七；五大夫，二十爵第九也。言千夫爵秩比於五大夫二十爵第九，故楊僕以千夫爲吏是也。

【八】集解徐廣曰：「爵名也。」駰案：漢書音義曰「十爵左庶長以上至十八爵爲大庶長也，名樂卿。樂卿者，朝位從九卿，加『樂』者，別正卿。又十九爵爲樂公，食公卿祿而無職也」。索隱按：此言武功置爵惟得至於樂卿也。臣瓚所引茂陵書，蓋後人記其爵失次耳。今注稱十爵至十八庶長爲樂卿，十九至二十爲樂公，乃以舊二十爵釋武功爵，蓋亦臆説，非也。大顏亦以爲然。

自公孫弘以春秋之義繩臣下取漢相，張湯用峻文決理爲廷尉，於是見知之法生，【一】而廢格沮誹【二】窮治之獄用矣。其明年，淮南、衡山、江都王謀反迹見，而公卿尋端治之，竟其黨與，而坐死者數萬人，長吏益慘急而法令明察。

【一】集解張晏曰：「吏見知不舉劾爲故縱。」

【二】集解如淳曰：「廢格天子文法，使不行也。誹謂非上所行，若顏異反脣之比也。」索隱格音閣，亦如字。沮音才緒反。誹音非。按：謂廢格天子之命而不行，及沮敗誹謗之者，皆被窮治，故云廢格沮誹之獄用矣。

當是之時，招尊方正賢良文學之士，或至公卿大夫。公孫弘以漢相，布被，食不重味，爲天下先。然無益於俗，稍騖於功利矣。

其明年，驃騎仍再出擊胡，獲首四萬。其秋，渾邪王率數萬之衆來降，於是漢發車二萬乘迎之。既至，受賞，賜及有功之士。是歲費凡百餘巨萬。

初，先是往十餘歲河決觀〔二〕，〔一〕梁楚之地固已數困，而緣河之郡隄塞河，輒決壞，費不可勝計。其後番係欲省底柱之漕，穿汾、河渠以爲溉田，作者數萬人；鄭當時爲渭漕渠回遠，鑿直渠自長安至華陰，作者數萬人；朔方亦穿渠，作者數萬人：各歷二三朞，功未就，費亦各巨萬十數。

〔一〕集解徐廣曰：「觀，縣名也。屬東郡，光武改曰衞，公國。」

天子爲伐胡，盛養馬，馬之來食長安者數萬匹，卒牽掌者關中不足，乃調旁近郡。而胡降者皆衣食縣官，縣官不給，天子乃損膳，解乘輿駟，出御府禁藏以贍之。

其明年，山東被水菑，民多飢乏，於是天子遣使者虛郡國倉廥〔一〕以振貧民。猶不足，又募豪富人相貸假。尚不能相救，乃徙貧民於關以西，及充朔方以南新秦中，【一】七十餘萬口，衣食皆仰給縣官。數歲，假予產業，使者分部護之，冠蓋相望。其費以億計，不可勝數。

【一】集解徐廣曰：「音膾。」

【二】集解服虔曰：「地名，在北方千里。」如淳曰：「長安已北，朔方已南。」瓚曰：「秦逐匈奴以收河南地，徙民以實之，謂之新秦。今以地空，故復徙民以實之。」

於是縣官大空，而富商大賈或蹛財役貧，【一】轉轂百數，【二】廢居【三】居邑，【四】封君皆低首仰給。【五】冶鑄煑鹽，財或累萬金，而不佐國家之急，黎民重困。於是天子與公卿議，更錢造幣以贍用，而摧浮淫并兼之徒。是時禁苑有白鹿而少府多銀錫。自孝文更造四銖錢，至是歲四十餘年，從建元以來，用少，縣官往往即多銅山而鑄錢，民亦閒盜鑄錢，不可勝數。錢益多而輕，【六】物益少而貴。【七】有司言曰：「古者皮幣，諸侯以聘享。金有三等，黃金爲上，白金爲中，赤金爲下。【八】今半兩錢法重四銖，【九】而姦或盜摩錢裏取鋊，【一〇】錢益輕薄而物貴，則遠方用幣煩費不省。」乃以白鹿皮方尺，緣以藻績，【一一】爲皮幣，直四十萬。王侯宗室朝覲聘享，必以皮幣薦璧，然後得行。

【一】集解漢書音義曰：「蹛，停也。一曰貯也。」索隱蕭該按：字林云「貯，塵也，音佇」。此謂居積停滯塵久也。或作「貯」，子貢發貯鬻財是也。

[二]集解李奇曰：「車也。」

[三]集解徐廣曰：「廢居者，貯畜之名也。有所廢，有所畜，言其乘時射利也。」索隱劉氏云：「廢，出賣；居，停蓄也。」是出賣於居者爲廢，故徐氏云「有所廢，有所畜」是也。

[四]集解駰按：服虔曰：「居穀於邑也。」如淳曰：「居賤物於邑中，以待貴也。」索隱服虔云「居穀於邑中」是也。

[五]集解晉灼曰：「低音抵距。」服虔曰：「仰給於商賈。」索隱按：服虔云「仰給於商賈」，是也。而劉伯莊以爲「封君及大商皆低首營私以自給，不佐天子」，非也。

[六]集解如淳曰：「磨錢取鎔故也。」瓚曰：「鑄錢者多，故錢輕。輕亦賤也。」

[七]集解如淳曰：「但鑄作錢，不作餘物。」

[八]集解漢書音義曰：「白金，銀也。赤金，丹陽銅也。」索隱說文云：「銅，赤金也。」注云「丹陽銅」者，神異經云西方金山有丹陽銅也。

[九]集解韋昭曰：「文爲半兩，實重四銖。」

[一〇]集解徐廣曰：「音容。」呂靜曰：「冶器法謂之鎔。」

[一一]集解徐廣曰：「藻，一作『紫』也。」

又造銀錫爲白金。[一]以爲天用莫如龍，[二]地用莫如馬，[三]人用莫如龜，[四]故白金三品：其一曰重八兩，圜之，其文龍，【五】名曰「白選」，【六】直三千；【七】二曰以重差小〔一三〕，方之，【八】其文馬，【九】直五百；三曰復小，撱之，【一〇】其文龜，【一一】直三百。令縣官銷半兩錢，更鑄三銖錢，文如其重。盜鑄諸金錢罪皆死，而吏民之盜鑄白金者不可勝數。

【一】集解如淳曰：「雜鑄銀錫爲白金也。」

【二】索隱易云行天莫如龍也。

【三】索隱易云行地莫如馬也。

【四】索隱禮曰「諸侯以龜爲寶」也。

【五】索隱顧氏案：錢譜「其文爲龍，隱起，肉好皆圜，文又作雲霞之象」。

【六】索隱名白選。蘇林曰：「選音『選擇』之『選』。」包愷及劉氏音息戀反。尚書大傳云：「夏后氏不殺不刑，死罪罰二千饌。」馬融云：「饌，六兩。」漢書作「撰」，音同。

【七】索隱晉灼按：黄圖直三千三百。

【八】索隱謂以八兩差爲三品，此重六兩，下小隋重四兩也。云「以重差小」者，謂半兩爲重，故差小重六兩，而其形方也。

【九】索隱錢譜：「肉好皆方，隱起馬形。肉好之下又是連珠文也。」

【一〇】索隱復小隋之。湯果反。爾雅注：隋者，狹長也。謂長而方，去四角也。

【一一】索隱錢譜：「肉圓好方，爲隱起龜甲文。」

於是以東郭咸陽、〔一〕孔僅爲大農丞，領鹽鐵事；桑弘羊以計算用事，侍中。咸陽，齊之大煮鹽，孔僅，南陽大冶，皆致生累千金，故鄭當時進言之。弘羊，雒陽賈人子，以心計，年十三侍中。故三人言利事析秋豪矣。〔二〕

〔一〕索隱東郭，姓；咸陽，名也。按：風俗通東郭牙，齊大夫，咸陽其後也。

〔二〕索隱按：言百物毫芒至秋皆美細。今言弘羊等三人言利事纖悉，能分析其秋毫也。

法既益嚴，吏多廢免。兵革數動，民多買復及五大夫，徵發之士益鮮。於是除千夫五大夫爲吏，不欲者出馬；故吏皆適令伐棘上林，〔四〕，〔一〕作昆明池。〔二〕

〔一〕集解韋昭曰：「欲令出馬，無馬者令伐棘。」索隱故吏皆適伐棘。謂故吏先免者，皆適令伐棘上林，不謂無馬者。韋說非也。

〔二〕索隱按：黃圖云「昆明池周四十里〔五〕，以習水戰」。又荀悦云「昆明子居滇河中，故習水戰以伐之也」。

其明年，大將軍、驃騎大出擊胡，〔一〕得首虜八九萬級，賞賜五十萬金，漢軍馬死者十餘萬匹，轉漕車甲之費不與焉。是時財匱，戰士頗不得禄矣。

〔一〕集解徐廣曰：「元狩四年也。」

有司言三銖錢輕，易姦詐，乃更請諸郡國鑄五銖錢，周郭其下，令不可磨取鋊焉。

大農上鹽鐵丞孔僅、咸陽言：「山海，天地之藏也，皆宜屬少府，【一】陛下不私，以屬大農佐賦。願募民自給費，因官器作煑鹽，官與牢盆。【二】浮食奇民【三】欲擅管【四】山海之貨，以致富羡，【五】役利細民。其沮事之議，【六】不可勝聽。敢私鑄鐵器煑鹽者，釱左趾，【七】没入其器物。郡不出鐵者，置小鐵官，【八】便屬在所縣。」使孔僅、東郭咸陽乘傳舉行天下鹽鐵，作官府，除故鹽鐵家富者爲吏。吏道益雜，不選，而多賈人矣。

【一】索隱韋昭云：「天子私所給賜經用也。公用屬大司農也。」

【二】集解如淳曰：「牢，廩食也。古者名廩爲牢也。盆者，煮鹽之盆也。」索隱予牢盆。按：蘇林云「牢，價直也。今代人言『雇手牢盆〔一六〕』」。小顏云蘇説是〔一七〕。樂産云〔一八〕「牢乃盆名」，其説異。

【三】索隱奇，包愷音羈。諸侯也，非農工之儔，故言奇也。

【四】集解張晏曰：「若人執倉庫之管籥。或曰管，固。」索隱擅筦。音管，上音善。

【五】索隱弋戰反。羡，饒也，與「衍」同義。

【六】索隱沮，止也。僅等言山海之藏宜屬大農，奇人欲擅利，必有沮止之議，此不可聽許也。

【七】集解史記音隱曰：「釱音徒計反。」韋昭曰：「釱，以鐵爲之，著左趾以代刖也。」索隱按：

三蒼云「釱，踏腳鉗也」。字林徒計反。張斐漢晉律序云「狀如跟衣，著足下〔一九〕，重六斤，以代臏〔二〇〕，至魏武改以代刖也〔二一〕」。

【八】集解鄧展曰：「鑄故鐵。」

商賈以幣之變，多積貨逐利。於是公卿言：「郡國頗被菑害，貧民無產業者，募徙廣饒之地。陛下損膳省用，出禁錢以振元元，寬貸賦，而民不齊出於南畝，【一】商賈滋衆。貧者畜積無有，皆仰縣官。異時【二】算軺車【三】賈人緡錢【四】皆有差，請算如故。諸賈人末作貰貸賣買，居邑稽諸物，【五】及商以取利者，雖無市籍，各以其物自占，【六】率緡錢二千而一算。【七】諸作有租及鑄，【八】率緡錢四千一算。非吏比者三老、北邊騎士，【九】軺車以一算；商賈人軺車二算；【一〇】船五丈以上一算。匿不自占，占不悉，【一一】戍邊一歲，沒入緡錢。有能告者，以其半畀之。賈人有市籍者，及其家屬，皆無得籍名田，以便農。【一二】敢犯令，沒入田僮。」【一三】

【一】集解李奇曰：「齊，皆也。」

【二】索隱異時猶昔時也。

【三】索隱說文云：「軺，小車也。」傅子云：「漢代賤乘軺，今則貴之。」言算軺車者，有軺車使出稅一算二算也。

【四】集解李斐曰：「緡，絲也，以貫錢也。一貫千錢，出二十算也〔三〕。詩云『維絲伊緡』。」如淳曰：「胡公名錢爲緡者，詩云『氓之蚩蚩，抱布貿絲』，故謂之緡也。」索隱緡音旻。緡者，絲繩以貫錢者。千錢出二十算也。

【五】索隱稽者，停也，留也，即上文所謂「廢居居邑」也。

【六】索隱按：郭璞云「占，自隱度也」。謂各自隱度其財物多少，爲文簿送之官也。若不盡，皆没入於官。音之贍反。

【七】集解瓚曰：「此緡錢爲是儲緡錢也，故隨其用所施，施於利重者其算亦多。」

【八】集解如淳曰：「以手力所作而賣之。」

【九】集解如淳曰：「非吏而得與吏比者，官謂三老、北邊騎士也。樓船令邊郡選富者爲車騎士。」

【一〇】集解如淳曰：「商賈有軺車，使出二算，重其賦也。」

【一一】索隱悉，盡也，具也。若通家財不周悉盡者，罰戍邊一歲。

【一二】索隱謂賈人有市籍，不許以名占田也。

【一三】索隱若賈人更占田，則没其田及僮僕，皆入之於官也。

天子乃思卜式之言，召拜式爲中郎，爵左庶長，賜田十頃，布告天下，使明知之。

初，卜式者，河南人也，以田畜爲事。親死，式有少弟，弟壯，式脱身出分，獨取畜羊百餘，田宅財物盡予弟。式入山牧十餘歲，羊致千餘頭，買田宅。而其弟盡破其業，式輒復分予弟者數矣。是時漢方數使將擊匈奴，卜式上書，願輸家之半縣官助邊。天子使使問式：「欲官乎？」式曰：「臣少牧，不習仕宦，不願也。」使問曰：「家豈有冤，欲言事乎？」式曰：「臣生與人無分爭。式邑人貧者貸之，不善者教順之，所居人皆從式，式何故見冤於人！無所欲言也。」使者曰：「苟如此，子何欲而然？」式曰：「天子誅匈奴，愚以爲賢者宜死節於邊，有財者宜輸委，如此而匈奴可滅也。」使者具其言入以聞。天子以語丞相弘。弘曰：「此非人情。不軌之臣，不可以爲化而亂法，願陛下勿許。」於是上久不報式，數歲，乃罷式。式歸，復田牧。歲餘，會軍數出，渾邪王等降，縣官費衆，倉府空。其明年，貧民大徙，皆仰給縣官，無以盡贍。卜式持錢二十萬予河南守，以給徙民。河南上富人助貧人者籍，天子見卜式名，識之，曰：「是固前而欲輸其家半助邊。」乃賜式外繇四百人。〔一〕式又盡復予縣官。是時富豪皆爭匿財，唯式尤欲輸之助費。天子於是以式終長者，故尊顯以風百姓。

〔一〕集解漢書音義曰：「外繇謂戍邊也。一人出三百錢，謂之過更。式歲得十二萬錢也。一說，在繇役之外得復除四百人。」

初，式不願爲郎。上曰：「吾有羊上林中，欲令子牧之。」式乃拜爲郎，布衣屩而牧羊。〔一〕歲餘，羊肥息。上過，見其羊，善之。式曰：「非獨羊也，治民亦猶是也。以時起居；惡者輒斥去，毋令敗羣。」上以式爲奇，拜爲緱氏令試之，緱氏便之。遷爲成皋令，將漕最。上以爲式朴忠，拜爲齊王太傅。

〔一〕集解韋昭曰：「屩，草扉。」

而孔僅之使天下鑄作器，三年中拜爲大農，列於九卿。〔一〕而桑弘羊爲大農丞，筦諸會計事，稍稍置均輸以通貨物矣。〔二〕

〔一〕集解徐廣曰：「元鼎二年，時丙寅歲也。」

〔二〕集解孟康曰：「謂諸當所輸於官者，皆令輸其土地所饒，平其所在時價，官更於他處賣之，輸者既便而官有利。」漢書百官表大司農屬官有均輸令。

始令吏得入穀補官，郎至六百石。

自造白金五銖錢後五歲，赦吏民之坐盜鑄金錢死者數十萬人。其不發覺相殺者，不可勝計。赦自出者百餘萬人。然不能半自出，天下大抵無慮皆鑄金錢矣。〔一〕犯者衆，吏不能盡誅取，於是遣博士褚大、徐偃等分曹循行郡國，〔二〕舉兼并之徒守相爲利者〔三〕。而御史大夫張湯方隆貴用事，減宣、杜周等爲中丞，義縱、尹齊、王温舒等用慘急刻深爲九卿，而直指夏蘭之屬始出矣。

【一】索隱抵音氏。抵，歸也。劉氏云「大抵猶大略也」。案：大抵無慮者，謂言大略歸於鑄錢，更無他事從慮。

【二】集解服虔曰：「分曹職案行。」

而大農顔異誅。【一】初，異爲濟南亭長，以廉直稍遷至九卿。上與張湯既造白鹿皮幣，問異。異曰：「今王侯朝賀以蒼璧，直數千，而其皮薦反四十萬，本末不相稱。」天子不說。張湯又與異有郤，及有人告異以它議〔二四〕，事下張湯治異。異與客語，客語初令下有不便者，【二】異不應，微反脣。湯奏當異九卿見令不便，不入言而腹誹，論死。自是之後，有腹誹之法比〔二五〕，而公卿大夫多謟諛取容矣。

【一】集解徐廣曰：「元狩四年，時壬戌歲也。」

【二】集解李奇曰：「異與客語，道詔令初下，有不便處也。」

天子既下緡錢令而尊卜式，百姓終莫分財佐縣官，於是楊可告緡錢縱矣。

郡國多姦鑄錢〔二六〕，【一】錢多輕，而公卿請令京師鑄鍾官赤側，【二】一當五，賦官用非赤側不得行。【三】白金稍賤，民不寶用，縣官以令禁之，無益。歲餘，白金終廢不行。

【一】索隱 謂多姦巧，雜以鉛錫也。

【二】集解 如淳曰：「以赤銅爲其郭也。今錢見有赤側者，不知作法云何。」索隱 鍾官掌鑄赤側之錢。韋昭云「側，邊也」，故晉灼云「以赤銅爲郭。今錢見有赤側者〔二七〕」。

【三】集解 漢書音義曰：「俗所謂紫紺錢也」。

是歲也，張湯死【一】而民不思。【二】

【一】集解 徐廣曰：「元鼎三年。」

【二】索隱 樂產云：「諸所廢興，附上罔下〔二八〕，皆自湯，故人不思之也。」

其後二歲，赤側錢賤，民巧法用之，不便，又廢。於是悉禁郡國無鑄錢，專令上林三官鑄。【一】錢既多，而令天下非三官錢不得行，諸郡國所前鑄錢皆廢銷之，輸其銅三官。而民之鑄錢益少，計其費不能相當，唯真工大姦乃盜爲之。

【一】集解 漢書百官表：「水衡都尉，武帝元鼎二年初置，掌上林苑，屬官有上林均輸、鍾官、辨銅令。」然則上林三官，其是此三令乎？

卜式相齊，而楊可告緡徧天下，【一】中家以上大抵皆遇告。杜周治之，獄少反者。【二】

乃分遣御史廷尉正監分曹往，【三】即治郡國緡錢，得民財物以億計，奴婢以千萬數，田大縣數百頃，小縣百餘頃，宅亦如之。於是商賈中家以上大率破，民偷甘食好衣，不事畜藏之產業，而縣官有鹽鐵緡錢之故，用益饒矣。

【一】集解瓚曰：「商賈居積及伎巧之家，非桑農所生出，謂之緡。茂陵中書有緡田奴婢是也。」索隱姓楊，名可。如淳云：「告緡者，令楊可告占緡之不盡者也。」

【二】集解如淳曰：「治匿緡之罪，其獄少有反者。」索隱反音番。反謂反使從輕也。案：劉德爲京兆尹，每行縣，多所平反是也。

【三】索隱如淳云：「曹，輩也。謂分曹輩而出爲使也。」

益廣關，置左右輔。【一】

【一】集解徐廣曰：「元鼎三年，丁卯歲，徙函谷關於新安東界。」

初，大農筦鹽鐵官布多，【一】置水衡，欲以主鹽鐵；及楊可告緡錢，上林財物衆，乃令水衡主上林。上林既充滿，益廣。是時越欲與漢用船戰逐，【二】乃大修昆明池，列觀環之。治樓船，高十餘丈，旗幟加其上，甚壯。【三】於是天子感之，乃作柏梁臺，高數十丈。宮室之修，由此日麗。

【一】索隱布謂泉布。

【二】集解韋昭曰："戰鬪馳逐也。"

【三】索隱蓋始穿昆明池，欲與滇王戰，今乃更大修之，將與南越呂嘉戰逐，故作樓船，於是楊僕有將軍之號。又下云"因南方樓船卒二十餘萬人擊南越"也〔二九〕。昆明池有豫章館。豫章，地名，以言將出軍於豫章也。

乃分緡錢諸官，而水衡、少府、大農、太僕各置農官，往往即郡縣比没入田【一】田之。其没入奴婢，分諸苑養狗馬禽獸，及與諸官。諸官益雜置多，【二】徒奴婢衆，而下河漕度四百萬石，【三】及官自糴乃足。【四】

【一】索隱比昔所没入之田也。

【二】集解如淳曰："水衡、少府、太僕、司農皆有農官，是爲多。"

【三】索隱樂産云："度猶運也。"

【四】索隱按：謂天子所給廩食者多，故官自糴乃足也。

所忠【一】言："世家子弟【二】富人或鬪雞走狗馬，弋獵博戲，亂齊民。"【三】乃徵諸犯令，相引數千人，命曰"株送徒"。入財者得補郎，郎選衰矣。【四】

【一】索隱人姓名。服虔云"掌故官，取書於司馬相如者，封禪書公孫卿因所忠言寶鼎是也"。唯姚察獨以爲"所患"，非也。

【二】集解如淳曰：「世世有禄秩家。」

【三】索隱晉灼云：「中國被教整齊之人也。」

【四】集解應劭曰：「株，根本也。送，引也。」如淳曰：「株，根蔕也。諸坐博戲事決爲徒者，能入錢得補郎也。或曰，先至者爲根。」索隱李奇云：「先至者爲魁株。」應劭云：「株，根本也。送，當作『選』。選，引也。」應、李二音是。先至之人令之相引，似若得其株本，則枝葉自窮，故曰「株送徒」。又文穎曰：「凡鬬雞勝者爲株。」傳云：「陽溝之雞，三歲爲株。」今則鬬雞走馬者用之。因其鬬雞本勝時名，故云株送徒者也。

是時山東被河菑，及歲不登數年，人或相食，方一二千里。天子憐之，詔曰：「江南火耕水耨，【一】令飢民得流就食江淮閒，欲留，留處。」遣使冠蓋相屬於道，護之，下巴蜀粟以振之。

【一】集解應劭曰：「燒草，下水種稻，草與稻並生，高七八寸，因悉芟去，復下水灌之，草死，獨稻長，所謂火耕水耨也。」

其明年，天子始巡郡國。東度河，河東守不意行至，不辨，自殺。行西踰隴，隴西守以行往卒，【一】天子從官不得食，隴西守自殺。於是上北出蕭關，從數萬騎，獵新秦中，以勒邊兵而歸。新秦中或千里無亭徼，【二】於是誅北地太守以下，而令民得畜牧邊縣，【三】官假馬母，三歲而歸，及息什一，以除告緡，用充仞新秦中。【四】

【一】集解漢書音義曰：「踰，度也。卒，倉卒也。」

【二】集解如淳曰：「徼，亦卒求盜之屬也。」晉灼曰：「徼，塞也。」瓚曰：「既無亭候，又不徼循，無衞邊之備也。」

【三】集解漢書音義曰：「令民得畜牧於邊縣也。」瓚曰：「先是，新秦中千里無民，畏寇不敢畜牧，令設亭徼，故民得畜牧也。」

【四】集解李奇曰：「邊有官馬，今令民能畜官母馬者，滿三歲歸之也。及有蕃息，與當出緡算者，皆復令居新秦中，又充仞之也。謂與民母馬，令得爲馬種；令十母馬還官一駒，此爲息什一也。」瓚曰：「前以邊用不足，故設告緡之令，設亭徼，邊民無警，皆得田牧。新秦中已充，故除告緡，不復取於民也。」

既得寶鼎，立后土、太一祠，【一】公卿議封禪事，而天下郡國皆豫治道橋，繕故宮，及當馳道縣，縣治官儲〔三〇〕，設供具，而望以待幸。

【一】集解徐廣曰：「元鼎四年，立后土；五年，立泰畤。」

其明年，南越反，西羌侵邊爲桀。於是天子爲山東不贍，赦天下〔一〕，因南方樓船卒二十餘萬人擊南越，數萬人發三河以西騎擊西羌，又數萬人度河築令居。〔二〕初置張掖、酒泉郡，〔三〕而上郡、朔方、西河、河西開田官，斥塞卒〔三〕六十萬人戍田之。中國繕道餽糧，遠者三千，近者千餘里，皆仰給大農。邊兵不足，乃發武庫工官兵器以贍之。車騎馬乏絶，縣官錢少，買馬難得，乃著令，令封君以下至三百石以上吏，以差出牝馬天下亭，亭有畜牸馬，歲課息。

〔一〕索隱令音零，姚氏音連。韋昭云：「金城縣。」

〔二〕集解徐廣曰：「元鼎六年。」

〔三〕集解如淳曰：「塞候斥卒。」

齊相卜式上書曰：「臣聞主憂臣辱。南越反，臣願父子與齊習船者往死之。」天子下詔曰：「卜式雖躬耕牧，不以爲利，有餘輒助縣官之用。今天下不幸有急，而式奮願父子死之，雖未戰，可謂義形於内。賜爵關内侯，金六十斤，田十頃。」布告天下，天下莫應。列侯以百數，〔一〕皆莫求從軍擊羌、越。至酎，少府省金，〔二〕而列侯坐酎金失侯者百餘人。〔三〕乃拜式爲御史大夫。〔四〕

〔一〕索隱劉氏言其多以百而數，故坐酎金失侯者一百六人。

【二】集解如淳曰：「省視諸侯金有輕有重也。或曰，至嘗酎飲宗廟時，少府視其金多少也。」

【三】集解如淳曰：「漢儀注王子爲侯，侯歲以戶口酎黃金於漢廟，皇帝臨受獻金以助祭。大祀日飲酎，飲酎受金。金少不如斤兩，色惡，王削縣，侯免國。」

【四】集解徐廣曰：「元鼎六年。」

式既在位，見郡國多不便縣官作鹽鐵，鐵器苦惡〔三二〕，【一】賈貴，或彊令民賣買之。而船有算，商者少，物貴，乃因孔僅言船算事。上由是不悅卜式。

【一】集解瓚曰：「謂作鐵器，民患苦其不好。」索隱器苦惡。苦音楛〔三三〕，言苦其器惡而買賣也〔三四〕。言器苦窳不好。凡病之器云苦。窳音庾，語見本紀。苦如字讀亦通也。

漢連兵三歲，誅羌，滅南越，番禺以西至蜀南者置初郡十七，【一】且以其故俗治，毋賦稅。南陽、漢中以往郡，各以地比給初郡【二】吏卒奉【三】食幣物，傳車馬被具。而初郡時時小反，殺吏，漢發南方吏卒往誅之，閒歲萬餘人，費皆仰給大農。大農以均輸調鹽鐵助賦，故能贍之。然兵所過縣，爲以訾給毋乏而已，不敢言擅賦法矣。【四】

【一】集解徐廣曰：「南越爲九郡。」駰案：晉灼曰「元鼎六年，定越地，以爲南海、蒼梧、鬱林、合浦、交阯、九真、日南、珠崖、儋耳郡；定西南夷，以爲武都、牂柯、越巂、沈犂、汶山郡；及地理志、西南夷傳所置犍爲、零陵、益州郡，凡十七也」。

【二】索隱比音鼻。謂南陽、漢中已往之郡，各以其地比近給初郡。初郡，即西南夷初所置之郡。

【三】索隱扶用反。包氏同。

【四】集解徐廣曰：「擅，一作『經』。經，常也。惟取用足耳，不暇顧經常法則也。」

其明年，元封元年，卜式貶秩爲太子太傅。而桑弘羊爲治粟都尉，領大農，盡代僅筦天下鹽鐵。弘羊以諸官各自市，相與爭，物故騰躍，而天下賦輸或不償其僦費，【一】乃請置大農部丞數十人，分部主郡國，各往往縣置均輸鹽鐵官，令遠方各以其物貴時商賈所轉販者爲賦〔三五〕，而相灌輸。置平準于京師，都受天下委輸。召工官治車諸器，皆仰給大農。大農之諸官盡籠天下之貨物，貴即賣之，賤則買之。如此，富商大賈無所牟大利，【二】則反本，而萬物不得騰踊。故抑天下物，名曰「平準」。天子以爲然，許之。於是天子北至朔方，東到太山，巡海上，並北邊以歸。所過賞賜，用帛百餘萬匹，錢金以巨萬計，皆取足大農。

【一】索隱不償其僦。服虔云：「雇載云僦，言所輸物不足償其雇載之費也。僦音子就反。」

【二】集解如淳曰：「牟，取也。」

弘羊又請令吏得入粟補官，及罪人贖罪。令民能入粟甘泉各有差，以復終身，不告緡。他郡各輸急處，【一】而諸農各致粟，山東漕益歲六百萬石。一歲之中，太倉、甘泉倉滿，邊餘穀，諸物均輸帛五百萬匹。民不益賦而天下用饒。於是弘羊賜爵左庶長，黄金再百斤焉。

【一】索隱謂他郡能入粟，輸所在急要之處也。

是歲小旱，上令官求雨。卜式言曰：「縣官當食租衣税而已，今弘羊令吏坐市列肆，【二】販物求利。亨弘羊，天乃雨。」

【二】索隱坐市列。謂吏坐市肆行列之中。

太史公曰：農工商交易之路通，而龜貝金錢刀布之幣興焉。所從來久遠，自高辛氏之前尚矣，靡得而記云。故書道唐虞之際，詩述殷周之世，安寧則長庠序，先本絀末，以禮義防于利；事變多故而亦反是。是以物盛則衰，時極而轉，【一】一質一文，終始之變也。禹貢九州，各因其土地所宜，人民所多少而納職焉。湯武承獘易變，使民不倦，各兢兢所以爲治，而稍陵遲衰微。齊桓公用管仲之謀，通輕重之權，【二】徼山海之業，以朝諸侯，用區區之齊顯成霸名。魏用李克，盡地力，爲彊君。自是之後，天下爭於戰國，貴詐力而賤仁義，先富有而後推讓。故庶人之富者或累巨萬，而貧者或不厭糟糠；有國彊者或并羣小以臣諸侯，而弱國或絶祀而滅世。以至於秦，卒并海内。虞夏之幣，金爲三品，【三】或黄，或白，或赤；或錢，或布，【四】或刀，【五】或龜貝。【六】及至秦，中一國之幣爲二等〔三六〕，黄金以溢名，【七】爲上幣；銅錢識曰半兩，重如其文，爲下幣。而珠玉、龜貝、銀錫之屬爲器飾寶藏，不爲幣。然各隨時而輕重無常。於是外攘夷狄，内興功業，海内之士力耕不足糧饟，女子紡績不足衣服。古者嘗竭天下之資財以奉其上，猶自以爲不足也。無異故云，事勢之流，相激使然，曷足怪焉。

【一】集解徐廣曰：「時，一作『衰』。」

【二】集解管子有輕重之法。

【三】索隱即下「或黄，或赤、白」。黄，黄金也；白，白銀也；赤，赤銅也：並見食貨志。

【四】集解如淳曰：「布於民間也。」

【五】集解如淳曰：「名錢爲刀者，以其利於民也。」

【六】索隱按：錢本名泉，言貨之流如泉也，故周有泉府之官。及景王乃鑄大錢。布者，言貨流布，故周禮有三夫之布〔三七〕。食貨志貨布長二寸五分，首長八分〔三八〕，足支八分。刀者，錢也。食貨志有契刀、錯刀，契刀長二寸，直五百，錯刀以黄金錯，直五千〔三九〕。以其形如刀，故曰刀，以其利於人也。又古者貨貝寶龜，食貨志有十朋五貝〔四〇〕，皆用爲貨，其各有多少，元龜直十貝〔四一〕，故直二千一百六十，已下各有差也。

【七】集解孟康曰：「二十兩爲溢。」

【索隱述贊】平準之立，通貨天下。既入縣官，或振華夏。其名刀布，其文龍馬。增算告緡，裒多益寡。弘羊心計，卜式長者。都内充殷，取贍郊野。

校勘記

〔一〕大司農屬官有平準令丞者　「者」，原作「署」，據耿本、黄本、彭本、柯本、凌本、殿本改。

〔二〕權輸　耿本、黄本、彭本、柯本、凌本、殿本作「準輸」，疑當作「灌輸」。下文「令遠方各以其物貴時商賈所轉販者爲賦，而相灌輸」，是其證。

〔三〕一黄金一斤　張文虎札記卷三：「索隱本、北宋本、毛本無上『一』字，與漢書食貨志合。」

〔四〕物踊騰糶　張文虎札記卷三：「（糶）食貨志作『躍』，『糶』乃譌字耳，索隱曲爲之説。」按：下文云「物故騰躍」，又言「萬物不得騰踊」，「騰躍」、「騰踊」皆同義連文。宋錢端禮諸史提要卷一：「『糶』一作『躍』。」

〔五〕中國被教之民也　漢書卷二四下食貨志下「亂齊民」顔師古注引晉灼「被教」下有「齊整」二字，疑此脱。

〔六〕大熟則上糴三而舍一　「糴」，漢書卷二四上食貨志上作「糴」，疑是。

〔七〕若朝聚井汲水　此上原有「及井」二字。張文虎札記卷三：「『及井』二字疑衍。」今據刪。按：本書卷八六刺客列傳「政乃市井之人」正義：「古者相聚汲水，有物便賣，因成市，故云『市井』。」

〔八〕索隱按　耿本、黄本、彭本、柯本、凌本、殿本此下有「説文云漕水轉穀也一云車運曰轉水運曰漕」十八字。

〔九〕就山　耿本、黄本、彭本、柯本、凌本、殿本作「言就出銅之山」。

〔一〇〕鍾六石四斗　「石」，漢書卷二四下食貨志下顔師古注引孟康説作「斛」。按：本書卷一二九貨殖列傳「佗果菜千鍾」正義：「鍾，六斛四斗。」

〔一一〕或解云初一級十七萬　「或」字原無，據耿本、黄本、彭本、柯本、凌本、殿本補。

〔一二〕初先是往十餘歲　張文虎札記卷三：「警云『疑有衍字』。」案：食貨志但有『先是』二字，疑史文本作『初往』，後人注漢書文於旁，誤刻入正文。」按：張説是。「往某歲」，爲「往歲」之變式，乃漢人常語。

〔一三〕二曰以重差小　景祐本、紹興本、耿本、黄本、彭本、柯本、凌本、殿本、會注本無「以」字。按：本書卷一二孝武本紀「造白金焉」正義引平準書亦無「以」字。

〔一四〕皆適令伐棘上林　「適」上原有「通」字。王念孫雜志史記第二：「『皆通適』三字，文不成義。『通』即『適』字之誤而衍者也。索隱本無『通』字，食貨志亦無。」今據刪。

〔一五〕昆明池周四十里　耿本、黄本、彭本、柯本、凌本、殿本此上有「武帝穿」三字，疑此脱。按：三輔黄圖云「漢昆明池，武帝元狩三年穿，在長安西南，周回四十里」。

〔一六〕雇手牢盆　張文虎札記卷三：「食貨志注無『盆』字，疑衍。」

〔一七〕小顔　原作「晉灼」，據耿本、黄本、彭本、柯本、凌本、殿本改。按：漢書卷二四下食貨志下「官與牢盆」顔師古注：「蘇林曰：『牢，價直也。今世人言顧手牢。』如淳曰：『牢，廩食也。古者名廩爲牢。盆，鬻鹽盆也。』師古曰：『牢，蘇説是也。鬻，古煮字也。』」

〔一八〕樂産　耿本、黄本、彭本、柯本、凌本、殿本作「樂彦」。

〔一九〕著足下　「足」字原重。戴侗六書故卷四引張斐漢晉律序不重「足」字，通鑑卷一九漢紀十一武帝元狩四年胡三省注引亦不重。今據删。參見下條。

〔二〇〕以代臏　「臏」，耿本、黄本、彭本、柯本、凌本、殿本作「刖」，戴侗六書故卷四、通鑑卷一九漢紀十一武帝元狩四年胡三省注引漢晉律序並作「刖」。按：漢書卷二三刑法志：「諸當完者，完爲城旦舂」，顔師古注引臣瓚曰文帝「以鈦左右止代刖」。

〔二一〕以代刖也　「以」下疑脱「械」字，「刖」當作「鈦」。耿本、黄本、彭本、柯本、凌本、殿本作「以滅代鈦」，「鈦」即「鈦」之譌字，「滅」當爲「械」之誤。按：晉書卷三〇刑法志：「魏武帝亦難以藩國改漢朝之制，遂寢不行。於是乃定甲子科，犯鈦左右趾者易以木械，是時乏鐵，故易以木焉。」通鑑卷一九漢紀十一武帝元狩四年胡三省注引張斐漢晉律序作「以滅代鈦」，「滅」亦

「械」之譌。

〔二二〕一貫千錢出二十算也　「出二十算」，漢書卷六武帝紀顔師古注引李斐作「出算二十」，通鑑卷一九漢紀十一武帝元狩四年胡三省注引同。

〔二三〕守相爲利者　「利」，原作「吏」。張文虎札記卷三：「志疑云『吏』乃『利』之誤。案：食貨志作『利』。」今據改。

〔二四〕及有人告異以它議　「有人」，景祐本、紹興本、耿本、黄本、彭本、柯本、凌本、殿本作「人有」，與漢書卷二四下食貨志下合，疑是。

〔二五〕有腹誹之法比　「比」，原作「以此」。梁玉繩志疑卷一六：「『此』字乃『比』之譌，師古漢志注曰『則例也』。『以』字當衍。」今據改。按：通鑑卷二〇漢紀十二武帝元狩六年亦作「比」。

〔二六〕郡國多姦鑄錢　王念孫雜志史記第二：「『郡國』下脱『民』字。索隱本出『人多姦鑄錢』五字，人，即『民』字也。食貨志作『郡國鑄錢，民多姦鑄』，是史記、漢書皆有『民』字。」

〔二七〕故晉灼云以赤銅爲郭今錢見有赤側者　耿本、黄本、彭本、柯本、凌本、殿本無此十六字，疑此衍。據集解，此處所引爲如淳語，漢書卷二四下食貨志下顔師古注亦作如淳語。

〔二八〕附上罔下　「罔」，原作「困」，據耿本、黄本、彭本、柯本、凌本、殿本改。按：漢書卷六武帝紀：「夫附下罔上者死，附上罔下者刑。」

〔二九〕二十餘萬人擊南越也　「人」字原無，據索隱本補。按：下文曰「因南方樓船卒二十餘萬人擊南越」。

〔二〇〕縣治官儲　「官」，漢書卷二四下食貨志下作「宫」。

〔二一〕赦天下　梁玉繩志疑卷一六：「漢志作『赦天下囚』，此缺。」

〔二二〕鐵器苦惡　張文虎札記卷三：「索隱本無『鐵』字，與食貨志合。此衍。」

〔二三〕苦音楛　原作「苦音苦楛反」。張文虎札記卷三：「疑當作『苦音楛』，衍『苦』、『反』二字。」今據删。

〔二四〕言苦其器惡而買賣也　張文虎札記卷三：「此以苦如字讀，當在注末。錯簡在此，則不可通矣。『買賣』二字，當即『賈貴』之譌。」

〔二五〕貴時　梁玉繩志疑卷一六：「『貴時』，當依漢志作『如異時』。」按：通鑑卷二〇漢紀十二武帝元封元年亦作「如異時」。

〔二六〕二等　原作「三等」。漢書卷二四下食貨志下作「二等」。按：史云黄金爲上幣，銅錢爲下幣，所謂「二等」即此。今據改。

〔二七〕三夫　原作「二夫」，據耿本、黄本、彭本、柯本、凌本、殿本改。按：漢書卷二四下食貨志下：「又以周官税民：凡田不耕爲不殖，出三夫之税；城郭中宅不樹藝者爲不毛，出三夫之布；民浮游無事，出夫布一匹。」

〔二八〕貨布長二寸五分首長八分　「長二寸五分」五字原無，據耿本、黄本、彭本、柯本、凌本、殿本補。按：漢書卷二四下食貨志下：「改作貨布，長二寸五分，廣一寸，首長八分有奇。」漢書卷九九下王莽傳下：「是歲，罷大小錢，更行貨布，長二寸五分，廣一寸，直貨錢二十五。」

〔三九〕契刀長二寸直五百錯刀以黄金錯直五千　原作「形如刀長二寸直五千」，據耿本、黄本、彭本、柯本、淩本、殿本改。按：漢書卷二四下食貨志下：「契刀，其環如大錢，身形如刀，長二寸，文曰『契刀五百』。錯刀，以黄金錯其文，曰『一刀直五千』。」

〔四〇〕食貨志有十朋五貝　「十朋」，疑當作「十布」，謂布貨十品。按：漢書卷二四下食貨志下：「大布、次布、弟布、壯布、中布、差布、厚布、幼布、幺布、小布。」「五貝」，謂貝貨五品。

〔四一〕元龜直十貝　「十貝」，耿本、黄本、彭本、柯本、淩本、殿本作「十朋」，疑是。按：漢書卷二四下食貨志下「元龜岠冉長尺二寸，直二千一百六十，爲大貝十朋」顔師古注引蘇林曰：「兩貝爲朋。朋直二百一十六，元龜十朋，故二千一百六十也。」「貝」，疑當作「朋」。